深蓝装备理论与创新技术丛书

水下航行器结构的
振动噪声分析与控制技术

王献忠　著

哈尔滨工程大学出版社
Harbin Engineering University Press

内容简介

本书首先简要介绍了本书研究的背景与意义,归纳与总结了水下航行器的辐射噪声研究现状与控制技术;其次,介绍了水下航行器结构,包括船体梁、船体板、壳体、组合壳体、含内部结构的壳体等典型结构形式的振动理论基础,介绍了其辐射噪声计算分析的相关方法,并通过实例对系列典型结构进行性能计算分析;最后,介绍了采用阻振质量、声学覆盖层及声学设计等技术手段对水下航行器进行控制技术研究。

本书可作为从事船舶与海洋工程声学预报、声学设计及控制技术研究科研人员和设计人员的参考资料,也可以作为船舶与海洋工程、水声工程、轮机工程等相关专业研究生的参考书。

图书在版编目(CIP)数据

水下航行器结构的振动噪声分析与控制技术/王献忠著.— 哈尔滨:哈尔滨工程大学出版社,2023.1
ISBN 978 – 7 – 5661 – 3793 – 7

Ⅰ.①水… Ⅱ.①王… Ⅲ.①潜器 – 舰船噪声 – 噪声控制 Ⅳ.①U674.941

中国版本图书馆 CIP 数据核字(2022)第 253891 号

水下航行器结构的振动噪声分析与控制技术
SHUIXIA HANGXINGQI JIEGOU DE ZHENDONG ZAOSHENG FENXI YU KONGZHI JISHU

选题策划	田立群　张志雯
责任编辑	唐欢欢
特约编辑	钱　华　赵宝祥　杨文英
封面设计	李海波

出　　版	哈尔滨工程大学出版社
社　　址	哈尔滨市南岗区南通大街 145 号
邮政编码	150001
发行电话	0451 – 82519328
传　　真	0451 – 82519699
经　　销	新华书店
印　　刷	黑龙江天宇印务有限公司
开　　本	787 mm × 960 mm　1/16
印　　张	18
字　　数	338 千字
版　　次	2023 年 1 月第 1 版
印　　次	2023 年 1 月第 1 次印刷
定　　价	92.00 元

http://www.hrbeupress.com
E-mail:heupress@ hrbeu.edu.cn

前　言

　　世界各国对海洋权益日益重视，各种类型的水下航行器成为军事装备研发的重点，在过去二十年，包括潜艇在内的各种类型水下航行器的军事与工业用途日益增长，这种趋势还会保持下去。水下航行器隐蔽性是决定其生存力和战斗力的主要因素。随着各海军强国不断提高其海、空探测设备的技术水平，水下航行器自身的隐蔽性面临着越来越大的挑战。作为隐身性能指标之一的辐射噪声，一方面会把舰艇自身暴露给敌方，另一方面会干扰水下航行器的主动声呐探测作业，水下航行器声隐身性能的军事重要性越来越突出。因此，水下航行器的声隐身技术对保证水下航行器生命力和战斗力尤为重要，关于水下航行器声隐身的研究也成为一个热点。本书紧密结合工程实际，较为系统地介绍了系列典型水下航行器结构的噪声源特点、结构设计及辐射噪声特性，阐述了相应的噪声控制技术。首先，简要介绍了本书研究的背景与意义，归纳与总结了水下航行器的辐射噪声研究现状与控制技术；其次，介绍了水下航行器的结构，包括：船体梁、船体板、壳体、组合壳体、含内部结构的壳体等典型结构形式的振动理论基础，介绍了其辐射噪声计算分析的相关方法，并通过实例对系列典型结构进行性能计算分析；最后，介绍了采用阻振质量、声学覆盖层及声学设计等技术手段对水下航行器进行控制技术研究。

　　本书在国内外大学学术机构和科研院所的多年科研和工作基础上撰写而成。在本书的编写过程中，武汉理工大学吴卫国教授、谢官

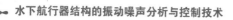

模教授,哈尔滨工程大学姚熊亮教授及英国南安普顿大学熊冶平教授对本书提出了宝贵的意见和建议。还要感谢陈頔、左营营、林鸿洲、姜权洲、陈立、李宁、夏瑀、顾鑫、叶栗栗、冯伟佳、巴明飞、朱玥、张浩、吴嘉兴、徐恩慧及万沪川等研究生对本书的贡献,他们参与了本书的编写、排版及校稿等工作。

著　者
2022 年 12 月

目　录

第1章
水下航行器结构的声振特性概述

二十一世纪是海洋的世纪。随着海洋权益和海洋资源在国家战略中的地位日益提高,各国的海洋主权意识逐渐增强。党的十九大报告明确要求"坚持陆海统筹,加快建设海洋强国",再一次吹响了建设海洋强国的号角。当今地缘矛盾及冲突不断升级,素有突击尖兵称号的水下航行器在保卫我国海洋权益方面一直发挥着不可代替的作用。声隐身性能作为衡量水下航行器自身性能的一个重要的技战术指标,长期以来备受各军事大国的关注。优良的声隐身性能不仅可以提升水下航行器作战中的生存力,而且可以提高威慑力。一方面,水下航行器的辐射噪声会把自己暴露给敌方;另一方面水下航行器利用声呐进行探测时也需要考虑噪声的限制,水下航行器结构声隐身性能的军事重要性越来越显突出。因此,水下航行器的声隐身技术是增强水下航行器的生命力和作战能力的重要手段。

1.1 水下航行器的发展概况

水下航行器辐射噪声是水声探测、识别的重要信息源,严重影响了航行器的隐蔽性,是当前威胁水下航行器安全和影响战斗力发挥的重要因素。水下航行器是在水中航行或漂浮在水上的复杂弹性结构,会不可避免地受到多种激励作用,从而诱发结构振动并辐射噪声。

水下航行器在航行时,各种机电设备的高速运转,螺旋桨的旋转,航行时与水的撞击、摩擦,都会产生一定量级的噪声,这些主要噪声源可分类为:机械噪声(主机、辅机、各种电机、泵等)、螺旋桨噪声、水动力噪声(水流与航行器结构表面等相互作用)等。螺旋桨噪声和水动力噪声通常与航行器的航行状态以及水动力性能相关。当航行器在中、低速状态下航行时,螺旋桨不发生空泡,机械噪声就成为最主要的噪声源。当航行器在高速状态下航行时,虽然螺旋桨噪声分量

1

起主要作用,但机械噪声对低频噪声也有重大的影响。动力系统在运转过程中,产生大量的振动并通过支撑结构传递到壳体上,激励壳体向外界辐射噪声,此类激励频率范围非常宽泛,通常从十几赫兹到数千赫兹。机械动载荷作用产生的振动,特别是高频振动并非瞬间影响船体结构湿表面,而是在船体结构中传播一定的时间,并通过基座—艇体—流场的主传递途径以弹性波的方式向外传递。航行器在高速前进时,艉部的伴流场在周向是不均匀的,不均匀伴流场中的螺旋桨叶片会产生非定常的推力和转矩,此类载荷会引起螺旋桨叶、轴系的振动,桨叶及轴系的振动向壳体内传递就形成了壳体的结构噪声。此外,作用在壳体表面上的湍流边界层脉动压力也会激起壳体振动,产生辐射噪声。由于这三类噪声严重影响着水下航行器的声隐身性能,因此,本书将所涉及的相关声学以及水声学基础理论知识与特定的研究对象相结合,为船舶与海洋工程声学相关专业领域的学者提供借鉴参考。

人类有记载的采用装备的潜水活动可以追溯到公元前四世纪。当时的亚历山大(Alexander)大帝用一个内部由驴皮衬垫,外面装有铁架的玻璃容器,下潜到水下23~30 m处,进行海底采集作业而闻名于世。但是,直到16世纪,意大利人伦纳德(Leonardo)提出了“水下航行船体结构”的理论,具有实际意义的潜水器才真正出现。1538年,在西班牙泰加斯河遗址发现了一个实用的潜水钟。1578年在英国人威廉·伯恩(William Bourne)的书中,就有形形色色的真正能够潜入水中,并能自行推进的潜艇设计方案。1620年,荷兰人科尼利斯·德雷尔(Cornelius Dreyer)举行了潜艇展览,虽然有关他制造潜艇的资料没有流传下来,但据史料记载他确实举办了潜艇展览,人们确认他制造了人类历史上第一艘潜艇,因此他被冠以“潜艇之父”的称号。1662年,科尼利厄斯·冯·德莱勃尔(Cornelius Van Drebbel)建造了一艘可潜器,这艘可潜器在泰晤士河3.7~4.8 m的水深航行了几个小时。1707年,英国发明家埃德蒙·哈利(Edmund Halley)建造了一艘装有潜水员水下进出闸门的潜水钟。1775年,查尔斯·斯波尔(Chales Spalng)改进了哈利的潜水钟,发明了斯波尔丁钟(The Spalding Bell)。18世纪70年代,戴维·布什内尔(David·Bushnell)建造了一艘小型木质潜艇“海龟号”(Turtle),该结构用人力螺旋桨推进,可在水下航行30 min。该潜艇炸毁了一艘英国纵帆船,这是世界历史上第一次潜艇攻击。1890年,西蒙·莱克(Simon Lake)制造了“阿尔戈纳特I号”(Argonant I),它是第一艘由一台汽油机作为动力的小型潜艇,潜航时用一条通向水面并有浮力支持的软管作通气管,并设有压载水舱。

真正意义上的第一艘现代潜艇是一个爱尔兰籍美国教师约翰·霍兰(Holland)设计的。这艘潜艇在水下以蓄电池作为动力,航速可以达到 5 kn,续航力达到50 n mile。1900 年 4 月 18 日美国海军以 15 万美元购买了这艘潜艇,它是编入美国海军的第一艘军事潜艇。1929 年,美国海洋科学家威廉·比勃(William·Beebe)与奥梯斯·巴顿(Otis·Barton)建造了第一个深潜球,该潜水球能够下潜到914 m的水深。1948 年,巴顿又建造了一个相似的系缆球"海底观察者"号(Benthoscope)。在 1950 年,"海底观察者"号下潜到了 1 372 m 的水深,打破了 1934 年他建造的第一个潜水球下潜 914 m 的记录。同时,瑞士物理学家奥古斯特·毕卡第(Auguste·Piccard)建造了深潜船(Bathy Scaph)FNRS – 2,它是一艘真正的深潜器,设计的最大下潜深度为5 200 m,实际下潜到了 3 000 m。1962 年,在日本的千岛海沟(Kurile Trench)它下潜到了 9 543 m 水深。由于它有很大的浮力舱,又要在海上装载大量的汽油,所以建造与使用均很不方便,而且它在水面和深水的操纵都很困难,活动范围亦非常有限,此类深潜器发展不快,更多地是发展了自由自航式水下航行器。

第一艘自由自航式水下航行器名叫潜碟(Diving Saucer),后改叫 SP – 350,是在 1959 年下水的,可以下潜到 305 m,质量不到 4 t。它的诞生标志着新一代潜水器的发展。截至 1960 年全世界载人潜水器总共不过 8 艘,并且基本上属于观察型的。但是 20 世纪 60 年代中期,载人潜水器的发展非常迅速,其数量差不多每年就能增加 10 艘左右,与其相关的科学技术论文发表量达上百篇,介绍了载人潜水器在设计和结构材料方面的发展。因此,如果把带浮力舱的深潜器作为第一代载人潜水器的话,那么从 20 世纪 50 年代末开始出现,到 60 年代中期得到迅猛发展的自由自航式水下航行器可以作为第二代水下航行器。此类水下航行器的典型代表是美国的"阿尔文号"(Alvin)水下航行器,造于 1964 年,最大下潜深度为1 829 m,排水量是 12 t。这种水下航行器有动力,有耐压体与轻外壳两层壳,耐压体内可容纳操作人员和观察人员以及控制操作台、轻外壳内布置能源和动力设备等。水下航行器有上浮、下潜系统和多个自由度的机动能力,其最大下潜深度可达 6 000 m。1968 年开始,以法国的"大陆架潜水员号"(Shelf Diver)和美国的"海狸号"(Beaver)为代表的潜水员水下出入型(Lock – in/Lock – out)水下航行器得到发展。此类潜水器可以作为一个潜水员水下作业的基地,又可以与饱和潜水技术结合起来,所以有很广泛的应用。

历史上第一次在战争中击沉敌舰的潜艇是 1864 年美国南北战争中由霍勒斯·亨莱(Horace Henley)等人研制的"亨莱号",但由于使用的是撑杆水雷,潜艇距敌舰只有 10 m,"亨莱号"被敌舰舷部大洞的水流紧紧吸住无法逃脱,最终与敌舰同归于尽。随着蒸汽推进装置和电力推进装置在潜艇上的应用,潜艇发展的步伐进一步加快。19 世纪末,现代潜艇终于登上历史舞台。约翰·霍兰从 19 世纪 70 年代开始研制潜艇,先后建造了 5 艘潜艇,其中"霍兰 - 2 号"加装了可帮助上浮和下潜及保持纵向稳定的升降舵;"潜水者"号应用了蒸汽机推进和电力推进组成的双推进系统。因而,约翰·霍兰被称为"现代潜艇之父"。同时美国的西蒙·莱克(Simon Lake)在潜艇发展史上的功绩是造出了第一艘双层壳体的潜艇。虽然美国人建造了"霍兰"和"莱克"这样的优秀潜艇,但是美国海军却迟迟不采用,而法国、英国、俄国、德国先后建造并装备了潜艇,直至 1900 年美国海军才开始装备潜艇。日本潜艇起步较晚,但很快赶上了世界潜艇的发展步伐。第一次世界大战中,潜艇作为新生力量发挥了重要作用。潜艇不但可对大型战舰实施攻击,而且是破坏海上交通线的有效武器。在两次世界大战期间,世界各国更加重视潜艇的发展。到第二次世界大战爆发时,各国共拥有 900 余艘潜艇,其中美国 111 艘,苏联 218 艘。这些潜艇无论是在吨位、航速、航程、潜深上,还是在武器装备、水声设备、电子设备以及动力装置上都有了长足的进步。第二次世界大战后,世界各强国更加重视发展潜艇。1954 年底,人类第一艘核动力潜艇"鹦鹉号"全部竣工。它的艇长 90 m,排水量 2 800 t,最大航速 25 kn,最大潜深 150 m,艇上还装备了自导鱼雷。从理论上讲,它可以最大航速在水下连续航行 50 天、航程 30 000 n mile 而无须添加任何燃料。

而现今世界各国都根据本国的技术和经济状况,发展符合本国国情的核动力潜艇和常规动力潜艇。总体而言,美国和俄罗斯的潜艇技术处于领先地位,英国、法国、德国、瑞典等国的潜艇各有特色。其中美国"洛杉矶"级攻击型核潜艇具有全面的反潜、反舰和对陆作战能力,"海狼"级攻击型核潜艇是当今世界上隐身性能最好、机动能力最强、技术水平最先进的核潜艇。

1.2 水下航行器的分类

水下航行器是一种既能在水面航行又能在水下一定深度航行并执行相关任务活动的潜水器,一般依靠主压载水舱的注水和排水来实现下潜和上浮。在水下航行时,只有声呐设备能够探测到它,而声呐设备的有效作用距离有限,所以水下航行器很难被第三方远距离探测或早期预警。对于潜艇来说,特别是现代核动力潜艇和采用 AIP 推进系统的潜艇,可在水下长时间航行,而且航速可与水面船舶媲美,隐蔽性和机动性非常突出。潜艇可以根据用途、排水量、结构形式、动力装置进行分类。

1.2.1 按潜艇的用途分类

按潜艇的用途分类,可分为:战术潜艇、战略潜艇、雷达哨潜艇、布雷潜艇、运输潜艇、深潜救生艇等。其中战术潜艇的主要任务为:

(1)对敌人大、中型水面舰艇实施战术攻击;

(2)破坏敌人海上交通线,消灭敌运输船;

(3)对敌方港口、岸上基地设施实施战术攻击;

(4)执行侦察、巡逻、布雷等任务。

按照在实施战术攻击时所采用武备的不同,潜艇通常分成三种类型:鱼雷潜艇、巡航导弹潜艇和反潜潜艇。战略潜艇的主要任务是摧毁敌人固定的军事、政治、工业、交通中心等战略目标或设施,通常指的是带核弹头的弹道导弹潜艇。雷达哨潜艇的特征为装备有大功率雷达,用以对来袭的敌机进行早期探测,或者为拦击敌机的己方飞机进行引导,在对敌攻击后为己方飞机提供返航标志,也可用它来干扰敌方的无线电通信及雷达工作。然而,雷达哨潜艇也存在着不少缺点,如工作时必须浮出水面,这样容易被敌人发现并遭敌攻击;而且潜艇的干舷低,雷达的效能受到一定限制。为了存放如此大型的雷达天线,潜艇指挥台围壳的尺寸显著增大,增大了水动力噪声,影响了潜艇的水下性能。目前潜艇大都是以单艇水下活动为主,因为装备于水面舰艇和飞机上的大功率雷达设备在技术性能方面已经超过了潜艇上的雷达设备,所以在这方面使用雷达哨潜艇的价值已不大。布雷潜艇利用设置的专门布雷装置在水面或水下布设水雷。此外,它也装备有鱼雷武备,可以对敌舰进行鱼雷攻击,但是攻击能力比鱼雷潜艇要弱得多。历史上曾出现过专门的布雷潜艇,但是目前这种专门用途的布雷潜艇已不再建造,而是用鱼雷潜艇的鱼雷发射管来执行这类布放水雷的任务。运输潜艇利用在艇内或上层建筑上设置的专门设备来输送液体或固体物资,向海上舰艇补给燃料、武器弹药以及输送部队人员登陆等。运输潜艇与水面运输船相比,主要优点是:运输潜艇可以不受海上气象条件的影响,在给定的航线上航行,尤其是可以在冰层下驶进一般船舶不能进去的封冻港,在战争年代运送作战物资和部队具有最大的隐蔽性。由于在水下航行时没有波浪阻力,随着航速的提高,潜艇的优点日益突显,而水面船舶随着航速的提高所需的推进功率却急剧增加。目前在建造、运行经济性方面,还存在一些问题,以及对运输潜艇的需要还未达到急迫程度,所以至今这类潜艇发展仍较为缓慢。深潜救生艇是一种单用途的小型袖珍潜艇,用来对遇难(坐沉海底的)潜艇的艇员实施救生作业。救生时利用深潜救生艇下部的钟形连接器与潜艇的救生平台对接,把艇员营救到深潜救生艇上,然后转运至另一艘潜艇或水面潜艇上去。

此外,还有一些专门从事海洋考察和海底工程等用途的潜水船,这里不作介绍。

1.2.2 按潜艇的排水量分类

一般按照排水量的大小潜艇可分为大、中、小和袖珍等四个艇级的潜艇。目前认为大型潜艇的排水量在 2 000 t 以上,续航力大于 10 000 n mile,有在远离自己基地的敌岸沿海和大洋交通线上进行战斗活动的能力。由于有着武备储量大,且观察通信设备齐全的特点,大型潜艇有很强的战斗活动能力。中型潜艇的排水量在 1 000 ~ 2 000 t 之间,其续航力在 5 000 ~ 10 000 n mile 之间,能到中远海作战。由于受到艇体容积限制,一般情况下中型潜艇武器装备较大型艇弱,观察通信器材不如大型艇齐全,但依然具有很强的战斗震慑力。小型潜艇的排水量小于1 000 t,其续航力一般小于 5 000 n mile,适宜于中近海、狭窄海域或浅水区活动。由于其武器装备较弱,且通常没有备用装备,所以攻击能力较弱。但是小型潜艇的噪声小不易被敌发现,便于接近敌目标进行攻击。此外,其拥有造价低,便于大量建造等特点,在战时可采取集群活动的战术弥补单艇攻击威力弱的缺点,故在某些方面有其独到之处。袖珍潜艇的排水量仅为几十吨,其续航力有限,只能在沿岸浅水区域或在携带袖珍潜艇的母舰附近活动。袖珍潜艇结构简单易造、目标小,可以执行一些特殊任务。例如,在浅水近岸、狭窄航道、曲折海湾、大陆棚架、岛屿间输送少量侦察队员登陆,进行敌基地侦察,执行对敌基地和停泊场的船舶袭击、爆破等战斗任务。因为影响潜艇排水量大小的因素较多,诸如航速、续航力的大小,武备的种类和数量的多少,动力装置的形式和艇上各种装备技术先进程度等,所以用排水量大小来划分潜艇并不能反映该艇级潜艇的所有特性,这样的分法只具有大小的相对概念。

1.2.3　按潜艇的艇体结构形式分类

按艇体结构形式不同,潜艇可分为单壳体潜艇、半壳体潜艇、双壳体潜艇、单双壳体混合式潜艇等。从横剖面看,单壳体潜艇的艇体是由耐压壳体所组成的,艇体结构比较简单。潜艇各种用途的液舱和设备全部布置在艇内,舱室内非常狭小,艇员的工作和居住条件差,也限制了布置大量的装备。从艇的外形来看,耐压艇体型线是弯曲的,因为受到制造工艺的限制,加上液舱在耐压艇体上的一系列开孔或突出体,不易使艇体型线趋于光顺,所以这种艇体结构影响了潜艇航速的提高。半壳体潜艇是在耐压艇体的外面还部分地包覆着一层耐压或非耐压的结构,利用两层结构之间所形成的空间布置潜艇的主要液舱,半壳体潜艇与单壳体潜艇相比,内部空间得到了改善,外部型线也部分地得到了改善。但是由于耐压壳体底部暴露在外面,布置在底部的通海阀门等也易被碰撞损坏发生故障,因此潜艇在坐沉海底时尤需注意,防止损坏这些部件。双壳体潜艇的耐压艇体外面全部被耐压的或非耐压的外壳所包覆,这样就弥补了半壳体的缺点。这层外壳除了在艏部有一段是部分耐压的外,其余都是非耐压的轻型结构,称之为轻外壳。在制造时轻外壳易于弯曲加工,容易做到使潜艇的型线趋于光顺,满足流体动力性能方面的要求,轻外壳也起到保护内艇体和布置在耐压艇体外设备的作用,提高了潜艇的生命力。此外,还有多圆柱组合型、球形耐压体组合型等结构形式,但目前在战斗潜艇上还未被广泛采用。

1.2.4　按潜艇的动力装置分类

按潜艇的动力装置不同,潜艇分为常规动力潜艇和核动力潜艇。由柴油机、电动机和蓄电池组组成的动力装置称为常规动力装置。此类动力装置在潜艇上的应用已有悠久的历史,在核动力装置出现以前,基本上潜艇都采用此类动力装置,因此将采用此类动力装置的潜艇称为常规动力潜艇。而柴油机、蓄电池在核动力潜艇上是作为辅助动力应用的。由于核动力的能量巨大,工作时又不需要氧气,所以核动力潜艇的许多性能优于常规动力潜艇。但是,常规动力潜艇的吨位小、造价低、建造周期短,适于近中海活动,又便于在战时大量装备部队。所以常规动力潜艇在目前和今后相当长时间内,仍是海军的一支重要力量。除上述两种典型的动力装置以外,还有一些其他类型的动力装置,如氧化氢燃气动力装

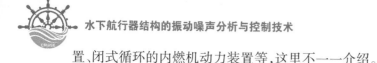

置、闭式循环的内燃机动力装置等,这里不一一介绍。

1.3 水下航行器结构的振动噪声

　　水下航行器结构的水下振动噪声特性研究是一个经典的声－流－固耦合问题,也一直是船舶与海洋工程领域的热点研究问题。国外学者起初针对圆柱壳模型,采用经典的壳体理论(如 Donnell 方程、Kennard 方程、Flügge 方程、Sander－Koiter 方程)进行研究,其中具有代表性的学者有哈拉里(Harari),桑德曼(Sandman),劳拉涅特(Laulagnet)等。水下航行器结构的振动噪声特性研究涉及结构动力学、声学、弹性力学、流体力学等多个学科,属于多学科交叉领域的研究课题。对于水下航行器结构来说,振动和噪声计算及预报是水下航行器声学设计过程中的一个重要环节。水下航行器结构的振动噪声预报不仅是对水下航行器噪声量级的简单评估过程,更是对振动噪声提供控制方向的过程。因此,开展水下航行器结构的振动噪声机理研究具有重要的理论意义和工程实用价值。对于水下航行器而言,通常把辐射噪声问题简化为流体介质中结构振动引起的声辐射,需要把结构振动问题和声学问题结合起来。当航行器结构受外载荷激励而振动时,在流体介质中辐射形成声场,声场反过来对结构施加反作用力,从而形成一个声振耦合系统,其本质就是求解这个耦合的动力方程。

　　水下航行器的声辐射问题,其分析方法可分为解析法、数值计算方法及试验方法。解析法一般适用于结构及几何形状比较简单、规则的弹性结构,如球壳、圆柱壳、椭球壳等,它们的表面形状为正交坐标系的坐标面的情况。数值计算方法一般适用于形状较为复杂的弹性结构,其中常用的数值方法有:传递矩阵法、有限元法、有限元结合边界元法、有限元结合无限元法等。其中,有限元结合边界元法在工程上较为常用,该方法原则上可求解具有任意表面形状的复杂弹性结构的水下振动和声辐射问题。本节基于水下航行器的振动噪声三大类研究方法:理论研究、数值方法及实验研究,对水下航行器的辐射噪声国内外研究进行概述。

1.3.1 理论研究

　　水下航行器的理论研究模型的发展经历了从平板模型到圆柱壳模型,从空气介质到流体介质,从无加筋到内部加筋,从单层圆柱壳结构到双层圆柱壳结构的过程。在进行水下航行器的振动噪声计算时,其动力学特性在不同频率段的表现存在差异。通常来说,计算频率(低、中、高)界限的划分是对水下航行结构进行简化模型并获取相应计算方法的标准。由于实际结构的动力学特性各不相同,很难对复杂结构建立统一的划分标准。因此,计算频率段的划分至今还没有严格的划分准则。

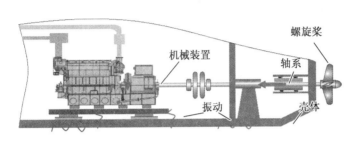

图 1 - 1　水下航行器结构机械噪声的形成

在水下航行器振动与声辐射研究方面,当机械激励频率大于环频率时,只有部分壳体沿轴向和周向以波动形式发生振动,曲率对壳体结构的影响可以忽略。此时,加筋板可以用来模拟水下航行器受外激励下的振动和声辐射情况,从而大大简化了水下的计算模型。因此,开展平板结构的声振传递机理具有重要的学术价值和工程意义。

1. 加筋板振动噪声研究

板理论的研究已经是一个持续很多年的研究领域。首先,明德林(Mindlin)修正了经典的薄板理论,考虑了横向剪切变形与转动惯量的影响,弥补了经典薄板理论的不足,它可在很宽的频率范围内使用,其结果更接近实际。随后,吴文伟等应用波数域的傅里叶变换,对在点力激励下的单层无限大周期加筋板做了研究,给出了单层周期加筋板的声辐射表达式。在水下航行器结构中加筋板是有限尺寸的,对于无限加筋大板计算模型而言,因其与实际结构差异比较大,其振动声辐射情况并不能真正反映结构的声振水平,从而对加筋板的研究从无限长衍生至有限长的研究。

洛马斯(Lomas)等采用格林函数法,研究了简支边界条件下矩形板在半无限流体介质中的振动情况。同样,劳拉涅特(Laulagnet)以简支平板为研究对象,并假设平板周围存在无限大刚性障板,对简支板的振动声辐射进行研究。尼利思(Nelisse)等则采用瑞利 - 里兹法对比有限大板在自由场中和无限大障板两种情

况下的水中振动声辐射;贝里(Berry)同样采用瑞利－里兹法研究了假设周边为无限大刚性障板的加筋板在流体介质中的振动声辐射特性。

为了研究辐射噪声的有效控制方法,提出在水下航行器外表面敷设阻尼材料的方法。但是,对于阻尼材料如何与板相互作用的机理还未可知,所以很多学者对此开展深入研究。迈达尼克(Maidanik)采用耦合动力学系统概念,建立了弹性板和上下阻尼层以及半无限介质的五个子系统的声振耦合关系。冈萨雷斯(Gonzalez)采用傅里叶变换方法,建立了无限大三层复合板在外力或者声波激励下的辐射声场计算模型,其中阻尼层采用等效流体参数描述并位于中间层位置,结论表明:低声速阻尼层以及增加其厚度,可以有效降低激励力作用下弹性板的声辐射。桑德曼(Sandman)研究了三层复合矩形板的耦合振动和声辐射,根据三层复合板的运动方程并利用模态叠加法,得到辐射声压的解析表达式,通过数值计算分析了夹心层阻尼因子对辐射声压大小和指向性作用,指出夹心层的刚度和阻尼损耗是控制复合板共振响应和声辐射的主要因素,增加刚度、阻尼因子可以降低辐射声压。

国内对于敷设阻尼材料的加筋板的研究主要有:何祚镛采用复刚度的形式计入阻尼材料,分析了不同模式振动之间由于辐射场引起的互耦合作用及近场声压分布。魏强针对三种加强筋且横向加强筋为大小两种不同结构的典型加筋船板,考虑船板的弯曲振动,并计及船板内侧敷设黏弹性阻尼材料的阻尼处理及船板外侧重流体作用力,借助无限大板理论和经典波动法,建立了解析数学模型,导出了加筋船板在宽频单位力作用下的振动响应和远场声辐射计算方法。至此,关于有限长加筋板的振动声辐射以及噪声被动控制问题得到较为全面的研究。

2. 圆柱壳振动噪声研究

虽然水下航行器部分结构可以简化为加筋板,但是存在一定的局限性。对于潜艇、鱼雷及其他水下航行体,其主要结构形式为有限长环肋圆柱壳,且此类结构噪声主要来源于内部机械振动并通过壳板辐射到水中。因此,研究机械激励下水中有限长环肋圆柱壳的振动和声辐射十分必要。

国内外学者多采用模态分析方法将壳体的位移形式用对称和反对称模态叠加的双级数展开,由薄壳理论和流体波动方程,利用交界面处的连续条件导出加筋圆柱壳的耦合振动方程,进而求解得到壳体振动位移、辐射阻抗及辐射声功率等声学性能指标。关于水中圆柱壳的振动和声辐射特性计算方法已经进行了大量的理论研究。早在 1945 年,瑞利(Rayleigh)就圆柱壳的自由振动问题做了开创性研究。此外,苏迪尔(Soedel)详细研究了板壳结构的自由振动问题,给出了各种情况下圆柱壳的振动方程,并求出了振动频率和模式。可以说,对圆柱壳的自由振动的研究已经相当成熟。

为了研究两端障板的存在对圆柱壳声辐射的影响,斯捷帕尼申(Stepanishen)研究了两端有限长圆柱型刚性障板的有限长圆柱壳的声辐射计算模型,将壳体位移函数用具有一般边界条件的真空中模态展开,采用模态叠加法和格林函数得到耦合振动方程,计算分析了两端简支圆柱壳的声辐射自阻抗和互阻抗,为研究有限长圆柱壳的声辐射问题提供了完整的数学模型。桑德曼(Sandman)研究认为圆柱型障板对有限长圆柱壳表面声压沿轴向分布有一定的影响,而对模态辐射阻抗的影响可以忽略,从此认为带圆柱形障板的圆柱壳可作为一种合理的近似预报模型。

而在更为复杂的加筋圆柱壳的研究中,通常对加强肋骨有两种处理方法:一种是正交各向异性方法,即将肋骨的刚度和密度平摊在整个壳体表面。它是一种较为简单"粗暴"的方法,只适用于等间距加肋的加筋圆柱壳。另一种是把肋骨当作离散元件处理。此时,常常把壳体和肋骨分开,各自单独考虑其振动方程或描述其运动形式,应用壳体和肋骨连接处的连续性条件,求解加筋壳体的振动问题。而把肋骨作为离散元件处理的方法有许多形式,如有限差分法、能量法、边界元法和有限元法等。骆东平和徐治平对两端简支的环肋圆柱壳在流场中的局部振动和总体振动特性进行了分析,并讨论了环肋尺寸的变化、布置形式以及静水压力和水动压力对固有频率的影响。此外,谢官模应用哈密顿原理和格林函数方法研究了环肋圆柱壳在环频率以下频段的声辐射,讨论了静水压力对壳体声辐射特性的影响。其研究表明,静水压力不仅对壳体表面的均方速度有很大影响,而且对壳体表面的辐射声功率也有较大影响。

此后研究对象扩展到加筋双层圆柱壳。首先,国内学者陈美霞应用 Donnell 壳体理论,对加强内外壳体的横向构件,利用交界面的变形协调条件,等效为作用在壳体上的反力和反力矩,把双层柱壳振动辐射声场压力的求解归结为求解结构动力方程、流场亥姆霍兹方程、流体和结构交界面上连续性条件组成的声-流体-结构的耦合振动方程。通过复杂的求解方法,可直接求得双层柱壳近场声压。汤渭霖、何兵蓉给出了水中有限长加肋圆柱壳振动和声辐射的近似解析解,他们对外力以及肋骨反力的处理同伯勒斯(Burroughs)一样进行了简化。

上述解析方法均是只能求解给定边界条件下的等截面圆柱壳结构计算模型,对于任意边界条件、变参数圆柱壳、旋转壳体等结构的振动与声辐射,结构振动控制方程的复杂性使得解析方法在这些方面的应用存在一定的困难。

3.其他类型弹性壳振动噪声研究

在振动与声辐射研究中,水下航行器结构舯部可以简化为圆柱壳模型,而艉部结构则可以简化为圆锥壳模型,艏部则可以简化为锥壳或球壳计算模型。对于整个水下航行器结构来说,则可以用锥-柱组合壳结构进行模拟。因此,开展锥壳及其他旋转壳的振动和声辐射研究就显得尤为重要。

国内外学者对圆柱壳结构的声振特性已经进行了大量的研究,主要结构形式从单层圆柱壳到双层圆柱壳,无限长圆柱壳到有限长圆柱壳,从光壳到环肋圆柱壳再到纵横加筋圆柱壳,从双层圆柱壳间无连接到实肋板连接再到托板连接,从各向同性圆柱壳到复合圆柱壳。与圆柱壳相比,圆锥壳结构由于存在锥顶角,导致锥壳本构方程中出现了拉弯耦合项,即方程系数从常系数方程(圆柱壳)变为变系数方程(圆锥壳)。因此,通过解析的办法很难得到其精确解。对于球壳和椭球壳等旋转壳来说,由于具有双曲率特性,这类旋转壳的控制方程比圆柱壳要复杂很多。有限元法就成为求解这类复杂壳体结构的办法,但有限元法仅能够在低频很好地求解这类旋转壳的动响应,对中高频的结构动力学问题则不够理想。卡雷斯塔(Carest)和凯西索格鲁(Kessissoglou)用幂级数序列求解了流体作用下锥壳的动力响应。流体通过将圆锥分段成小锥壳,这些小锥壳被当作圆柱壳,然后确定每一小段圆柱的流体载荷。曹雄涛、华宏星沿用这一思想,利用波传播法对复合锥壳的声辐射进行研究,并讨论了损耗因子对圆锥壳声辐射的影响。

总体来说,针对如圆锥壳等更为复杂的模型声辐射问题的研究目前在理论方法上的求解还比较困难,因此需要其他手段来解决。

1.3.2　数值方法

水下航行器振动噪声特性研究的数值方法主要有有限元结合边界元法和统计能量法等。随着计算机技术的发展,其数值计算能力大大提高,这为有限元及边界元技术在结构振动与声辐射方面的应用提供了有利的工具。目前已出现较成熟的有限元及边界元软件,如美国 ANSYS 公司研发的有限元软件 ANSYS、法国达索公司开发的 ABAQUS、德国西门子公司开发的有限元/边界元软件 LMS Virtual. Lab 等。但由于计算量太大,利用有限元和边界元对实际工程结构在宽带或中高频范围的声学分析仍然面临一定困难。较为成熟的求解高频区结构动力学问题软件有:法国 ESI 公司在原 AUTO SEA 软件基础上开发推出的统计能量分析软件 VA ONE。

1. 有限元和边界元法

有限元法的核心思想就是将一个连续的系统进行离散,离散后的部分成为单元,将对系统的求解转化到以单元为对象进行分析。有限元的不足之处是随着结构规模的增加,或者是随着计算频率的增加,对有限元数量的要求变得更高,相应的计算量也会急剧增加,这在一定程度上也限制了有限元的适用范围。

边界元法是在有限元法之后发展起来的一种新的数值方法,与有限元不同的是,有限元法是在连续体域内进行单元划分,而边界元法只在求解域的边界上划分单元,降低了计算的维度,提高了计算效率。由于边界元法利用的微分算子很容易满足无限远场处的边界条件,因而边界元法在处理无限域的问题时有比较明显的优势。

目前,有限元结合边界元法是求解弹性结构振动和声辐射的主要方法,结构的振动响应用有限元方法来求解,流体介质中的辐射声场用边界元方法求解,有限元方法求解得到的结构振动响应作为边界元方法下流体中声辐射的边界条件。对中低频激励作用下的水下复杂结构的振动声辐射,目前一般采用有限元和边界元相结合方法进行求解。

2. 统计能量法

传统的数值方法如有限元、边界元等网格离散化方法,在低频段可以很好地求解水下航行器结构的振动和声学性能。但是随着计算频率的增加,有限元方法将会遭遇很多的限制,特别是结构模态密集、重叠的问题。这时数值结果对结构的微小的变化(边界条件、阻尼分布、几何尺寸等)非常敏感。除此之外,单元的网格要不断加密,对计算机的要求越来越高,积累误差不断增大。总之,任何不确定的因素都可能会使求解失败。

统计能量分析方法是使用统计模态的概念,把振动能量作为描述振动的基本参数,并根据振动波和模态间存在的内在联系,建立分析结构振动和噪声的耦合动力学方程。该方法适用于分析含有高频、高频模态密度复杂结构的耦合动力学问题。

3. 传递矩阵方法

在数值方面,有限元方法得到了一定的应用。数值方法从理论上来说能够处理任意复杂的结构,但其求解精度受限于计算频段,而且随着结构的复杂性及计算频率的增加,其计算的工作量、计算速度降低了。同时有限元方法难以进行机理性分析,这些均限制了有限元技术的发展,而传统的解析方法不能给出较为复杂结构的解析解。因此,半解析半数值法逐渐成为进行旋转壳振动声辐射分析的一种有效办法。传递矩阵法(或者迁移矩阵法)适用于链式结构的动力学问题分析。传递矩阵法不需要假设结构的振型函数,避免了由于低阶函数插值带来的频率计算的限制,而且传递矩阵法还能够很好地处理不同边界条件下的结构动响应问题,所以传递矩阵法在数值计算中有一定的优势。

1.3.3 实验研究

对于水下结构振动和声辐射的预报,由于数值计算存在各种各样的假设,与工程实际还是存在一定误差的,这时就需要结合实验方法,主要利用的方法有均方声压、水声声强、声全息等研究方法。在过去的几十年里,有一些学者对弹性结构在水中的声辐射问题中比较简单的结构进行了试验研究。一般来讲,对圆柱壳与声场耦合振动机理的试验研究则比较少见,这主要基于两方面的原因:一是无论对无限长圆柱壳还是对有限长圆柱壳,边界条件和其他理想条件都很难满足,所以试验工作难度比较大;二是由于涉及国家军事机密,关于加筋圆柱壳在流体介质中的声辐射的试验研究在国内外文献中鲜有报导,对一般壳体声学试验的试验研究的文献报导也很少,介绍声学测试方法的文献也不多。

国外学者岩崎(Iwasaki)等在消声水池中测量了一个二维圆柱壳的声辐射,画出了声场中的不同点在不同的激励频率下的方向性图。1993 年,吉尔罗伊(Gilroy)所属的加拿大大西洋防务研究所(Defence Research Establishment Atlantic,DREA)试验测量了受简谐激励的环肋圆柱壳的声辐射,以为 DREA 的一套结构声学设计程序系统(VAST 和 BEMAP)提供正确数据。试验分为两部分:第一部分在 DREA 的重机器实验室,内容是测量环肋柱壳在空气中的固有频率;第二部分在 DREA 的位于贝德福德的声测量室进行,内容是测量环肋柱壳沉浸于水中时的固有频率和以某一些固有频率对柱壳进行激励时,柱壳辐射声场表面声压沿周向分布。

国内学者谢官模在消声水池中进行了环肋圆柱壳在流场的声辐射试验,用水听器测量了环肋圆柱壳在水中的辐射声场压力。陈越澎将其延伸到双层加筋圆柱壳结构,并与理论计算值进行了对比。之后,陈美霞再次对具有内部甲板的环肋柱壳模型进行振动和声辐射试验。最后,姚熊亮对有限长敷设去耦材料的加筋双层圆柱壳进行了振动和声辐射试验,测量了壳体的结构响应和水中的辐射声压,对内外壳不同敷设去耦材料的敷设方式进行对比,指出了部分敷设的结果对水下航行器的位置选择有一定的参考意义。王献忠对环肋锥 – 柱组合壳进行了水中的振动与声辐射试验,测量了该组合壳在力激励和声激励联合作用下的振动响应与水中的辐射声压,并与理论计算结果进行对比。

1.4　本章小结

本章主要介绍了水下航行器的发展概况、分类及其振动噪声研究的进展等内容。本章从最简单原始的潜水装备到发展最新型的潜艇等水下航行器的发展过程进行讲述,同时根据用途、排水量、结构形式、动力装置等特点的差异对水下航行器进行分类,最后从理论分析、数值计算、实验研究三个方面对水下航行器的振动噪声特性进行概述。水下航行器的声振分析的方法主要有解析法、有限元/边界元法、统计能量法及实验预报法,每种方法都存在利弊,分别适用于不同的对象和不同的环境。在工程应用以及相关的研究中,应视结构特征、结构频率特性及所关心的频带等情况作合理取舍。

参考文献

[1]　朱继懋. 潜水器设计[M]. 上海:上海交通大学出版社, 1992.

[2]　张海波, 杨金成, 刘远耀, 等. 现代潜艇技术[M]. 哈尔滨:哈尔滨工程大学出版社, 2002.

[3]　克里斯·伍德福德. 船舶与潜艇[M]高艺,译. 济南:山东教育出版社, 2005.

[4]　众缌. 潜艇基础知识[M]. 北京:国防工业出版社, 1985.

[5]　李国兴, 徐晓明. 现代潜艇技术及发展[M]. 哈尔滨:哈尔滨工程大学出版社, 1999.

第2章
水下航行器结构的声振激励源

水下航行器作为一个自由漂浮在水上的空心弹性梁,在航行过程中必然要受到各种干扰力(又称激振力)的作用,使其发生总体振动和局部振动。引起水下航行器振动的主要振源是螺旋桨以及主辅机,它们在运转时将引起周期性的干扰力,使其结构发生稳态强迫振动。而波浪的冲击力、火炮发射时的后坐力以及抛锚等所引起的干扰力则是非周期性的干扰力,这些力对水下航行器壳体的作用时间短,只引起其结构的衰减振动。

水下航行器船体产生振动过大的原因可归纳为三个方面:一是设计时考虑不周或计算的错误,如主机选择、船舶主尺度计算、螺旋桨与船体、附体以及与艉部线型的配合,船体结构尺寸、布置和结构的连续性等;二是建造质量问题,如螺旋桨制造质量差、轴线不对中、结构不连续、焊接残余应力与初挠度等;三是营运时航行条件及操作管理水平的影响,如浅水或狭窄航道、装(压)载不当、轴系变形、螺旋桨受损、主机各缸燃烧不均匀,以及机、桨更换不当和个别结构机件磨损、松动等。

由上述可知,某些振动是水下航行器建造后就存在的,而有些振动则是经过营运后才产生的,故不论哪种情况,查清造成振动的原因,不仅有利于制订减振措施,而且可以为营运和维修提供科学依据。

2.1 水下航行器的激励力

2.1.1 螺旋桨干扰力

螺旋桨工作时所引起的干扰力是极其复杂的,它与螺旋桨的形状参数、船体(包括附属体)后体线型和航速有关。按干扰力的频率来分类,螺旋桨干扰力可分为两类:一类是轴频干扰力,即螺旋桨的干扰频率等于桨轴转速的一阶干扰力;另一类则是叶频干扰力或倍叶频干扰力,即干扰频率等于桨轴转速 n 乘以桨叶数 z 或桨叶数倍数的高阶干扰力。

1. 轴频干扰力

引起轴频干扰力的原因为螺旋桨的机械静力不平衡、机械动力不平衡及水动力不平衡。比如螺旋桨加工不准确、材料不均匀、工艺公差分布不均匀、桨叶形状不同等,都会使各桨叶质量不等,造成螺旋桨重心不在回转轴上,即螺旋桨是静力不平衡的。当螺旋桨转动时,就产生一个频率等于桨轴转速的周期性离心力 F,这种离心力在最大轴转速下应不大于螺旋桨自重 G 的 $0.01 \sim 0.02$ 倍,即

$$F = \frac{G\omega^2 l}{g} \leqslant (0.01 \sim 0.02) G \qquad (2-1)$$

式中　l——螺旋桨重心离开回转轴线的距离;

　　　ω——螺旋桨回转角速度;

　　　g——重力加速度。

目前螺旋桨在加工时,都做了静力平衡校准,精度也能达到要求。但一些小厂制造的螺旋桨精度较差,其离心力可能较大。此外,船舶在浅区或浅水中航行时,螺旋桨易受冰块或卵石撞击,导致桨叶打断、卷边等;在湖区则桨叶易受水草缠附,这都使螺旋桨的静力平衡受到破坏,激起船体剧烈的一阶(轴频)振动,所以在航行中的船舶,当突然出现一阶振动时,则常常是螺旋桨受损所致。

螺旋桨的重心虽在回转轴上,但各桨叶在轴线方向有错位,从而使各桨叶的重心不在同一盘面内,转动时各桨叶离心力会形成轴频不平衡力矩,使桨轴产生弯曲振动。为了确保不使弯曲振动过大,规定这种不平衡力矩 M 不大于桨自重的 0.01 倍与桨叶 $0.7R$ 处轴向长度 f 的乘积,即

$$M \leqslant 0.01 Gf \qquad (2-2)$$

上述情况称为螺旋桨的动力不平衡。但只有当螺旋桨转速高时,动力不平衡的影响才显著,故目前仅要求对快艇螺旋桨进行动力平衡试验。

以上螺旋桨的静力不平衡和动力不平衡统称为螺旋桨的机械不平衡。可见,如果螺旋桨制造不精密导致各桨叶的几何要素不相同,即使是机械平衡的螺旋桨,在"敞水"中转动时也会产生动力不平衡,其中螺距的影响最大。因为水流对各桨叶的冲角不同,每一桨叶上的推力 T 和阻力 R 也不同,则总推力不与桨轴线重合。由于螺旋桨轴与船体轴不重合,将形成一个频率等于桨轴转速且使桨轴弯曲的力矩。此外,阻力合力不等于零,也将形成一个频率与桨轴转速相等,且作用于桨轴的一阶周期干扰力。它们都通过轴系传给船体,引起船体的横向

振动和扭转振动,见图 2 - 1。

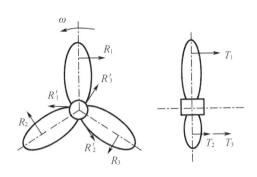

图 2 - 1 螺旋桨转动示意图

为了防止产生过大的干扰力和干扰力矩,螺旋桨的螺距容许误差应符合表 2 - 1 的要求。A、B、C 三级是根据船舶航速划分的。A 级为航速大于 18 kn 海船及其他特殊要求的船舶;B 级为航速在 8 ~ 18 kn 的海船及大于 18 kn 的内河船舶;C 级为不属于 A 级和 B 级的一般船舶。

表 2 - 1   螺距容许误差

名称	偏离图纸上名义值的容许误差		
	A 级	B 级	C 级
叶片距离	±1.0%	±1.5%	±3.0%
总平均螺距	±0.75%	±1.0%	±2.5%

综上可知,螺旋桨激起的一阶振动主要与桨叶制造质量有关。提高螺旋桨制造的精度,可使其一阶干扰力或力矩降到最低的程度。但当这种干扰力的频率等于或接近船体的固有频率时,就可能产生严重的振动。

2. 叶频干扰力

叶频干扰力与螺旋桨的制造质量无关,这种力又可分为两类:一是螺旋桨转动时经水传至船体表面的脉动水压力,称为螺旋桨脉动压力,其沿船体表面的积分值(合力)称为表面力;二是螺旋桨在船后工作时,由于伴流在周向分布的不均匀性,使作用在桨叶上的流体力发生变化而引起的激振力,因它可通过桨轴和轴承作用于船体,故称为轴承力。

螺旋桨脉动压力的产生,可从下述两个方面来解释:一是螺旋桨在水中工作时,由于叶面与叶背的压力差在叶梢处形成螺旋涡系,如图2-2(a)所示,使螺旋桨临近水中的各点的压力呈周期性变化,导致位于压力场内的艉部底板及舵叶等其他结构受到周期性脉动压力的作用,又因为螺旋强度与螺旋桨的载荷(推力和扭矩)有关,所以这一部分脉动压力常称为载荷效应;二是螺旋桨桨叶具有厚度,如图2-2(b)所示,在流场中运动时,流场中某一点P处的压力将随着桨叶接近和远离该点发生周期性变化,从而使该流场中各点受到脉动压力,这种效应称为叶厚效应。

从上述分析还可看出,即使在敞水均匀的流场中,螺旋桨脉动压力也存在。当螺旋桨在船后不均匀流场中转动时,则会进一步加大压力波动,从而使脉动压力加大。

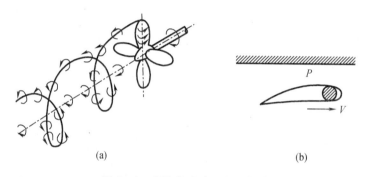

(a)   (b)

图2-2 螺旋桨脉动压力示意图

影响脉动压力大小的主要因素是螺旋桨叶梢与艉壳板的间隙大小及螺旋桨的叶数,如图2-3所示。由图可知,增大梢隙,脉动压力明显减小,但增大到一定数值时,脉动压力值的变化很小。同时,随着螺旋桨叶数的增加,脉动压力也将下降。

螺旋桨脉动水压力作用在外板的范围主要在螺旋桨正上方,面积约为螺旋桨直径的平方。在其上的不同部位,脉动压力的大小及方向均不相同。最大压力的纵向位置出现在螺旋桨盘面往船首偏离约0.1倍的螺旋桨直径处,并在横向呈对称变化。

螺旋桨在船后不均匀流场中旋转,桨叶所通过的是进流速度不同的流场,即在任一瞬间各叶的攻角不同,因此将引起桨叶上推力和阻力的变化。由于推力的中心不通过桨轴,因此将产生图2-4(a)所示的脉动推力和水平、垂向弯矩。此外,由于旋转阻力合力不等于零,将产生如图2-4(b)所示的分力和扭矩,因此轴承力有三个脉动分力和三个脉动力矩,统称6个分力。这些周期性变化的推力会引起轴系、船体和上层建筑的纵向振动,而转矩会引起轴系和动力装置的扭转振动,侧向力和弯矩则引起轴系和船体的横向振动。

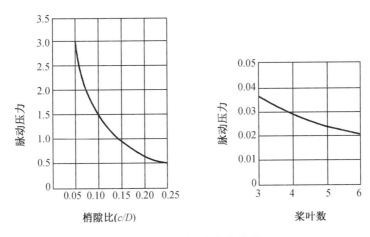

图 2-3　脉动压力变化曲线

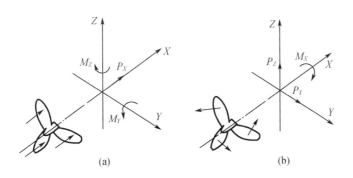

图 2-4　螺旋桨受力示意图

图 2-4 中,各符号所代表的力分别为:P_X——推力;P_Y——水平力;P_Z——垂直力;M_X——转矩;M_Y——垂向弯矩;M_Z——水平弯矩。

在均匀流场中,对各叶片的几何特征完全相同的螺旋桨,除了恒定的推力和转矩外,其他分力均等于零,因此也不产生轴承力。轴承力只在不均匀的流场中存在,伴流越不均匀,轴承力就越大。这是因为叶片每转过一个大小等于两叶片夹角的转角时,螺旋桨便重复一次受力情况,所以表面力和轴承力的频率等于叶数与桨轴转速的乘积,即叶频。为了说明表面力、轴承力的大致数值,可参见表 2-2。

表 2 - 2　不同桨叶数下脉动表面力、轴承力的数值

桨叶数	脉动表面力 F	脉动轴承力					
		推力 P_X	垂直力 P_Z	水平力 P_Y	转矩 M_X	垂向弯矩 M_Y	水平弯矩 M_Z
		平均推力的百分数/%			平均扭矩的百分数/%		
三叶	$\dfrac{11-16}{7}$	$\dfrac{8\sim10}{x(x\neq0)}$	—	—	—	—	—
四叶	$\dfrac{4}{11}$	$\dfrac{16\sim23}{4\sim7}$	$\dfrac{1\sim3}{1}$	$\dfrac{1\sim3}{1}$	$\dfrac{13\sim17}{4\sim5}$	$\dfrac{6\sim8}{2\sim3}$	$\dfrac{2\sim5}{1}$
五叶	$\dfrac{3\sim5}{7}$	$\dfrac{4\sim6}{1\sim2}$	$\dfrac{5\sim8}{1\sim3}$	$\dfrac{2\sim7}{1\sim2}$	$\dfrac{3\sim5}{1}$	$\dfrac{40\sim60}{12\sim18}$	$\dfrac{15\sim25}{6\sim7}$

　　由表 2 - 2 可以看出,单桨船的轴承力比双桨船普遍偏大。推力最大波动出现在四叶桨船上,达平均推力的 16% ~ 23%,弯矩的最大波动出现在五叶桨船上,垂向弯矩的最大波动为平均扭矩的 40% ~ 60%,而水平弯矩的最大波动为平均扭矩的 15% ~ 25%。双桨船表面力较单桨船大,最大者出现在三叶桨船上,达平均推力的 11% ~ 16%。

　　在浅水区航行,内河船甚至沿海船都可能遇到浅滩,这时由于浅水效应,艉部流场将更加不均匀,表面力和轴承力均会显著增大。当船舶回转或倒车时,由于水流的变化,均会产生较大的艉部振动。当螺旋桨负荷加重,在船后不均匀伴流中工作时,随着转速加大,螺旋桨还可能产生空泡,这对轴承力影响不大,但对表面力影响显著。定常空泡(主要指叶梢片空泡)对表面力的影响,可按脉动的空泡层引起叶片厚度变化的叶厚效应来处理。对于非定常的变空泡,螺旋桨在不均匀流场中周期地进入高、低伴流区,空泡时而产生时而崩溃,且溃灭的时间很短,使脉动压力力幅变化很大,其幅值可较无空泡时成倍或几十倍地增加。另外,非定常部分所诱导的压力远大于其他因素诱导的压力,特别在空泡体积变化最剧烈时所诱导的高幅值压力波,在水中以声速向四方传播,因此基本上是“同时”到达船体表面各个点,与船体表面脉动压力趋于同相位,自然表面力值要急剧增加。这时,脉动压力的分布也发生变化:在纵向,波峰向后移动,且空泡数目越少,波峰越在盘面之后,这是脉动片空泡越来越长并在桨后崩溃所致;在横向,波形呈明显的不对称性,波峰偏向桨叶离开高伴流区的一边,这是空泡在离开高伴流区时迅速崩溃所致。无空泡的脉动压力各谐分量中,以叶频分量幅值为主,

其他高频分量幅值小,可略去不计,所以压力波形接近于叶频的正弦波,定常空泡也大致如此。对于非定常空泡,两倍叶频以上的高频分量幅值增大,不能予以忽视。

此外,污底能改变伴流的分布,尤其是接近水面部分的船底。当污底集中在螺旋桨正上方位置时,有可能引起严重的艉部振动,这也是某些船舶营运若干年艉部振动日益严重的原因之一。

3. 叶频干扰力估算

由于影响表面力和轴承力的因素众多,故目前一般均采用各种近似估算方法。对于螺旋桨上方为平底的船舶,高桥肇(日)建议在船舶设计阶段,无空泡的垂向表面力单幅值 F_S 可以用下式估算:

$$F_S = 4.77 K K_{P_0} \frac{SHP}{nD} \frac{B}{2} \ (\text{kN}) \tag{2-3}$$

而最大脉动压力为

$$P_{max} = 4.77 K_{P_0} \frac{SHP}{nD^3} \ (\text{kN/m}^2) \tag{2-4}$$

上两式中　SHP——螺旋桨轴功率,kW;

　　　　　　n——轴转速,r/min;

　　　　　　D——螺旋桨直径,m;

　　　　　　K——与叶数和梢隙比 $\frac{c}{D}$ 有关的系数:$K = 0.73 \frac{c}{D} + 0.08$(三叶);$K =$

　　　　　　　　$0.48 \frac{c}{D} + 0.032$(四叶);$K = 0.25 \frac{c}{D} - 0.003$(五叶);

　　　　　　K_{P_0}——无因次系数,为梢隙比 $\frac{c}{D}$、叶数 Z 与滑脱比 S 的函数,取

　　　　　　　　自图 2-5;

　　　　　　B——固壁系数,与螺旋桨上方船底形状有关,取自图 2-5,对平板,

　　　　　　　　当夹角 $\alpha = 90°$ 时,$B = 2$。

在设计阶段垂向轴承力单幅值 F_B 可用下式估算:

$$F_B = K_B \frac{SHP}{10nD} \ (\text{kN}) \tag{2-5}$$

式中　K_B——与叶数有关的系数:$K_B = 8.0$(四叶);$K_B = 10.7$(五叶);$K_B = 13.3$(六叶)。

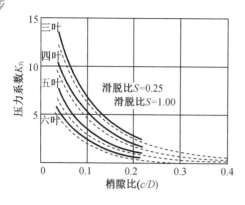 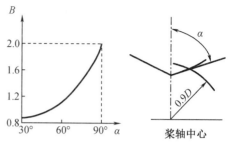

图 2 – 5　$K_{P_0} \cdot B \cdot \alpha$ 系数

当空泡非常严重,无伴流分布资料时,表面力单幅值近似估算可按下式进行:

$$F = 4.77 K_{P_0} \frac{K \times SHP}{nD} K_A K_{PH} \qquad (2-6)$$

式中　K_A——幅值修正系数,由实船实测统计,$K_A \approx 3$;

　　　K_{PH}——相位差修正系数,按船模实验结果,$K_{PH} \approx 2$;

　　　K_{P_0}、K、SHP、n、D 同上式。

螺旋桨的干扰力主要激起艉部振动。如浙江 1 600 t 沿海客货船,由于艉部线型选择不当,伴流极不均匀,引起较大的脉动压力;加上螺旋桨的非定常空泡,致使表面力极大,造成船体尾部结构多处振裂,影响船舶正常营运。某长江客船,螺旋桨叶梢与船壳板间隙过小,激起较大的艉部振动,造成艉三等舱多个舱室的垂向振动加速度单幅峰值达到 0.25g,极大地影响舒适性。

2.1.2　柴油机干扰力

船舶与一般工程建筑物不同,在机舱与其他舱室中装设了各种类型的动力装置辅机和设备,当这些机器和设备运转时都可能引起船体及其局部结构的振动。对一般运输船来说,机舱中最主要的振源是主机,视船舶的大小可以是低速、中速柴油机,也可以是高速柴油机。大、中型船舶机械设备较多,增压器、泵、通风机等亦都可能引起局部的振动,下面将讨论由柴油机引起的干扰力。

柴油机运转时,作用在船体上的周期干扰力主要有两种:一是运动部件的惯性力产生的不平衡力和不平衡力矩,其幅值及频率取决于运动部件的质量、发火顺序、缸数、冲程数、曲柄排列及转速等；二是气缸内气体爆炸压力产生的对气缸侧壁的侧向压力和倾覆力矩，其幅值及频率取决于缸径、工作压力、曲柄连杆长度比、缸数和冲程数。

1. 不平衡力和不平衡力矩

柴油机是一种往复式机械，当它运转时，运动部件将产生惯性力。图 2－6 为柴油机的力学简图，O 为柴油机长度中点，坐标轴正向和曲柄转角正向如图所示，力矩按右手螺旋法则定正向。其中活塞组件做直线运动，曲柄组件做回转运动，连杆组件则做平面运动。为处理方便，认为连杆一部分做直线运动，另一部分做回转运动。

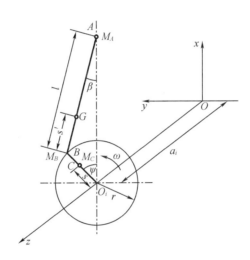

图 2－6　柴油机的力学简图

首先讨论单缸情况，则直线运动部分的质量（设集中于 A 点）为

$$M_A = M_1 + M_2' = M_1 + \frac{S'}{l} M_2 \qquad (2-7)$$

回转运动部分的质量（集中于 B 点及 C 点）为

$$M_B = M_2'' = \left(1 - \frac{S'}{l}\right) M_2 \qquad (2-8)$$

$$M_C = M_3 \qquad (2-9)$$

式中　M_1——活塞组件质量；

　　　M_2——连杆组件质量；

　　　M_3——曲柄组件质量；

l——连杆长度；

S'——连杆重心 G 至曲柄端的距离。

质量 M_A 做直线运动，产生的垂向惯性力为

$$F_A = -M_A \frac{\partial^2 x}{\partial t^2} = -\left(M_1 + \frac{S'}{l} M_2 \right) \frac{\partial^2 x}{\partial t^2} \qquad (2-10)$$

质量 M_B、M_C 做圆周运动，产生的惯性力就是沿半径方向的离心力

$$F_B = M_2'' r \omega^2 + M_3 S \omega^2 = \left[r\left(1 - \frac{S'}{l} \right) M_2 + s M_3 \right] \omega^2 = Q' \omega^2 \qquad (2-11)$$

式中　r——曲柄半径；

S——曲柄重心至中心的距离；

ω——回转角速度。

一般认为曲柄做等角速度运转，F_B 只变方向不变大小，其频率等于轴速度，是一阶干扰力。

根据图 2-6 中的几何关系，可得

$$r\sin\psi = l\sin\beta \qquad (2-12)$$

$$x(t) = r\cos\psi + l\cos\beta = r\cos\omega t + \frac{1}{l} \sqrt{1 - \frac{r^2}{l^2} \sin^2 \omega t} \qquad (2-13)$$

式中　β——连杆的摆动角；

ψ——曲柄转角，$\psi = \omega t$；

t——从初始点量起的时间。

令 $\dfrac{r}{l} = \lambda$，通常 $\lambda < \dfrac{1}{4}$，故根号内第二项小于 $\dfrac{1}{16}$，因此根号项按牛顿二项式定理展成幂级数，再利用倍角公式可得

$$x(t) = l - \frac{r^2}{4l} - \frac{3r^4}{64l^3} + \cdots + r\cos\omega l + \left(\frac{r^2}{4l} + \frac{r^4}{16l^3} + \frac{15r^6}{512l^5} + \cdots \right)\cos 2\omega t -$$

$$\left(\frac{r^4}{64l^3} + \frac{3r^6}{256l^3} + \cdots \right)\cos 4\omega t + \left(\frac{r^6}{512l^5} + \cdots \right)\cos 6\omega t \qquad (2-14)$$

由式 (2-14) 求得 $\dfrac{\partial^2 x}{\partial t^2}$，再代入式 (2-10) 得

$$F_A = Q\omega^2 (\cos\omega t + A_2 \cos 2\omega t - A_4 \cos 4\omega t + \cdots) \qquad (2-15)$$

由此可知在垂向存在一阶、二阶及四阶等偶数惯性力，它们的特征是只变大小不变方向，始终作用在气缸中心线上方。略去四阶以上的高阶项，则运动部件产生的惯性力在三个坐标轴的分量为

$$F_{X_i} = \omega^2 \left[(Q + Q') \cos \psi + Q A_2 \cos 2\psi \right] \tag{2-16}$$

$$F_{Y_i} = \omega^2 Q' \sin \psi \tag{2-17}$$

$$F_{Z_i} = 0 \tag{2-18}$$

式中

$$Q = r M_A = r \left(M + \frac{S'}{l} M_2 \right) \tag{2-19}$$

$$Q' = r \left(1 - \frac{S'}{l} \right) M_2 + S M_3 \tag{2-20}$$

$$A_2 = \lambda + \frac{1}{4} \lambda^3 + \frac{15}{128} \lambda^5 + \cdots \tag{2-21}$$

现讨论多缸机情况。对直列式多缸柴油机,在求得各单缸的惯性力后,如机体刚性很大,则可将各缸的惯性力合成,求得整个柴油机的不平衡力和力矩(图 2 - 7)。当柴油机各曲柄间夹角相等,且各运动部件的质量相等时,六缸及六缸以上的柴油机的不平衡力可等于零,而仅剩下不平衡力矩,即

$$P_X = \sum_i F_{X_i} = 0 \tag{2-22}$$

$$P_Y = \sum_i F_{Y_i} = 0 \tag{2-23}$$

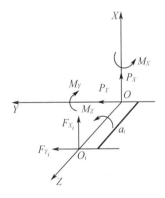

图 2 - 7　柴油机的不平衡力和力矩

而

$$M_X = - \sum a_i F_{Y_i} \tag{2-24}$$

$$M_Y = - \sum a_i F_{X_i} \tag{2-25}$$

式中　P_X——垂向力(只计及一阶、二阶,三阶为零);

P_Y——水平力(只一阶);

M_X——水平摇力矩(只一阶);

M_Y——纵摇力矩(只计及一阶、二阶,三阶为零);

a_i——第 i 个缸到柴油机长度中点的距离。

同理,运动部件连杆及曲柄组件对 Z 轴有转动惯量,从而可求出以 Z 轴的动量矩 J_i,由动量矩定理可得

$$M_z = -\sum_i \frac{\mathrm{d}J_i}{\mathrm{d}t} = \omega^2 R (C_1 \sin \omega t - C_3 \sin \omega t + \cdots) \qquad (2-26)$$

式中,M_z 为横摇力矩,只计及一阶、三阶,二阶为零。

如果以上的合力和合力矩都等于零(考虑到三阶为零),可认为这一柴油机是平衡的。由于它们的作用形态都是对外面表现出来的,因此也称它们为外力和外力矩,其值取决于运动部件的质量、发火顺序、缸数和曲柄排列等。如能合理地安排发火顺序、自由式柄夹角等,可以得到满意的平衡二冲程柴油机的曲柄夹角为 $\frac{2\pi}{z}$(z 为缸数),四冲程柴油机的曲柄夹角为 $\frac{2\pi}{z}$(z 为缸数)。当发火顺序给定后,曲柄图也就确定了。对于常见的中小型船用柴油机,不平衡力和不平衡力矩的情况以及大型柴油机的平衡情况可查阅《柴油机动力学》一书。

由式(2-16)、式(2-17)、式(2-18)、式(2-26)可求该机存在的不平衡力和力矩,其中 A_2、C_1、C_3 可由表 2-3 查得。

表 2-3 A_2、C_1、C_3 值

$\frac{1}{\lambda} = \frac{1}{r}$	A_2	C_1	C_3	$\frac{1}{\lambda} = \frac{1}{r}$	A_2	C_1	C_3
2.5	0.417 3	1.021	0.066	4.5	0.225 0	1.006	0.019
3.0	0.343 1	1.014	0.044	5.0	0.202 0	1.005	0.015
3.5	0.291 8	1.010	0.032	5.5	0.183 3	1.004	0.013
4.0	0.254 0	1.008	0.024	6.0	0.167 8	1.003	0.011

当选用有不平衡惯性力和力矩阵柴油机作船舶主机时,会引起船体振动。如"长江3003"型推(拖)船,主机为两台"6ED390"六缸一冲程中速柴油机,存在二阶不平衡纵摇力矩,在额定转速 500 r/min 时,该力矩达 9.0×10^4 N·m 以上,使全船发生强烈的振动。振动伴随而来的噪声给船员的工作和生活带来严重的

影响。该型推(拖)船投产以来,经常处于停航修理状态,全年营运率很低,经济损失很大。目前该型船大部分已更换主机。至于以"4135"柴油机为主、辅机的船舶,若不采取一定措施,其振动会更为剧烈,机舱底板经常被振裂。

以上的研究是基于柴油机的曲轴及机身等都是绝对刚体下进行的,未曾考虑它的内部受力和变形,因此当它的内部受力过大时,仍会由于变形而引起船体振动,下面结合图示予以讨论。

当取多缸机的长度中点为简化中心时,位于中心一边一半缸数的惯性力对该中心的合力矩称为内力矩。内力矩成对地作用在机体上,如图 2 - 8 所示的上缸柴油机。如果机体为完全刚体,则一对内力矩将在机体内完全抵消。但实际上机体是一个通过底脚螺栓与船体连接在一起的弹性体,船体结构与机体一起在内力矩作用下将出现弹性变形。此时的内力矩将按机体与船体局部结构的刚性比,通过底脚螺栓传递分配作用于机体和该局部结构,从而引起船体局部振动,且该振动频率仅计及与主机转速相同,即一阶振动,其对底脚螺栓影响最大,常成为致其断裂的主要负荷。这里还需指出,多缸机的平衡是理论上的,实际由于制造上的误差、装配或使用上的磨损等,仍可能有不平衡力和不平衡力矩。由于其对振动的影响主要是一阶分量,高阶分量较微弱,一般不予考虑。

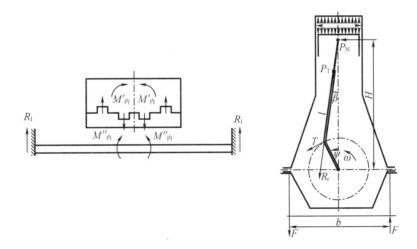

图 2 - 8　上缸柴油机结构示意图

2. 侧推力、倾覆力和倾覆力矩

最后讨论柴油机工作用于活塞顶的燃气压力的合力所引起的侧推力、倾覆力和倾覆力矩。倾覆力矩将使柴油机产生摇摆振动,柴油机所发生的高频率振

动大都是该干扰力矩引起的。图 2 - 8 展示了这种作用力之间的关系，P_N 和 P_T 是燃气压力合力的分量，作用于气缸侧壁。根据图示关系，有

$$M_{P_N} = P_N H = P_N(l\cos\beta + \gamma\cos\psi) = P_T r\sin(\psi + \beta) = T_r = M_T \quad (2-27)$$

由此可知倾覆力矩 M_{P_N} 在数值上与发动机的扭矩是完全相同的，只是它们在方向上刚好相反。

由于柴油机间歇工作的脉冲性，燃气压力 P 随时间有剧烈的变化，因此单缸机的扭矩 M_T 或倾覆力矩 M_{PH} 的瞬时值波动很大（缸数趋多，能使之趋于均匀），它的大小与曲柄转角 ψ 有关，是时间的函数，如图 2 - 9 所示。用傅里叶级数表示为

$$M_T = M_0 + \sum_K M_K \sin(k\omega t + \beta_K) \quad (2-28)$$

式中　M_0——平均扭矩；

　　　M_K——第 k 阶次扭矩分量幅值；

　　　β_K——第 k 阶次扭矩分量的相角；

　　　k——阶次数，二冲程机 $k = 1,2,3,\cdots$；四冲程机 $k = \dfrac{1}{2}, 1, 1\dfrac{1}{2}, 3, \cdots$。

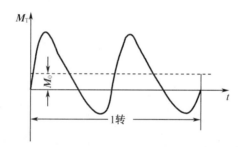

图 2 - 9　扭矩的函数曲线

平均扭矩 M_0，主要用于克服螺旋桨所受的外界水的阻力矩 M，从而使螺旋桨旋转。它使桨轴产生一固定的扭转，但不使轴振动，所以又称之为传动扭矩，如图 2 - 10 所示。M 作用在船体上，使船横倾，但横倾角很小，且随之水又对船体作用一恢复力矩 M_1，因此这种横倾角可以不考虑。而 M_T 中各简谐分量则使轴产生扭转振动，如扭振干扰频率与轴系固有频率相等，则会激起轴系扭转共振，这不仅影响轴的强度，而且会引起船体振动。

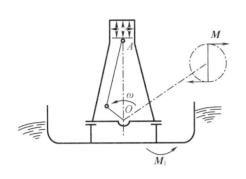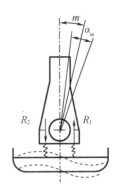

图 2 – 10　传动扭矩示意图

引起船体横摇振动的主要是倾覆力矩 M_{P_N},它同样可分为平均力矩和简谐分量两部分。平均力矩部分作用在机体上,使机体倾一角度 α_m,如图 2 – 10 所示,并被机座反力所平衡,而轴转动。简谐分量使机体绕平衡位置 α_m 做横摇振动,并通过底脚螺栓在机座上产生简谐反作用力矩,而引起船底板架的强迫振动。实际柴油机工作中,倾覆力矩的影响很难做到有效的消除,但在多缸机中它们多为高谐次的,其简谐的阶数为 $z \times k, d = 4.4l$ 为缸数,对四冲程 $k = \dfrac{1}{2}, 1, 1\dfrac{1}{2}, 3, \cdots$;对二冲程 $k = 1, 2, 3, \cdots$。这也是柴油机振动的重要特性之一。

当船底板架刚度较大,而机体横向弯曲刚度较小时,由于气缸的侧向推力作用在机体方向的不同位置,其力矩可使机体产生 H、X 和 x 三种固有振型,如图 2 – 11 所示。当机体的某一振形的固有频率与气缸侧向力的频率相等时,机器将发生共振。这时不仅机器振动很大,而且机器质量所产生的惯性力,将引起船体剧烈的水平振动和扭转振动或上层建筑的振动。

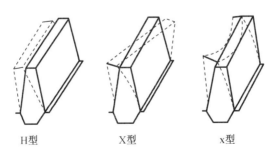

H型　　　　X型　　　　x型

图 2 – 11　三种固有振型

2.1.3 其他干扰力

引起船体振动的干扰力,除螺旋桨和主机两个主要振源外,还有下列经常遇到的因素。

当轴存在初弯曲或中间轴用法兰连接后轴线不直,而用轴承固定并转动时,轴承上将产生不断改变方向的周期性干扰力,其频率等于轴转速。船舶由于装(压)载不合理、海损事故,使船体弯曲变形而影响轴承,也将引起轴系产生一阶干扰。这在弯曲刚度较小的海船和长深比较大的内河船上常出现。

机舱中的强迫振动还可能来自柴油机排气。排气脉冲的作用,不仅会引起排气管道的振动,而且常激起相邻结构的振动,其脉冲频率为

$$N = m \cdot n \cdot z \qquad (2-29)$$

式中 m——冲程系数,四冲程 $m = \frac{1}{2}$,二冲程 $m = 1$;

n——曲轴每分钟转数;

z——柴油机气缸数。

船舶在航行中由于波浪而激起船体的振动可分为两类。一是由于波浪的冲击引起的船体衰减振动,称为击振或冲荡,如船首出、入水,船首侧板外飘所受的波浪冲击。特别对于肥大船型和平底压浪船型来说,其冲击力较大,可使船舶整体或局部结构产生较大的振动。但以上的振动(由于阻尼的作用),随着冲击力的消失也将很快消失。二是船舶在波浪中航行时,船舶的第一谐调固有频率与波浪的遭遇频率相等或相近时,将发生波激振动。此时波浪并不大,但可引起船体稳态垂向二节点振动。波激振动对海上的巨型油船及肥大型货船最为突出。此外,在桨后端变动尾流工作中的舵上,将产生脉动力和力矩,它们通过舵轴引起船体,特别是艉部的振动。

船舶在浅水航道航行时,振动将显著增大,即浅水效应。当龙骨下水深小于五倍螺旋桨直径时,脉动压力就开始增大。内河浅水船龙骨下水深甚至小于螺旋桨直径,故脉动压力及振幅值均大大增加。

除以上几点外,还有发电机、电动机、通风机、冷藏装置、空调、舵机、起货机和齿轮箱等各种辅助机械与设备以及各种管道、泵,在运转时都能产生机械、电磁和流体激振力。这些激振力频率各异,频率范围很广,其原因可能是设计、制造、安装和使用不当等。

2.2　水下航行器的噪声源

2.2.1　水下航行器噪声源分类

1. 按噪声来源分类

水下航行器的辐射噪声主要来源于三大方面:机械噪声、水动力噪声和螺旋桨噪声,如表 2-4 所示。

表 2-4　水下航行器噪声源分类

序号	噪声源种类	主要来源
1	机械噪声	机械设备和管系通过基座与非支撑件激励水下航行器振动并向水中辐射噪声;舱室空气噪声激励水下航行器振动产生水下噪声等
2	水动力噪声	水下航行器运动时,壳体周围湍流边界层内扰动、壁面上脉动压力及流体与固体耦合作用导致的结构振动引起的噪声等
3	螺旋桨噪声	由桨叶载荷和厚度引起的旋转噪声以及桨叶的边界层分离、漩涡、紊流脉动引起的涡流噪声及空化噪声等

(1)机械噪声

机械噪声主要是指机械设备和管系通过基座与非支撑件激励水下航行器振动并向水中辐射噪声以及舱室空气噪声激励水下航行器振动产生水下噪声等,图 2-12 所示为以船舶主机为代表的机械噪声。机械噪声在航行器内部主要形成舱内空气噪声,同时以声激励形式作用于航行器,这不仅会影响工作人员的工作以及生活状态,同时也会影响仪器设备的精度及寿命;此外,机械设备的运转通过与航行器壳体相连接的支撑结构传递到外壳上,这会引起外壳的振动从而产生辐射噪声。机械噪声频谱特征为各设备运转的线谱噪声,主要集中在中、低频段上,且在不同的航行条件下,因开启的设备数目不同而变化。机械噪声的主要成因有以下几方面。

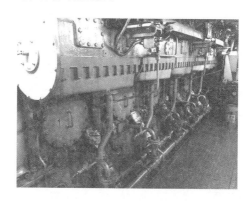

图 2 - 12   机械噪声

①旋转运动、往复运动构件的不平衡。

②电磁力脉动,即电气设备的绝大多数材料被磁化时,单位磁畴重新排列,致使构件尺度略有改变,从而产生两倍于电源频率的振动;交直流电机转子相对于定子磁极的位置发生变化时,磁通量的改变亦将产生转子槽噪声。

③碰撞冲击脉动,例如齿轮、阀门、链条及连杆传动装置等,金属部件表面反复发生碰撞,从而形成碰撞冲击。

④轴承振动,滑动轴承润滑不良时的高音调共振;滚动轴承的单频声。

(2)水动力噪声

如图 2 - 13 所示为水下航行器的表面水动力噪声产生图,水动力噪声是指系统运动时壳体周围湍流边界层内扰动、壁面上脉动压力及流体与固体耦合作用导致的结构振动引起的噪声。通常是由于高速海流的不规则起伏在航行器外表面形成脉动压力,同时激励着表面结构,从而产生水动力噪声。其噪声频谱特点除了呈现出频带很宽的连续谱噪声以外,其间通常会叠加某些线谱特征,该线谱特征主要由航行器的结构固有频率决定,且动力噪声会随着流速的升高而增大。水下航行器产生水动力噪声的主要原因有:海上高速行驶时的艏波与艉流源;高速水流流经壳体突出部分、上层建筑及升起的潜望镜;水下航行器下潜和上浮时,舰桥、壳体及上层建筑的某些空间进水或排水;水下航行器主要循环水系统的进水口和排水口等。

(3)螺旋桨噪声

如图 2 - 14 所示为水下航行器的螺旋桨噪声产生图,螺旋桨噪声主要有旋转噪声和空化噪声。旋转噪声也称非空化噪声,螺旋桨在未产生空泡之前,其噪声主要是由桨叶载荷和厚度引起的旋转噪声以及桨叶的边界层分离、漩涡、紊流脉动引起的涡流噪声。螺旋桨的空化噪声是指螺旋桨的旋转导致周围压力的变化,当压力小于临界压力时,就会产生空化现象。随着空泡在桨叶周围的不断产生、生长、溃灭,就产生大量的空化噪声,其噪声频谱中,由空泡体积生长变化并受到桨叶旋转频率的调制而生成的属于低频部分噪声;由空泡溃灭最后瞬间形成激波而生成的属于高频部分。频谱的峰值大约在 40 ~ 300 Hz,随桨的大小与空泡的严重程度而异。螺旋桨产生的空泡一方面会产生气蚀,极大地影响螺旋桨的寿命;另一方面,由于空泡的溃灭产生的作用力通过桨叶传递到船体,尤其是船体后部,引起船体振动噪声,进而影响水下航行器的隐蔽性能。

图 2 – 13　水动力噪声

图 2 – 14　螺旋桨噪声

2. 按噪声的影响分类

依据水下航行器噪声对敌我双方的影响,又可将其分为辐射噪声和自噪声。

（1）辐射噪声

辐射噪声,是指水下航行器向外辐射的噪声,由机械噪声、螺旋桨噪声和水

动力噪声所组成。辐射噪声有如下特点。

①辐射噪声的总声压级,随水下航行器的航速以及深度的变化而变化。比如,航速低于 5 kn,其噪声源主要为机械噪声;反之,航速高于 5 kn 则主要噪声源为螺旋桨噪声;高速航行时,机械噪声也是低频噪声的组成部分之一;水动力噪声在一般情况下较容易被机械噪声以及螺旋桨噪声所掩盖,但是在某些情况下,却可能是主要的噪声线谱。

②对应于某种航速,辐射噪声取决于壳体形状、驱动类型、航行状态、下潜深度、辐射频率及海区环境等多种因素。

此外,辐射噪声与航速以及频率的基本关系有:随着频率的增大,辐射噪声的声压级逐渐减小;随着航速的增大,辐射噪声的声压级逐渐增大。

(2)自噪声

水下航行器的自噪声,是指其在运动中产生的噪声,其来源于机械噪声、螺旋桨噪声和水动力噪声,与辐射噪声的来源大致相同。自噪声有如下特点。

①自噪声具有指向性。在水下航行器左右舷各 30°~140°的范围内比较均匀,艏部的自噪声相对较小,而艉部的自噪声最大。

②水下航行器低速(小于 6 kn)航行时,机械噪声是主要的自噪声,也是自噪声在整个低频段的主要单频分量,其频带较窄且不连续,强度几乎与航速无关,这时其他类型的噪声强度均较低。

③水下航行器以较高速度(6~16 kn)航行时,壳体、导流罩等周围的水动力噪声和螺旋桨噪声是主要的自噪声,其频谱是由频率较低的弱连续谱和强离散谱所组成的组合谱。

④水下航行器以高速(大于 16 kn)航行时,螺旋桨的空化噪声以及导流罩周围和壳体表面的空化噪声成为主要的自噪声,且是频带很宽的连续谱。艏部破浪时产生的这种噪声最大,尤其是航速增大,接收换能器附近水域空化时,往往会成为水下航行器噪声的主要来源。

2.2.2　水下航行器噪声源计算

1. 柴油机噪声

(1)进排气噪声

柴油机的进排气噪声频率按下式计算:

$$f_0 = i \cdot n \cdot \frac{z}{60} \qquad (2-30)$$

式中,i、n、z 分别为冲程系数、转速及缸数。

（2）排气管内产生的共鸣声

在排气管、尾管、消声器的共振频率处产生较强的共鸣声。两端开放管有 $f_0 = \dfrac{c}{2l}$ 及其高次谐波成分;一端开放管有 $f_0 = \dfrac{c}{4l}$ 及其高次谐波成分。

（3）高速气流导致的噪声

涡流噪声的频率按下式计算:

$$f_0 = Sr \cdot i \cdot \frac{u}{d} \tag{2-31}$$

式中　S——排气口的面积;

$\quad\quad r$——距排气孔处的距离;

$\quad\quad d$——喷口或其他气流流经物体的几何尺寸;

$\quad\quad u$——气流速度;

$\quad\quad i$——由实验确定。

排气是一个不均匀的排出流,可以把排出孔视作一个点状容积源,假若忽略非线性因素,则能产生球状对称声场,声压可表示为

$$p(r, t) = \frac{\rho_0 S}{4\pi r} \cdot \frac{\partial u(t - r/c_0)}{\partial t} \tag{2-32}$$

式中　$u(t)$——排气孔处的气流速度。

（4）进气噪声

进气管自振频率为

$$f_0 = (2n + 1) \cdot \frac{c}{4}\left(l + \pi\,\frac{r}{2}\right) \tag{2-33}$$

式中,l、r 分别为管长与管径。

多缸机进气噪声最强频率为

$$f_0 = n \cdot N \cdot \frac{i}{120} \tag{2-34}$$

式中　N——转速;

$\quad\quad i$——一转内吸气冲程数。

2. 燃气轮机噪声估算

设空气噪声功率级为 L_W,包括燃气发生器、工作涡轮机及倒转装置的燃气轮机每 1/3 倍频程产生的声功率级(不包括进排气噪声)为

$$L_W \approx 68 + 10\lg W_N + 10\lg \frac{W}{W_N} \qquad (2-35)$$

离燃气轮机 1 m 处每 1/3 倍频程的声压级为

$$L_W \approx 68 + 5.5\lg W_N + 10\lg \frac{W}{W_N} \qquad (2-36)$$

在燃气轮机框架的弹性支撑上的每 1/3 倍频程得速度级为

$$L_v \approx 76 + 5.5\lg W_N + 10\lg \frac{W}{W_N} + 13\lg \frac{f}{32} \qquad (2-37)$$

式中　W_N——额定功率；

　　　W——实际功率；

　　　f——频率。

3. 齿轮传动装置噪声

齿轮噪声主要频率成分有啮合频率、旋转频率、啮合固有频率,其中啮合频率计算式如下:

$$f_i = i \cdot n \cdot \frac{z}{60} \qquad (2-38)$$

旋转频率估算式为

$$f_r = \frac{n}{60} \qquad (2-39)$$

啮合固有频率估算式为

$$f_0 = \frac{\sqrt{K\left(\dfrac{1}{M_1} + \dfrac{1}{M_2}\right)}}{2\pi} \qquad (2-40)$$

式中　M_1、M_2——折算到齿轮作用线上的有效质量；

　　　K——啮合的一对齿的平均刚度。

其中影响齿轮的固有频率主要因素有:①转速;②载荷;③齿轮重合系数;④齿轮制造误差。

4. 轴承噪声

轴承中的噪声主要是由滚珠缺陷、滚道上有部分变形、滚道的固有振动以及旋转不平衡造成的,其中滚珠缺陷引起的噪声频率为

$$f_0 = \frac{4r_1 r_2}{(r_2 - r_1)(r_1 - r_2)}\left(\frac{n}{60}\right) m_B \qquad (2-41)$$

式中　r_1、r_2——内滚道的半径；

m_B——有缺陷的滚珠个数；

n——转速。

而滚道上有部分变形引起的噪声频率分为内滚道变形噪声与外滚道变形噪声，其中内滚道变形引起的噪声频率为

$$f_1 = Z \cdot m_1 \left(1 - \frac{r_1}{r_1 + r_2} \right) \cdot \frac{n}{60} \qquad (2-42)$$

外滚道变形引起的噪声频率为

$$f_2 = Z \cdot m_2 \left(\frac{r_1}{r_1 + r_2} \right) \cdot \frac{n}{60} \qquad (2-43)$$

式中　Z——轴承中的滚珠个数；

m_1、m_2——内、外滚道上的变形处个数。

对于滚道的固有振动以及旋转不平衡引起的噪声频率这里不作叙述，有需要者可查阅相关资料。

5. 舰船辐射噪声

舰船辐射噪声的声源级是表征舰船声隐蔽性的最基本参数，它与舰船类型、排水量、航速、主机和辅机类型等密切相关，对潜艇来说，还与下潜深度有关系。评价舰船辐射噪声特性时，频率范围尽可能取得较宽。

水面舰船辐射噪声 100 Hz 以上的总声级常用经验公式如下：

$$L_{po} = 112 + 50 \lg \frac{U_a}{10} + 15 \lg DT \qquad (2-44)$$

式中　U_a——航速（kn）；

DT——排水量（t）。

2.2.3　水下航行器噪声源控制技术

如表 2 - 5 所示，水下航行器的噪声，从声源分析角度可分为三类：机械噪声、水动力噪声、螺旋桨噪声。根据工况和航速的不同，它们各自对总噪声的影响也存在差异。对水下航行器噪声的控制主要从以下三个方面着手：降低噪声源噪声，如设计及选用新型的低噪声设备；将声源与辐射面隔离，即隔断振动、噪声传递的途径，如添加减振器、隔声结构等；降低辐射面的辐射效率，如敷设阻尼材料、吸声材料、隔声材料等。

表 2 - 5　水下航行器噪声控制的主要途径及手段

主要途径	主要手段
降低噪声源噪声	设计及选用新型的低噪声设备等
隔离声源与辐射面	添加减振器、隔声结构等
降低辐射面的辐射效率	敷设吸、隔声材料等

1. 机械噪声控制

在这三种噪声源中,机械设备产生的噪声是水下航行器低速巡航时最主要的噪声源,所以控制和减小水下航行器机械噪声是潜艇实现安静化的首要环节。虽然水下航行器的机械设备产生水下噪声的途径多种多样,但噪声控制主要从声源和声传播两方面来考虑:选用低噪声设备;隔绝或减少振动、噪声和激励力的传播途径。

(1)机械设备噪声评估

机械设备作为水下航行器主要的激励源,应如何评价机械设备的噪声水平呢? 目前对于机械设备的噪声评估是基于其激励特性的表征参数的,表征设备激励特性的参数主要有:设备机脚振动加速度或速度、激励力、结构输入功率、自由速度等。每个参数都对应着一定的测试方法和测试环境要求,否则会失去其作为设备声学表征参数的客观性。设备机脚振动加速度或速度描述设备激励特性,具有简单实用的特点,易于在实验室和水下航行器上实施测量,但实验室和实艇测试环境不同会使测量结果产生较大的差异。激励力是理论预报水下航行器辐射噪声的常用输入参数,但它是一个比较理想化的参数,比较难以获取。在实验室中可采用直接测量法和间接测量法测量。直接测量法将力传感器安装于设备机脚固定螺栓上测量激励力。间接测量法通过测量设备机脚处振动加速度和输入机械阻抗实现激励力的测量。在水下航行器中,仅能采用间接测量法测量,其测试结果与设备安装点的基座输入阻抗有密切关系,需要在设备安装前严格测试基座的输入阻抗,并考虑基座不同安装点的互阻抗对安装点输入阻抗的影响。国外已经发展到将机械设备输入给水下航行器结构的功率作为表征设备激励特性的参数,输入功率包括每个作用点直接传输的功率和作用点之间耦合传输的功率。已知设备安装点的机脚振动加速度和基座的输入阻抗,原则上就可以计算输入功率。目前比较普遍采用的是用设备机脚振动加速度或速度和激励力来描述设备激励特性,但还没有建立完善的不同测试环境下设备激励特性测量结果的换算关系。

（2）机械噪声传播路径的阻断方法

对于声振传播路径的阻断需要通过机械设备的布置、弹性安装以及吸隔声材料的应用来完成。机械设备的安装布置为：①机械设备尽可能地集中布置；②设备应该安装在舱隔壁或者与舱隔壁相连的甲板上。

机械设备的弹性安装方式较普遍地采用了单层隔振、双层隔振以及浮筏隔振，尤其是浮筏隔振技术的应用，显著提高了水下航行器机械噪声控制水平。目前，水下航行器的浮筏设计基本遵循"避开共振"原则，保证浮筏部件和系统固有频率与筏上设备的激励频率避开一定裕度，使浮筏达到预定的隔振效果。理论上讲，可以通过壳体厚度的选取、肋骨的布置等措施来优化壳体的声学设计，避免壳体共振和强辐射模态的出现。但是，在水下航行器的结构设计中已经提到，水下航行器壳体的设计最主要服从于结构强度、总体布置和施工工艺的需要，声学优化的余地极小。因此，目前较为实用和有效的控制壳体结构噪声的方法是采用阻振结构、敷设阻尼材料等。

①通过在基座以及壳体结构上附加金属阻振材料，改变物体结构均匀性，阻断弹性波传播。

②选择适当部位局部壳体结构敷设阻尼材料以及消声瓦以达到一定的阻尼效果。

③在噪声强的设备上加装隔声罩、消声器，设立独立隔声室；

④主动控制在噪声领域的运用。

此外，管路噪声也是机械噪声的主要组成部分，降低管路噪声的措施主要有以下几点。

①系统管路中应尽可能采用多的弹性连接管与壳体相接。

②选择适当部位局部壳体结构敷设阻尼材料以及消声瓦以达到一定的阻尼效果。

③对流体强烈作用的管路采用降低流速、局部管路加阻尼软管和加消声器的办法。

④对管路合理布置，尽量减少变径管以及管路弯头的使用。

2. 水动力噪声控制

水动力噪声是流体的湍流噪声，主要发生在壳体表面的孔穴、突出体、指挥台围壳和艉部等形状突变的部位。水动力噪声不是水下航行器的主要噪声源，但其声压级大小也足以被敌声呐所检测到，尤其在高速航行时，这部分噪声就显得尤为突出。目前减少水动力噪声的主要方法有以下几种。

①改进外部设计,如采用水滴形外形,尽量做到壳体表面光滑,减少突出体。

②壳体开孔数量应尽量减少,大的开孔能自动启闭,关闭后应看不到开孔。

③壳体结合处应采用弧形圆滑过渡,减少阻力和噪声。

④改进壳体及其附体形状,优化推进器的位置,重新分配吸排水的压力场。

3. 螺旋桨噪声控制

水下航行器在中、高速航行时,螺旋桨噪声通常是主要噪声源。降低螺旋桨噪声的措施主要有以下几个方面。

①改进螺旋桨结构。采用大侧斜、变距、多叶螺旋桨,可以改善桨叶处的水流和压力状态空泡,降低螺旋桨噪声。

②改变螺旋桨材料。采用高阻尼材料制造螺旋桨,可以有效地抑制桨叶振动,降低辐射噪声,如锰铜铸造合金、铁铬铝合金等减振效果明显。

③气幕降噪。在螺旋桨工作区域内注入一定压力的气体,可以延缓空泡的产生,减少水下航行器辐射噪声。

④采用泵喷射推进器或磁流体推进器。泵喷射推进器是非螺旋桨驱动方式,主要结构特点是采用单转子推进,并应用了减速型导管,这样既能避免螺旋桨叶片压力产生空泡,又能减少艉波,改善艉流性能使航迹模糊。磁流体推进器的原理是把电能转换成脉动磁场,脉动磁场在管道内产生行波;海水在管道前面被吸入,由电磁感生的行波向后推斥海水,从而产生推力,最后无空泡、无机械噪声的产生。

2.3　水下航行器的振动噪声传递

2.3.1　振动波在船体结构中的传递

由振源进入船体结构的振动能是沿着结构各构件传向船体不同的区域的,习惯上把这种传输过程称为声振动沿船体结构的传播。这些结构相对横向力和弯曲力矩的柔顺度同其他动力相比较大,主要部分的振动能量是以弯曲波形式沿船体结构传播的。但是,其他类型的波也可能沿船体结构传递振动能量,这是某些船用构件所特有的结构不均质性使弹性波转化而造成的。

由于振动能量一部分被吸收掉,以及在传播途中遇到某些障碍,所以声振动沿船体结构传播的振幅会逐渐减小。船用构件的不同结构(组织)非均质性,如板厚度的改变、板的接头、加强筋以及其他,均属这类障碍。在二维结构中,声振动的振幅随着传播的继续和波前(阵面)的扩大而变化。

声振动沿船体结构传播过程的物理表示方法与振动频率有着重要关系。在低频上,一般使用这个过程的波动表示法,这一表示法用结构声振动的振幅和相位表征;在高频上,使用声振动沿船体结构传播过程的能量表示法,对实践而言是比较简单而方便的方法,这种方法使用的是该振动的能量参数(能量密度和能量流)。

1. 波动理论

在自身构成中没有任何对弹性波通行的障碍的结构,叫作均质结构(组织),比如横截面不变的杆、厚度不变的板、直径和壁厚不变的圆柱形壳体。

在这些结构中,伴随弹性波的传播,这些波传递的一部分振动能量将被结构材料吸收掉。这一消耗可以使用数学方式,如相应的波数 k 的复合表示法加以计算。上述波数表示法的形式是:对于弯曲波,$k_N = k_{N_0}(1 - \mathrm{j}\eta/4)$;对于纵向波,$k_\Pi = k_{\Pi_0}(1 - \mathrm{j}\eta/4)$;对于扭转波,$k_K = k_{K_0}(1 - \mathrm{j}\eta/4)$;对于剪切波,$k_C = k_{C_0}(1 - \mathrm{j}\eta/4)$,式中 η 为结构中的振动能量损耗系数。

弯曲波振幅沿杆长度的传播可用下面的公式描述:

$$\xi(y) = \xi(0)\mathrm{e}^{-\mathrm{j}k_{N_0}y}\mathrm{e}^{-\gamma y} \tag{2-45}$$

式中　y——沿着杆的正值方向上的坐标;

　　　$\xi(0)$——激励点上的杆横向位移的幅度;

　　　$\mathrm{e}^{-\mathrm{j}k_{N_0}y}$——描述位移相位的因子;

　　　γ——波幅衰减系数,$\gamma = k_{N_0}\eta/\lambda_{N_0}$。

而弯曲波振幅在杆单位长度上的衰减为

$$\Delta\xi(l) = 2.15 k_{N_0}\eta l = \frac{13.65\eta l}{\lambda_{N_0}} \tag{2-46}$$

杆的内损耗系数越大和在长为 l 的杆段内能安排的波长数目越多,弯曲波振幅在长为 l 的杆段上的衰减也越大。当损耗系数值不大(大致在 $0.01 \sim 0.001$)时,可以沿杆结构传播到很远的距离而无明显的衰减。

杆的波数 k_{N_0} 可用公式 $k_{N_0} = \omega/c_{N_0}$ 计算,式中 ω 为杆的弹性波能量密度,c_{N_0} 通过式(2-47)求出:

$$c_{N_0} = \sqrt{\frac{B_{\mathrm{CT}}\omega^2}{m_{\mathrm{CT}}}} \tag{2-47}$$

式中　B_{CT}——杆的抗弯刚度；

　　　m_{CT}——杆的单位长度质量。

2. 能量理论

船体是以一定方式彼此连接在一起的板（板架、隔壁等）的组合体。在大多数情况下，这些板都是用加强筋或肋骨加固的。在上述板及其相邻板的连接线范围以内，可以认为它们是均质结构。

如果在板上同时激起若干形式的振动，它们的振幅也近似相等，而且这里形成的振动场与舱室的声响效果相似，那么即可将该振动场假定为扩散场，即均匀场和各向同性场。这里，对均匀性应理解为在板的整个面积上振幅大致相等，而对各向同性应理解为在板任意一点上的能量运动的角分布都是均匀的。关于振动场扩散性的假定，大大简化了许多同估算声场和振动场有关的工程问题。

对某一频带（如倍频程带、1/3 倍频程带）进行了工程结构声振动振幅的测量和计算。如果在这个频带内发现有不少于板弯曲振动模式的 3～5 个固有频率，则可认定这一振动场为扩散的，满足这一条件的频率为

$$f_0 \approx \frac{6 \sqrt{B_{\Pi\pi}}}{\beta S_{\Pi\pi} \sqrt{m_{\Pi\pi}}} \qquad (2-48)$$

式中　$\beta = 0.232$（1/3 倍频程带）；

　　　$\beta = 0.345$（1/2 倍频程带）；

　　　$\beta = 0.707$（倍频程带）。

因为板的固有频率密度是随频率的升高而增大的，所以其中的扩散场将存在于频率 $f \geqslant f_0$ 时。扩散振动场用振动的能量密度 $\omega_{\Pi\pi}$ 表示其特征，可以根据每块板的能量平衡方程求出构成船体所有板的能量密度 $\omega_{\Pi\pi}$ 值。假设安装在板上的各振源以及直接与该板有联系的其他各板的振动能量之和等于由于板的吸收和流失到其他各板所损失的能量，即可列出单块板的能量平衡方程。按照上面所讲的，列出由 p 块板组成的结构中的第 n 块板的能量平衡方程，其形式如下：

$$W_n + \sum_{i=1}^{p} \alpha_{in} L_{in} q_i - \sum_{i=1}^{p} \alpha_{ni} L_{ni} d_{in} - \delta_n S_n q_n = 0 \qquad (2-49)$$

式中　q_n——第 n 块板中的能量流，对于弯曲波，$q_n = 2c_{N.\Pi\pi}\omega_{\Pi\pi}$；

　　　W_n——装在板上的各振源进入第 n 块板的振动能量；

　　　d_{in}——由第 i 块板到第 n 块板的能量传输系数；

　　　$\alpha_{in} = <t_{in}>_\varphi / \pi$，其中 $<t_{in}>_\varphi$ 为从第 i 块板到第 n 块的能量传播系数；

　　　δ_n——板 n 上的能量吸收系数，$\delta_n = \eta_n \omega / (2c_{N.\Pi\pi})$，其中 η_n 为板 n 上的损

耗系数；

L_{in}——板 i 和板 n 连接线的长度 $L_{in}=L_{ni}$。

式（2-49）中的第二项是从全部其余的板进入第 n 块板的能量；第三项是板 n 向其他板输出的能量；第四项是板 n 吸收的能量。对于和板 n 无直接连接的板，$\alpha_{in}=\alpha_{ni}=0$；此外，$\alpha_{ii}=0$。

列出类似式（2-49）的 p 个方程和相对未知数 q_n，解完这一方程组以后，即求出船体各板的声振动的振动速度的平均平方振幅值：

$$< \dot{\xi}_n^2 > = q_n / (2c_{N.\varPi\pi} m_{\varPi\pi}) \qquad (2-50)$$

在计算船舶结构声振动的振幅和舱室内空气噪声的声压中，能量平衡方程得到广泛应用。这些计算，在国外技术文献中被称为统计能量分析。

2.3.2　船体结构的振动传导性

结构的振动传导性，应理解为从振源把声振动传递到船体不同区域的能力。

图 2-15 给出的是某 900 t 和某 13 000 t 排水量的船上的声振动级单位长度的衰减，以及有关这个参数的概括性数据。

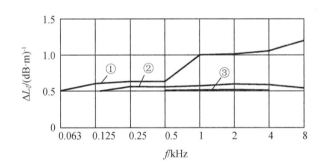

①—排水量为 900 t 的船；②—排水量为 13 000 t 的船；③—钢制船。

图 2-15　沿船体的声振动级单位长度的衰减与频率的关系

由图 2-15 可知，在大排水量的船上，声振动级的衰减要小一些。这种现象可以解释为，大排水量船上的损耗系数值比较小；随着频率的升高，衰减有所增大，这与弯曲波波长变短（波数的增多）有关。图 2-16 给出的数据属于无振动吸收结构船体的情况，该情况下的衰减值随频率不同而不同，大致为 0.5~1.2 dB/m。

图 2-16 所示为某 900 t 排水量船体的声振动级在不同频率上与相对振源

的距离之间的关系。在声振动源附近,振动级的下降比较快,因为波前的扩大对它有附加影响。根据测量数据可知,在离振源 5~10 m 的距离上,这一下降值平均为 1 dB/m;在振源附近的声振动级的下降值比离振源远的区域大些;在垂直方向(如船的上层建筑)上,声振动级在 0.1~4 kHz 频率时,每层甲板衰减值大致为 5~6 dB。

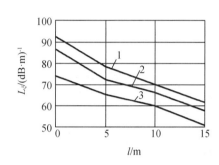

1—频率为 0.5 kHz;2—频率为 2 kHz;3—频率为 8 kHz。

图 2-16　声振动级与相对振源的距离的关系

根据上面的叙述,可对船体结构的振动传导性做出如下结论。

(1)随着相对声振动源的距离的增大,其振幅不断减小。出现这种现象的原因:一是一部分振动能量被结构吸收,二是散波波前的扩大(在就近,相距声振动源大致几米处)。

(2)船体结构中的声振动振幅的下降,主要和这些结构的损耗系数、波数以及相对振源的距离有关。若要降低振幅,须提高损耗系数(例如借助于吸收振动的结构)和增大波数(例如减小结构的刚度),以及加大同振源的相对距离。

(3)在很大程度上,振动传导性能取决于船体结构中的弯曲振动的波数和结构的刚度。因此,加固船体结构用的加强筋通常可以减少结构波数(可增大弯曲波的波长),从而使声振动的振幅减小。这里,加强筋的影响与激励结构的力的作用点有关,在力作用于加固用的骨架时,低频和中频的结构波数的计算要考虑到加强筋的存在;在两邻接加强筋包围的板被激励时,在高于该板弯曲振动第一共振频率上,骨架的影响则随频率的升高而逐渐减小(在中、高频上)。

(4)对沿船体结构传播的声振动而言,自然障碍是各结构构件,如板架、隔壁、船体外板等的接头。组成接头的结构的机械阻力差别越显著,这些障碍的隔振性越强。杆(如管路)与它穿过的结构之间的接头的隔振度不大(相对于沿杆行进的弹性波),这是因为由杆向板传输的能量不多,并且它们的机械阻力有较大差别。

2.4　噪声检验参数及振源分析

2.4.1　噪声检验参数

在船舶出厂验收时,要求检验其噪声参数,该参数是在船舶建造之前,由有关方确定的船舶噪声的技术指标。在船舶出厂的噪声检验指标中,对辐射噪声规定了声压谱级限制线,并规定了检测的方向,对自噪声规定了声压谱级限制线,并规定了水听器的位置。

当声压谱源级曲线比较规则时,可以通过对声压谱源级曲线积分的方法计算声源级。频率在 $f_1 \sim f_2$ 范围内的声源级为

$$L_{po}(f_1, f_2) = L_{ao} + 10\lg(f_2 - f_1) \tag{2-51}$$

以船舶舱室噪声的传播路径为例。按照声源在船上的传播途径的不同,将其分为三组,其在船上的传播途径和特点如下。

(1)主要是辐射空气噪声的声振动源

在有这种声振动源的舱室内,噪声声压取决于它们的直接空气噪声辐射,而舱室的围护结构(围墙)的声辐射在这时是次要的。在邻近和远距离的舱室内,空气噪声大多数取决于传播声振动的围护结构的声辐射。这一组声振动源中有船用机械,以及某些通风管道与其他管道。

(2)仅船舶结构振动的辐射声振动源

在这种情况下,所有舱室的空气噪声均取决于由振源传播振动的围护结构的声辐射。这一组声振动源包括螺旋桨、激励船体流线型表面的水流。

(3)主要是安装结构振动的辐射声振动源

这组声振源有液压系统的附件以及某些空气管道和其他管道。在这种情况下,由于比声振源表面大得多的缘故,安装结构变成了主要辐射体。在船舶舱室内,它所辐射出的空气噪声声压又将激起舱室板架的振动,而板架由于振动又向空气中辐射噪声。

以上分类是从形成船舱噪声方面的主导作用的角度来分析噪声的传播途径和特点的,如图 2 - 17 所示。

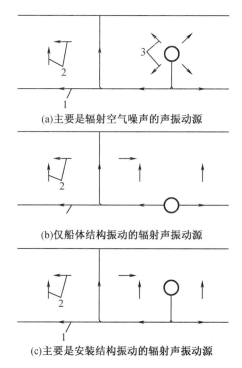

(a)主要是辐射空气噪声的声振动源

(b)仅船体结构振动的辐射声振动源

(c)主要是安装结构振动的辐射声振动源

1—声振动;2—振动结构辐射的空气噪声;3—振动辐射的空气噪声。

图 2 – 17　船舱内噪声形成过程原理图

　　由此可以得出,在对舱室噪声分析中,不仅要考虑空气噪声和结构噪声,同时还应将结构与流体(空气)的耦合作用考虑进去。

2.4.2　振源分析

　　船体梁和其局部结构(板架、梁、板格等)有两种不同性质的振动,即共振和强迫振动。如螺旋桨上方和机舱船底板格的共振,常是该处外板振裂的原因。有些虽不是明显的振源,但振动系统的动力放大作用,也可能引起振动问题。

　　引起船体振动的因素很多,而且往往是多个振源同时作用和相互影响,它既给查找振动原因造成困难,又使减振和消除振动的方法复杂化。图 2 – 18 为激振力传递示意图,说明了主要激振力、传递、船体振动等之间的关系。为了减小振动,有针对性地制订减振措施,必须进行振源分析。表 2 – 6 是船体各结构的局部振动及可能的振源,至于船体总振动的振源,则主要是主机和螺旋桨所引起的。除了个别极其明显的情况外,一般情况下需要进行振动测试。当有 FFT 分析仪时,则可利用有关测点的相关分析,更精确地找出引起该测点振动的振源。为了正确地判断振源,还可对主机、辅机、螺旋桨等主要振源分别进行测试,以排除相互干扰。

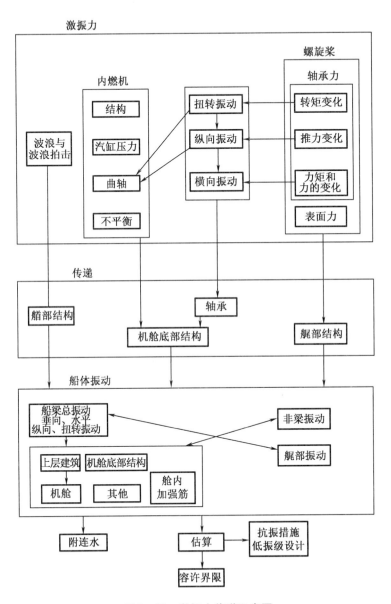

图 2-18 激振力传递示意图

表 2 - 6　结构的局部振动及振源

结构名称	振源
螺旋桨区内的船底板架	螺旋桨
机舱内的船底板架	螺旋桨、动力装置、轴系
外板板格	螺旋桨、机器
双桨船的螺旋桨支架	螺旋桨、轴系
轴系	螺旋桨、主机、轴系
操舵装置	螺旋桨、舵
平台和舱壁	螺旋桨、动力装置、机械设备
甲板板架	螺旋桨、机器、船体总振动
上层建筑	船体总振动、动力装置、螺旋桨
桅杆、天线	船体总振动

　　振源明确后,查明振动的历史情况也是必要的。如振动是何时出现或加剧的、振动严重时的主机转速、船舶空载和满载航行时振动有何变化等,以确定振动和干扰力变化的性质。为了便于判断,还需要调查或了解船体结构刚度、船体尾型、螺旋桨距船体间隙、轴系对中、主机型号及燃气情况等。只有综合各方面的因素并加以分析判断,才能找出振动原因,从而采取有效的减振措施。

2.5　本章小结

　　本章首先探讨了水下航行器所受到的几种激振力,主要包括螺旋桨干扰力、主辅机干扰力以及其他干扰;并介绍了水下航行器的噪声源,将噪声源分别按照噪声来源和噪声的影响两种方式进行了分类,然后进一步介绍了水下航行器噪声源的计算方式,并给出了水下航行器噪声控制的主要途径和手段。

　　本章还阐述了声振动沿船体结构传播过程的物理表示方法,介绍了波动理论以及能量理论;同时也探讨了船体结构的振动传导性,并得到了一系列结论。

　　最后,本章介绍了噪声的检验参数,阐述了振源分析的必要性。只有综合各方面的因素并加以分析判断,才能找出振动原因,从而采取有效的减振措施,并且为水下航行器的营运和维修提供科学依据。

参考文献

[1]　刘兴章，王大海，王雪山."柯林斯"级潜艇噪声分析及其减振降噪措施[J].舰船科学技术，2010，32(9)：140-143.

[2]　舒国良.潜艇的噪声及其降低的途径[J].噪声与振动控制，1988(2)：30-32.

[3]　姚耀中，林立.潜艇机械噪声控制技术的现状与发展[J].舰船科学技术，2006，28(S2)：3-8.

[4]　林凡彩，刘百顺，丁风雷.对提高潜艇声隐身能力的探讨[C].第五届海洋船舶驾驶专业委员会.2009 航海技术理论研究论文集.中国航海学会，2009：196-198.

[5]　姚耀中，林立.潜艇机械噪声控制技术综述[J].舰船科学技术，2007，29(1)：21-26.

[6]　梁中刚，陈材侃，周凌.潜艇前体线型与水动力噪声[C].第十届船舶水下噪声学术讨论会.中国烟台：船舶力学学术委员会《船舶力学》编辑部，2005：156-167.

[7]　王磊，常书刚.潜艇噪声与综合降噪技术的应用[J].航海技术，2007(2)：44-48.

[8]　孔建益，李公法，侯宇，等.潜艇振动噪声的控制研究[J].噪声与振动控制，2006(5)：1-4,17.

[9]　杜功焕，朱哲民，龚秀芬.声学基础[M].南京：南京大学出版社，2001.

[10]　刘文玺，周其斗.尾轴承橡胶硬度对螺旋桨横向激振力引起艇体结构振动与声辐射特性的影响[J].兵器装备工程学报，2017(7)：25-30.

[11]　王威，刘志华，张家瑞，等.抑制潜艇螺旋桨旋转噪声的消涡整流新方法研究[J].海军工程大学学报，2016(5)：1-4.

第3章
船体梁的振动特性分析

水下航行器通常是由板、梁、杆构成的板架结构或加筋圆柱壳结构,再由板架结构组建成舱段结构,舱段结构合龙成为细长体舰船结构。虽然其具有细长体结构的特征,但其内部纵横交叉的梁系,使该结构沿纵向方向的广义阻抗不再是均匀的,甚至是间断的。舰船振动声辐射过程就其本质而言是弹性波在弹性介质中的传播过程,水下航行器振动噪声传播是一个波动问题。广义阻抗沿细长体结构纵向分布不均匀,将引起振动或应力波传播时在结构内部出现入射、反射与透射现象,使得结构的频散关系发生改变。因此,揭示具有非均匀广义阻抗细长体结构的振动与应力波传播的频散关系,对水下航行器的振动与声辐射机理研究具有科学与应用的双层意义。

因此,基于波动理论,开展结构声在水下航行器中的传递特性研究具有重要的理论与工程应用的双重价值。本研究有别于经典的模态叠加理论,将船体梁的运动用传递矩阵方法描述成行波,结构振动描述成向不同方向传播的波,给出计及剪切变形的船体梁中的振动波传递规律。

3.1 船体梁振动波的传递特性

当船体梁波长与结构截面尺寸相当时,求解其动响应必须考虑剪切变形和转动惯量的影响,经典梁理论难以满足这一条件。Timoshenko 梁考虑了横向剪切变形与转动惯量的影响,它在较宽的频带内更接近实际,使得梁在模态阶数不是很高时,在即使不是细长的情况下,它的动力参数的精度也得到了很好的改善,弥补了经典梁理论的不足。

梁的长度为 L,线质量密度为 $\bar{m}$,横截面积为 A,横截面对通过质量中心且垂直于 $x-y$ 平面的轴线的惯性积和回转半径分别为 I 和 ρ_z。Timoshenko 梁考虑了剪切变形和弯矩的作用,梁的中性轴的倾角为 $\partial y/\partial x$。弯矩使横截面旋转了角度

θ_z,剪力使中性轴旋转到倾角$\partial y/\partial x$而不改变横截面的角度,横截面垂线与中性轴之间的夹角为$-\partial y/\partial x + \theta_z$,角度与剪力之间的关系为

$$q_y = GA_s\left(-\frac{\partial y}{\partial x} + \theta_z\right) \tag{3-1}$$

式中　GA_s——剪切刚度,$GA_s = GA/k_s$,其中k_s为形状因子,由横截面的形状决定。

根据图3-1受力分析,可得梁微元的动力方程为

$$\frac{\partial q_y}{\partial x} = \rho_0 A_0\frac{\partial v}{\partial t} \quad (移动) \tag{3-2}$$

$$\frac{\partial m_z}{\partial x} - q_y = -\rho_0 I\frac{\partial w}{\partial t} \quad (转动) \tag{3-3}$$

式中　q_y——剪力;

　　　m_z——弯矩;

　　　ρ_0——梁的密度。

梁的横向位移w实际是弯矩M作用下的转角所对应的位移w_M和切力作用下的位移w_Q两部分组成的。

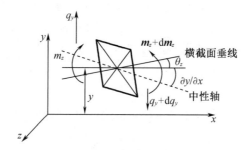

图3-1　Timoshenko 梁微元的受力分析

运动方程可写为

$$w = w_M + w_Q \tag{3-4}$$

$$w = \frac{\partial^2 w_M}{\partial t \partial x}, k = -\frac{\partial^2 w_M}{\partial x^2} \quad (弯曲) \tag{3-5}$$

$$\gamma = \frac{\partial w_Q}{\partial x}, v = \frac{\partial w}{\partial t} \quad (剪切) \tag{3-6}$$

将运动方程和本构方程代入动力方程可得

$$-\frac{\partial^4 w}{\partial x^4} + \frac{\overline{m}}{EI}\frac{\partial^2 w}{\partial t^2} - \frac{\overline{m}\rho^2}{EI}\frac{\partial^4 w}{\partial x^2 \partial t^2} + \frac{\overline{m}}{GA_{\rm s}}\left(\frac{\overline{m}\rho^2}{EI}\frac{\partial^4 w}{\partial t^4} - \frac{\partial^4 w}{\partial x^2 \partial t^2}\right) = 0 \qquad (3-7)$$

将总挠度表示为行波解：$w = {\rm e}^{{\rm i}k(x-ct)}$，讨论 Timoshenko 梁的频散关系：

$$EIK^4 - \rho I(1 + Ek_{\rm s}/\mu)k^4 c^2 - \rho Ak^2 c^2 + (\rho^2 Ik_{\rm s}/\mu)k^4 c^4 = 0 \qquad (3-8)$$

当 $k\to\infty$ 时，$c_1 = c_b = \sqrt{E/\rho}$，$c_2 = \sqrt{\mu/\rho k_{\rm s}}$，其中 c_1 为经典理论的波速。当 $k\to 0$ 时，其解为 $\omega_1 = 0$，$\omega_2 = \sqrt{\mu A/\rho Ik_{\rm s}}$，即第二个振型有不为零的截止频率。

数值求解式（3-8），并与 Euler - Bernoulli 梁及仅考虑转动惯量的 Rayleigh 理论进行对比，可得梁的频散关系。如图 3-2 所示，梁的"频散"现象——弯曲振动沿梁传播时，传播速度因振动频率不同而不同。

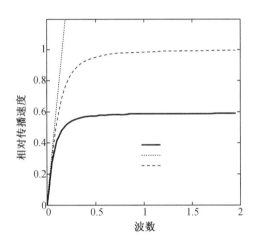

图 3-2　梁的"频散"现象

3.2　Euler 梁振动理论基础

梁的横向振动是指细长杆做垂直于轴线方向的振动。在研究这种振动时，我们通常假定：在平衡条件下，梁的横截面重心在同一条直线（轴线）上；梁的材料均质、各向同性且服从胡克定律；梁上各点在其平衡位置附近做微幅振动，应变和位移分量呈线性的几何关系；梁的横截面在各种形式振动下仍保持为平面；梁的单位长度上的质量、刚度以及外载荷等也都是 x 的连续函数或是分段连续的函数。

细长杆做垂直于轴线方向振动时,其主要变形形式是梁的弯曲变形,也称为弯曲振动,简称梁振动。

3.2.1 梁横向振动位移表达式

对于离散系统,即系统有 n 个自由度(n 个集中质量的无质量梁),则每一个质量的位移为 n 个主振动相应位移之和。也就是说,第 i 个质量 M_i 的位移为

$$w_i = w_i^{(1)} + w_i^{(2)} + \cdots + w_i^{(n)} \qquad (3-9)$$

若将式(3-9)用于如图3-3所示的连续系统(梁横向振动),则因其有无限多个自由度,故梁在任一点的位移可表示为

$$w(x,t) = w^{(1)}(x,t) + w^{(2)}(x,t) + \cdots + w^{(n)}(x,t) \qquad (3-10)$$

这就是梁横向振动的挠度表达式,式中 $w(x,t)$ 为梁横向振动时任意一点的总挠度, $w^{(i)}(x,t)$ 为第 i 个主振动时该点的挠度,式(3-10)可改写为

$$w(x,t) = \sum_{i=1}^{\infty} w^{(i)}(x,t) \qquad (3-11)$$

式中　角标 i——主振动的谐调数。

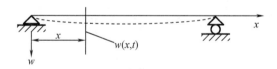

图3-3　梁的横向振动

3.2.2 梁横向振动微分方程式

如图3-4所示,有一非均匀的直梁在 xOz 平面内做横向弯曲振动,设梁的横剖面平行于 xOz 平面,则直梁仅发生单一的弯曲振动。设梁长为 l ,取梁的中和轴为 Ox 轴,并将原点取在梁的左端,在该坐标系里梁的单位长度分布质量为 $m(x)$,弯曲刚度为 $EI(x)$,单位长度的横向振动载荷为 $F(x,t)$,而梁中和轴上的位移为 $w(x,t)$ 。

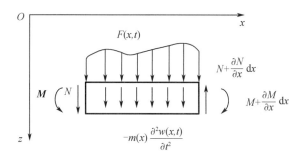

图 3 - 4　梁的弯曲振动

现从梁上 x 截面处截取微元段 dx，并根据静力学中的平衡原理分析其受力状态。若设 x 截面上作用的剪力为 N，弯矩为 $\boldsymbol{M}$，则在 $x + dx$ 截面上作用的剪力为 $N + \dfrac{\partial N}{\partial x}dx$，弯矩为 $\boldsymbol{M} + \dfrac{\partial \boldsymbol{M}}{\partial x}dx$。此外，微段上还作用有分布的外荷重 $F(x,t)$ 及分布的惯性力 $-m(x)\dfrac{\partial^2 w(x,t)}{\partial t^2}$。

根据达朗贝尔原理，并考虑微段上的平衡条件，可得出以下关系式：

$$\sum F = 0, \frac{\partial N}{\partial x} + m(x)\frac{\partial^2 w(x,t)}{\partial t^2} - F(x,t) = 0 \tag{3-12}$$

$$\sum M = 0, \frac{\partial \boldsymbol{M}}{\partial x}dx - Ndx - \frac{1}{2}dxF(x,t)dx - \frac{1}{2}dxm(x)\frac{\partial^2 w(x,t)}{\partial t^2}dx = 0 \tag{3-13}$$

式(3 - 12)通过微分变换可得

$$\frac{\partial^2 \boldsymbol{M}}{\partial x^2} + m(x)\frac{\partial^2 w(x,t)}{\partial t^2} - F(x,t) = 0 \tag{3-14}$$

根据材料力学中梁的弯曲理论知弯矩与挠度间的关系，有

$$\boldsymbol{M} = EI(x)\frac{\partial^2 w(x,t)}{\partial x^2} \tag{3-15}$$

将式(3 - 15)代入式(3 - 14)中得

$$\frac{\partial^2}{\partial x^2}\left[EI(x)\frac{\partial^2 w(x,t)}{\partial x^2}\right] + m(x)\frac{\partial^2 w(x,t)}{\partial t^2} = F(x,t) \tag{3-16}$$

式(3 - 16)即为直梁横向振动微分方程。

令 $F(x,t) = 0$，则式(3 - 16)为

$$\frac{\partial^2}{\partial x^2}\left[EI(x)\frac{\partial^2 w(x,t)}{\partial x^2}\right] + m(x)\frac{\partial^2 w(x,t)}{\partial t^2} = 0 \tag{3-17}$$

式(3－17)即为直梁横向自由振动微分方程。因 $EI(x)$ 和 $m(x)$ 是变化的,故该方程是变系数的线性偏微分方程,一般无法求出精确解,而只能用能量法或其他近似解法。

3.2.3　边界条件和初始条件

1.边界条件

常见的边界条件为

(1)梁两端自由,自由端弯矩和剪力为零:

$$EI(x)\frac{\partial^2 w}{\partial x^2}=0,\frac{\partial}{\partial x}\left[EI(x)\frac{\partial^2 w}{\partial x^2}\right]=0 \qquad (3-18)$$

(2)梁两端刚性固定,刚性固定端挠度和截面转角为零:

$$w=0,\frac{\partial w}{\partial x}=0 \qquad (3-19)$$

(3)梁两端简支,简支端挠度和弯矩为零:

$$w=0,EI(x)\frac{\partial^2 w}{\partial x^2}=0 \qquad (3-20)$$

2.初始条件

初始条件即在 $t=0$ 时刻的位移和速度条件,一般可写为

$$w(x,0)=\xi(x),\dot{w}(x,0)=\eta(x) \qquad (3-21)$$

式中,$\xi(x)$ 与 $\eta(x)$ 分别为梁的位移与速度沿 x 轴的初始分布值。

3.2.4　均匀直梁的无阻尼自由振动

3.2.2 节中式(3－17)已给出直梁的自由振动微分方程,对于质量与刚度均匀分布的直梁,为 $EI(x)=EI,m(x)=m$ 均为常数的情况,其自由振动微分方程为

$$EI\frac{\partial^4 w(x,t)}{\partial x^4}+m\frac{\partial^2 w(x,t)}{\partial t^2}=0 \qquad (3-22)$$

此方程为四阶常系数线性偏微分方程,可用分离变量法求解。

假设式(3－22)的解为

$$w(x,t)=\varphi(x)p(t) \qquad (3-23)$$

式中　$\varphi(x)$——仅取决于位置 x 函数,称为振型函数,即主振动形式;

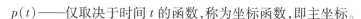

$p(t)$——仅取决于时间 t 的函数,称为坐标函数,即主坐标。

将式(3-23)分别对 t 和 x 进行二次和四次偏导,并代入式(3-22)中可得

$$EI \frac{\mathrm{d}^4 \varphi(x)}{\mathrm{d}x^4} p(t) + m\varphi(x) \frac{\mathrm{d}^2 p(t)}{\mathrm{d}t^2} = 0 \qquad (3-24)$$

应用分离变量法可改写为

$$\frac{EI \dfrac{\mathrm{d}^4 \varphi(x)}{\mathrm{d}x^4}}{m\varphi(x)} = -\frac{\dfrac{\mathrm{d}^2 p(t)}{\mathrm{d}t^2}}{p(t)} = \omega^2 \qquad (3-25)$$

式(3-25)中左右两边各项分别为仅关于 x 和 t 的函数,且此式对任意的 x 和 t 均满足,故该值必为常数,当且仅当常数为正(以 ω^2 表示)时才有振动形式的解。由式(3-25)可得

$$\frac{\mathrm{d}^2 p(t)}{\mathrm{d}t^2} + \omega^2 p(t) = 0 \qquad (3-26)$$

$$EI \frac{\mathrm{d}^4 \varphi(x)}{\mathrm{d}x^4} - m\omega^2 \varphi(x) = 0 \qquad (3-27)$$

式(3-26)可改写为

$$\ddot{p}(t) + \omega^2 p(t) = 0 \qquad (3-28)$$

式(3-28)为关于坐标函数 $p(t)$ 的二阶常微分方程,即单自由度系统无阻尼自由振动方程,ω^2 表示振动的固有频率,$p(t)$ 为主坐标。

设

$$\left(\frac{\mu}{l}\right)^4 = \frac{m\omega^2}{EI} \qquad (3-29)$$

式中,l 为梁的跨度。

式(3-27)可改写为

$$\varphi^{\text{IV}}(x) = \left(\frac{\mu}{l}\right)^4 \varphi(x) \qquad (3-30)$$

式(3-30)为关于振型函数 $\varphi(x)$ 的四阶常微分方程,其一般解为

$$\varphi(x) = A\sin\left(\frac{\mu x}{l}\right) + B\cos\left(\frac{\mu x}{l}\right) + C\mathrm{sh}\left(\frac{\mu x}{l}\right) + D\mathrm{ch}\left(\frac{\mu x}{l}\right) \qquad (3-31)$$

式(3-31)即为梁横向振动的振型函数,式中 4 个积分常数由边界条件来确定,边界条件包括:(1)两端自由为 $\varphi''(x) = 0$,$\varphi'''(x) = 0$;(2)两端刚性固定为 $\varphi(x) = 0$,$\varphi'(x) = 0$;(3)两端简支为 $\varphi(x) = 0$,$\varphi''(x) = 0$。

根据 $\varphi(x)$ 所满足的 4 个边界条件可以得到 4 个关于 A、B、C、D 的线性代数方程组。方程组中有 A、B、C、D 和 μ 这 5 个未知量,由 4 个常系数有非零解的条

件,即发生振动的条件,方程式组的系数矩阵行列式必须为零,于是得到只包含固有频率 ω(或频率参数 μ)的频率方程式。因为它是一个超越方程,故有无穷个解。因此方程解得的频率 $\omega_j(j=1,2,3,\cdots)$ 是该梁所固有的,它们是由该梁特定的物理性质、几何尺寸及边界条件所限定的。当这些因素确定后,它便是一个定值,故称为固有频率。求得固有频率 ω_j 后,再根据线性齐次代数方程式组求得与固有频率相应的常数 A_j、B_j、C_j、D_j,从而确定了与固有频率 ω_j 相应的振型函数 $\varphi_j(x)$。

固有振型 $\varphi_j(x)$ 为在固有载荷 $m\omega^2\varphi_j(x)$ 作用下梁的挠曲线。因弹性体有无限个固有频率,因此主坐标的解也应有无限个。对于第 j 个固有频率的振动,有

$$w_j(x,t) = \varphi_j(x)p_j(t) = \varphi_j(x)p_j\sin(\omega_j t+\beta_j) \quad (j=1,2,3,\cdots) \quad (3-32)$$

称为梁的第 j 个主振动。

根据式(3-11)可得

$$w(x,t) = \sum_{j=1}^{\infty}\varphi_j(x)p_j(t) = \sum_{j=1}^{\infty}\varphi_j(x)p_j\sin(\omega_j t+\beta_j) \quad (3-33)$$

3.2.5　简支梁的固有频率和固有振型

式(3-31)为均匀简支梁固有振型的一般表达式,式中积分常数由简支梁的边界条件来确定。在 $x=0$ 和 $x=l$ 处简支梁的边界条件分别为

$$\varphi(0) = 0, \varphi''(0) = 0 \quad (3-34)$$

$$\varphi(l) = 0, \varphi''(l) = 0 \quad (3-35)$$

将式(3-31)代入上述边界条件中,可得确定积分常数的四个线性齐次方程式。由 $x=0$ 处的边界条件式,可得

$$\varphi(0) = A \cdot 0 + B \cdot 1 + C \cdot 0 + D \cdot 1 = 0 \quad (3-36)$$

$$\varphi''(0) = -A\left(\frac{\mu}{l}\right)^2 \cdot 0 - B\left(\frac{\mu}{l}\right)^2 \cdot 1 - C\left(\frac{\mu}{l}\right)^2 \cdot 0 + D\left(\frac{\mu}{l}\right)^2 \cdot 1 \quad (3-37)$$

即

$$B = D = 0 \quad (3-38)$$

由 $x=l$ 处的边界条件,可得

$$\varphi(l) = A\sin\mu + B\cos\mu + C\,\text{sh}\,\mu + D\,\text{ch}\,\mu = 0 \quad (3-39)$$

$$\varphi''(l) = -A\left(\frac{\mu}{l}\right)^2\sin\mu + B\left(\frac{\mu}{l}\right)^2\cos\mu + C\left(\frac{\mu}{l}\right)^2\text{sh}\,\mu + D\left(\frac{\mu}{l}\right)^2\text{ch}\,\mu = 0$$

$$(3-40)$$

60

结合式(3-38)可得

$$\begin{bmatrix} \sin \mu & \text{sh } \mu \\ -\sin \mu & \text{sh } \mu \end{bmatrix} \begin{bmatrix} A \\ C \end{bmatrix} = \begin{bmatrix} 0 \\ 0 \end{bmatrix} \qquad (3-41)$$

因为 A、C 不能全为零,故 A 和 C 的系数行列式为零,即得频率方程式:

$$\begin{vmatrix} \sin \mu & \text{sh } \mu \\ -\sin \mu & \text{sh } \mu \end{vmatrix} = 0 \qquad (3-42)$$

即

$$2\sin \mu \text{sh } \mu = 0 \qquad (3-43)$$

由于 $\text{sh } \mu \neq 0$,故有 $\sin \mu = 0$,解得

$$\mu = j\pi \quad (j=1,2,3,\cdots) \qquad (3-44)$$

根据式(3-29)可得简支梁的固有频率为

$$\omega_j = \left(\frac{\mu}{l}\right)^2 \sqrt{\frac{EI}{m}} = \left(\frac{j\pi}{l}\right)^2 \sqrt{\frac{EI}{m}} \qquad (3-45)$$

将式(3-44)代入式(3-41)可得 $C=0$。最后可求得第 j 谐调固有振型为

$$\varphi_j(x) = A_j \sin \frac{j\pi x}{l} \quad (j=1,2,3,\cdots) \qquad (3-46)$$

从理论上讲,这样的固有振型也有无限多个。图 3-5 是简支梁的最初三个谐调的振型图。由于矩阵(3-41)中的未知数(A、C 和 μ)要比其构成的方程组个数多一个。因此最后求得的振型式(3-46)中包含了一个待定常数 A_j,此常数由运动的初始条件确定。

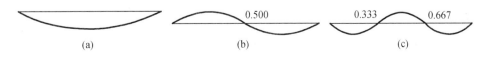

图 3-5　简支梁的固有振型

3.2.6　节点定理

在梁的各谐调固有振型上,总是存在着若干在主振动时静止不动的点,我们称之为节点(边界支点除外)。

对简支梁,第一谐调振型为一个半波,节点数为零,第二谐调振型为两个半波,节点数为 1,节点位于中点,第三谐调振型为三个半波,节点数为 2,节点位置

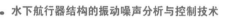

从中点向两侧移动。总之,第 j 谐调固有振型为 j 个半波,节点数为 $j-1$ 个。并且相邻的两固有振型的各节点位置不会重合而是互相交错排列,这就是固有振型的节点定理。只要梁有足够约束而不发生刚体位移,这个结论就是正确的。

3.2.7 其他简单边界条件梁固有频率和固有振型

除了简支梁外,能够求得精确解的简单边界条件梁还有悬臂梁、两端刚性固定梁、一端刚性固定另一端简支的梁、全自由梁。这些梁的振动微分方程式仍为式(3-22)的形式,其振型表达式的另外一种等价的形式为

$$\varphi(x) = A\left[\cos\left(\frac{\mu x}{l}\right) + \mathrm{ch}\left(\frac{\mu x}{l}\right)\right] + B\left[\cos\left(\frac{\mu x}{l}\right) + \mathrm{ch}\left(\frac{\mu x}{l}\right)\right] +$$

$$C\left[\sin\left(\frac{\mu x}{l}\right) + \mathrm{sh}\left(\frac{\mu x}{l}\right)\right] + D\left[\sin\left(\frac{\mu x}{l}\right) + \mathrm{sh}\left(\frac{\mu x}{l}\right)\right] \qquad (3-47)$$

可按与求简支梁固有频率相同的解法,求得上述的几种边界条件相应的固有频率参数 μ_j,其结果列于表 3-1 中。表 3-1 中还列出了当谐调数 $j>4$ 时频率参数的近似计算公式。在求得 μ_j 的值后,这些梁的各个固有频率可按式(3-29)求得。

表 3-1　几种边界条件梁相应的固有频率参数

边界条件梁	μ_1	μ_2	μ_3	μ_4	$\mu_j(j>4)$
悬臂梁	1.875	4.694	7.855	10.966	$(2j-1)\pi/2$
两端刚性固定梁	4.730	7.853	10.996	14.137	$(2j+1)\pi/2$
一端刚性固定一端简支的梁	3.927	7.069	10.210	13.352	$(4j+1)\pi/2$
两端全自由梁	4.730	7.853	10.996	14.137	$(2j+1)\pi/2$

图 3-6 ~ 图 3-9 分别为上述四种边界条件下梁的固有振型,振型图中的数字表示了节点距左端的距离与梁长 l 的比值。

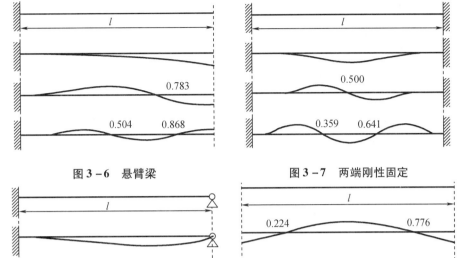

图 3 - 6　悬臂梁　　　　　　　　　图 3 - 7　两端刚性固定

图 3 - 8　一端刚性固定一端简支　　　图 3 - 9　两端全自由

综上总结出以下结论。

（1）对于全自由梁,根据频率方程 $\sin\mu = 0$ 求得频率为零的根为 $\mu_0 = 0$,此时,由式(3 - 30)得

$$\varphi^{iV}(x) - \left(\frac{\mu}{l}\right)^4 \varphi(x) = 0 \qquad (3 - 48)$$

尚存在非振动运动的可能解:

$$\varphi(x) = \beta x + \delta \qquad (3 - 49)$$

式(3 - 49)中 δ 表示刚体位移,β 表示刚体转动,该式表示全自由梁对应零频率时的刚体位移,这个位移可与横向弯曲振动相叠加,使振动时的平衡位置相对于原来的平衡位置有某个偏移。

（2）在全自由梁做主振动时,梁上只有自身惯性力的作用,根据主振动时固有荷载及其力矩的平衡条件,可以导出:

$$\int_0^l \varphi_j(x)\,\mathrm{d}x = 0 \qquad (3 - 50)$$

$$\int_0^l x\varphi_j(x)\,\mathrm{d}x = 0 \quad (j = 1,2,3,\cdots,n) \qquad (3 - 51)$$

这两个条件称为动平衡条件(动态平衡),它们是满足梁的微分方程和边界条件的必然结果,也表示了刚体运动与主振动之间的正交性。

3.2.8 固有振型正交性

3.2.2 节中式(3-16)已给出非均匀直梁弯曲振动微分方程。令 $F(x,t) = 0$,可得非均匀直梁自由振动微分方程为

$$\frac{\partial^2}{\partial x^2}\left[EI(x)\frac{\partial^2 w}{\partial x^2}\right] + m(x)\frac{\partial^2 w}{\partial t^2} = 0 \qquad (3-52)$$

对于第 j 谐调主振动,可像均匀等直梁一样假设:

$$w_j(x,t) = \varphi_j(x)p_j\sin(\omega_j t + B_j) \qquad (3-53)$$

将其代入式(3-52),得到关于 $\varphi_j(x)$ 的微分方程为

$$\frac{d^2}{dx^2}\left[EI(x)\frac{d^2\varphi_j}{dx^2}\right] = \omega_j^2 m(x)\varphi_j \qquad (3-54)$$

同样第 s 谐调固有振型有

$$\frac{d^2}{dx^2}\left[EI(x)\frac{d^2\varphi_s}{dx^2}\right] = \omega_s^2 m(x)\varphi_s \qquad (3-55)$$

式(3-54)与式(3-55)两边分别乘以 φ_s 和 φ_j,然后沿全梁积分,并做分部积分,得

$$\left|\varphi_s\frac{d^2}{dx^2}\left[EI(x)\frac{d^2\varphi_j}{dx^2}\right] - \frac{d\varphi_s}{dx}\left[EI(x)\frac{d^2\varphi_j}{dx^2}\right]\right|_0^l + \int_0^l EI(x)\frac{d^2\varphi_j}{dx^2}\frac{d^2\varphi_s}{dx^2}dx$$

$$= \omega_j^2\int_0^l m(x)\varphi_j\varphi_s dx \qquad (3-56)$$

$$\left|\varphi_j\frac{d^2}{dx^2}\left[EI(x)\frac{d^2\varphi_s}{dx^2}\right] - \frac{d\varphi_j}{dx}\left[EI(x)\frac{d^2\varphi_s}{dx^2}\right]\right|_0^l + \int_0^l EI(x)\frac{d^2\varphi_j}{dx^2}\frac{d^2\varphi_s}{dx^2}dx$$

$$= \omega_s^2\int_0^l m(x)\varphi_j\varphi_s dx \qquad (3-57)$$

对于各种边界条件的任意组合,上式中已积部分始终为零,因此两式相减有

$$(\omega_j^2 - \omega_s^2)\int_0^l m(x)\varphi_j\varphi_s dx = 0 \qquad (3-58)$$

当 $j \neq s$ 时, $\omega_j^2 \neq \omega_s^2$,有

$$\int_0^l m(x)\varphi_j\varphi_s dx = 0 \qquad (3-59)$$

故

$$\int_0^l \varphi_s \frac{\mathrm{d}^2}{\mathrm{d}x^2} \Big[EI(x) \frac{\mathrm{d}^2 \varphi_j}{\mathrm{d}x^2} \Big] \mathrm{d}x = 0 \qquad (3-60)$$

式(3-59)为多自由度系统的质量正交条件,称为动能形式的正交条件。其物理意义:由于梁横振动的所有主振动是彼此独立的,因此一个主振动的惯性力对其他主振动的挠度不做功。式(3-60)为多自由度系统的刚度正交条件,称为势能形式的正交条件。其物理意义:由于梁横振动的所有主振动是彼此独立的,因此一个主振动的弹性力对其他主振动的弹性变形不做功。

3.2.9 初始条件的应用

在求得固有频率 ω_j 以及固有振型 $\varphi_j(x)$ 之后,将它们叠加在一起,则可得到等直梁自由振动的全解的一般形式为

$$w(x,t) = \sum_{j=1}^{\infty} (A_j \cos \omega_j t + B_j \sin \omega_j t) \varphi_j(x) \qquad (3-61)$$

式中,$A_j = p_j \sin \beta_j$,$B_j = p_j \cos \beta_j$。其中 A_j、B_j、p_j、β_j 为常数,由初始条件确定。

3.2.3 节中,式(3-21)已给出初始条件表达式。将 $t=0$ 代入式(3-61),并应用初始条件表达式,得

$$w(x,0) = \sum_{j=1}^{\infty} A_j \varphi_j(x) = \xi(x) \qquad (3-62)$$

$$\dot{w}(x,0) = \sum_{j=1}^{\infty} B_j \omega_j \varphi_j(x) = \eta(x) \qquad (3-63)$$

式(3-63)与式(3-64)两边均乘以 $\varphi_s(x)$,并沿全梁积分,根据正交条件可得

$$A_j = \frac{\int_0^l \xi(x) \varphi_j(x) \mathrm{d}x}{\int_0^l \varphi_j^2(x) \mathrm{d}x} \qquad (3-64)$$

$$B_j = \frac{\int_0^l \eta(x) \varphi_j(x) \mathrm{d}x}{\omega_j \int_0^l \varphi_j^2(x) \mathrm{d}x} \qquad (3-65)$$

即可得到等直梁自由振动的全解的一般表达形式为

$$w(x,t) = \sum_{j=1}^{\infty} \left(\frac{\int_0^l \xi(x)\varphi_j(x)\,\mathrm{d}x}{\int_0^l \varphi_j^2(x)\,\mathrm{d}x} \cos \omega_j t + \frac{\int_0^l \eta(x)\varphi_j(x)\,\mathrm{d}x}{\omega_j \int_0^l \varphi_j^2(x)\,\mathrm{d}x} \sin \omega_j t \right) \varphi_j(x)$$

$$(3-66)$$

需要指出的是:当在某一特定的初始条件下,例如当初速度的分布函数 $\eta(x) = 0$ 时,初始位置的形状等于某个主振型 $\varphi_s(x)$,然后让其自由振动。应用均匀梁的正交条件可知,除了 $A_s \neq 0$ 外,其余 A_j 与 B_j 均为零,因此,梁的位移表达式最终变为

$$w(x,t) = A_s \varphi_s(x) \cos \omega_s t \qquad (3-67)$$

式(3-67)即为此时梁的自由振动,呈现第 s 阶主振动。

3.3 Timoshenko 梁振动理论基础

现有的梁理论主要有经典梁理论和 Rayleigh – Timoshenko 梁理论两种。经典梁理论也叫 Euler – Bernoulli 梁理论,它是由欧拉(Euler)和伯努利(Bernoulli)在 1760 年左右提出的,建立在最基本的初等假设基础上,因此它的结果只有当细长梁在低频时才与理论值接近,当在高阶模态或梁为短粗梁时,其结果与真实情况相差很大。后人为了改善理论的适用性和精确性,对 Euler – Bernoulli 梁理论进行了不断的修正。瑞利先对经典梁理论做出了修正,他于 1877 年在初等理论的基础上考虑了梁弯曲变形所引起的转动惯量,这个理论通常就被称为 Rayleigh 梁理论。铁木辛柯在 1921—1922 年提出了 Timoshenko 梁理论,该理论同时考虑了梁的弯曲变形引起的转动惯量和梁的剪切变形,极大地改进了以往梁的动力学理论。它使得梁在模态阶数不是很高时,即使在梁不是细长的情况下,梁的动力参数的精度也得到了很好的改善,因此 Timoshenko 梁理论也被广泛地运用到很多实际工程上。

Euler – Bernoulli 梁和 Timoshenko 梁的基本假设见表 3 – 2,基本公式见表 3 – 3。

表 3 – 2　Euler – Bernoulli 梁和 Timoshenko 梁理论的基本假设

基本假设	Euler – Bernoulli 梁	Timoshenko 梁
平截面假定	是	是
截面和中性面垂直	是	否
不考虑梁单元的转动惯量	是	否
遵循胡克定律	是	是
忽略轴向纤维的侧向压力	是	是

表 3 – 3　Euler – Bernoulli 梁和 Timoshenko 梁理论的基本公式(无阻尼)

Euler – Bernoulli 梁	Timoshenko 梁
$$\dfrac{\partial V(x,t)}{\partial x} + q(x,t) = \rho A\dfrac{\partial^2 v(x,t)}{\partial t^2} \qquad (3-68)$$	
$\dfrac{\partial \boldsymbol{M}(x,t)}{\partial x} + V(x,t) = 0$	$\dfrac{\partial \boldsymbol{M}(x,t)}{\partial x} + V(x,t) = \rho I\dfrac{\partial^2 \psi}{\partial t^2}$ $(3-69)$
$$\dfrac{\partial \psi(x,t)}{\partial x} = \dfrac{\boldsymbol{M}(x,t)}{EI}$$ $$\boldsymbol{M}(x,t) = \iint \sigma y \mathrm{d}A,\ \sigma = E\varepsilon = Ey\dfrac{\mathrm{d}\psi}{\mathrm{d}x} \qquad (3-70)$$	
$\dfrac{\partial v(x,t)}{\partial x} - \psi(x,t) = 0$	$\dfrac{V(x,t)}{\kappa AG} = \dfrac{\partial v}{\partial x} - \psi$ $(3-71)$
$\Gamma = 0$	$V(x,t) = \iint \tau \mathrm{d}A = \kappa \tau_c A = \kappa AG\Gamma$ $\dfrac{\partial v}{\partial x} = \psi + \Gamma$ $(3-72)$

注:v——梁的竖向位移;ψ——梁的转角位移;$\boldsymbol{M}$——梁的弯矩;V——梁的剪力;ε——梁的应变;σ——梁的应力;Γ——梁的剪切转角;q——外部荷载;ρ——梁的密度;A——梁的截面积;I——梁的截面惯性矩;E——梁的弹性模量;κ——梁的剪切系数;G——梁的剪切模量。

式(3 – 68)和式(3 – 69)是 y 方向上的力平衡和 z 轴的力矩平衡方程;式(3 – 70)是梁弯曲的本构方程,符合胡克定律;式(3 – 71)和式(3 – 72)反映了剪力对梁变形的响应。

下面推导 Timoshenko 梁无阻尼振动响应的基本方程及其解的形式。

合并式(3 – 69)~式(3 – 71)有

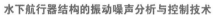

$$EI \frac{\partial^2 \psi(x,t)}{\partial x^2} + \kappa AG\left(\frac{\partial v(x,t)}{\partial x} - \psi(x,t)\right) = \rho I \frac{\partial^2 \psi(x,t)}{\partial t^2} \qquad (3-73)$$

联立式(3-68)和式(3-71),消去 V 得

$$\kappa AG\left(\frac{\partial^2 v(x,t)}{\partial x^2} - \frac{\partial \psi(x,t)}{\partial x}\right) = \rho A \frac{\partial^2 v(x,t)}{\partial t^2} - q(x,t) \qquad (3-74)$$

在自由振动的情况下 $q(x,t)=0$,式(3-73)式(3-74)可以写成

$$c_0^2 \frac{\partial^2 \psi(x,t)}{\partial x^2} + \frac{\kappa c_s^2}{r_z^2}\left(\frac{\partial v(x,t)}{\partial x} - \psi(x,t)\right) = \frac{\partial^2 \psi(x,t)}{\partial t^2} \qquad (3-75)$$

$$\kappa c_s^2 \left(\frac{\partial^2 v(x,t)}{\partial x^2} - \frac{\partial \psi(x,t)}{\partial x}\right) = \frac{\partial^2 v(x,t)}{\partial t^2} \qquad (3-76)$$

式中　c_0——杆的波速,$c_0 = \sqrt{E/\rho}$；

$\quad\quad c_s$——剪切波速,$c_s = \sqrt{G/\rho}$；

$\quad\quad r_z$——梁横截面的回转半径,$r_z^2 = I/A$。

令式(3-75)与式(3-76)方程的解为

$$v(x,t) = A\mathrm{e}^{\mathrm{i}(kx-\omega t)}, \psi(x,t) = B\mathrm{e}^{\mathrm{i}(kx-\omega t)} \qquad (3-77)$$

式中,A 和 B 为未知系数,将假设的解代入式(3-75)和式(3-76),则有

$$(\mathrm{i}k/r_s^2)A - \left[(E/\kappa G)k^2 + 1/r_s^2 - (\omega/\kappa c_s^2)\right]D = 0 \qquad (3-78)$$

$$\left[(\omega/\kappa c_s^2 - k^2)\right]A - \mathrm{i}kD = 0 \qquad (3-79)$$

若要方程中 A 和 B 有解,则需满足系数行列式等于 0,写成代数形式为

$$\overline{\omega}^4 - \overline{k}\overline{\omega}^2\left[1 + \left(1 + \frac{E}{\kappa G}\right)\overline{k}^2\right] + \frac{\kappa E}{G}\overline{k}^4 = 0 \qquad (3-80)$$

式中　$\overline{\omega}$——无量刚频率,$\overline{\omega} = r_s\omega/c_s$；

$\quad\quad \overline{k}$——无量纲波数,$\overline{k} = kr_s$。

式(3-78)和式(3-79)的四个根分别为

$$\overline{\omega}^2 = \frac{\kappa}{2}\left[1 + \left(1 + \frac{E}{\kappa G}\right)\overline{k}^2\right] \pm \frac{\kappa}{2}\sqrt{\left[1 + \left(1 + \frac{E}{\kappa G}\right)\overline{k}^2\right]^2 - 4\frac{E}{\kappa G}\overline{k}^4} \quad (3-81)$$

$$\overline{k}^2 = \frac{G}{2E}\overline{\omega}^2\left[\left(1 + \frac{E}{\kappa G}\right) \pm \sqrt{\left(1 - \frac{E}{\kappa G}\right)^2 + \frac{4E}{G}\frac{1}{\overline{\omega}^2}}\right] \qquad (3-82)$$

则梁一般解的形式为

$$v(x,t) = (A_1^+ \mathrm{e}^{\mathrm{i}k_1 x} + A_1^- \mathrm{e}^{-\mathrm{i}k_1 x} + A_2^+ \mathrm{e}^{\mathrm{i}k_2 x} + A_2^- \mathrm{e}^{-\mathrm{i}k_2 x})\mathrm{e}^{-\mathrm{i}ax} \qquad (3-83)$$

$$\psi(x,t) = (g_1 A_1^+ \mathrm{e}^{\mathrm{i}k_1 x} - g_1 A_1^- \mathrm{e}^{-\mathrm{i}k_1 x} + g_2 A_2^+ \mathrm{e}^{\mathrm{i}k_2 x} - g_2 A_2^- \mathrm{e}^{-\mathrm{i}k_2 x})\mathrm{e}^{-\mathrm{i}ax} \quad (3-84)$$

式中,$g_1^{\pm}$ 和 $g_2^{\pm}$ 是 D/A 的比值,$A_1^{\pm}$ 和 $A_2^{\pm}$ 是四个未知幅值系数。

　　对于具体的结构,可以根据其边界条件和初始条件求解出各个未知参数值,进而求得梁结构的响应。

　　本节研究的梁的横向弯曲振动,除了横向荷重和弯曲变形外,其他荷载对梁的弯曲振动亦有影响。其中剪切和剖面转动惯量的影响对短梁和高谐调振动来说必须计及,这对船体梁的弯曲振动有着很重要的意义。

　　取均匀梁上的一个微段,如图 3 – 10 所示,x 轴平行于梁的中心线的初始位置,微段所受的力、力矩及其位移、转角均以图示方向为正。设梁断面中心的垂向弯曲位移为 w,梁的横剖面因弯曲而使得剖面有一个转角 θ,并产生转动惯量 $mr^2\ddot{\theta}\mathrm{d}x$,其中 r 是梁剖面的回转半径。除转动惯量外,微段的左右两端还分别作用着剪力 N 和 $N+(\partial N/\partial x)\mathrm{d}x$ 与弯矩 $\boldsymbol{M}$ 和 $\boldsymbol{M}+(\partial M/\partial x)\mathrm{d}x$。此外,微段的垂向振动惯性力为 $-m\ddot{w}\mathrm{d}x$,外力为 $F(x,t)\mathrm{d}x$。

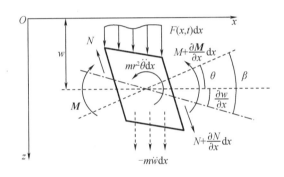

图 3 – 10　均匀梁上的一个微段

　　如果没有剪切,横剖面仍与弹性轴垂直,剖面转角 θ 就等于弹性线的倾角 $\partial w/\partial x$。若计及剪切变形,仍设横剖面保持平面,剪切角为 β,故梁的弹性轴和平衡位置的倾角 $\partial w/\partial x=\beta-\theta$。由此,可列出如下关系式:

$$\boldsymbol{M}=EI\frac{\partial\theta}{\partial x} \qquad (3-85)$$

$$N=GA_{e}\left(\theta+\frac{\partial w}{\partial x}\right) \qquad (3-86)$$

式中　E——材料弹性模数;

　　　　G——材料剪切弹性模数;

　　　　I——梁剖面惯性矩;

　　　　A_{e}——等效剪切面积。

微段上力的平衡条件为

$$\frac{\partial N}{\partial x} = m\,\ddot{w} - F(x,t) \tag{3-87}$$

$$\frac{\partial \boldsymbol{M}}{\partial x} = N + mr^2\ddot{\theta} \tag{3-88}$$

将式(3-85)、式(3-86)代入式(3-87)得

$$\frac{\partial^2 w}{\partial x^2} - \frac{m\,\ddot{w} - F(x,t)}{GA_e} + \frac{\boldsymbol{M}}{EI} = 0 \tag{3-89}$$

同样,将式(3-88)对 x 进行偏微分,并将式(3-85)、式(3-86)和式(3-89)代入,可得到关于 w 的四阶偏微方程:

$$\frac{\partial^4 w}{\partial x^4} - \frac{F - m\ddot{w}}{EI} - \frac{mr^2}{EI}\frac{\partial^4 w}{\partial x^2 \partial t^2} + \frac{1}{GA_e}\frac{\partial^2}{\partial x^2}\left(F - m\frac{\partial^2 w}{\partial t^2}\right) - \frac{mr^2}{EIGA_e}\frac{\partial^2}{\partial t^2}\left(F - m\frac{\partial^2 w}{\partial t^2}\right) = 0 \tag{3-90}$$

式(3-90)即为计及剪切与剖面转动惯量影响的梁的横振动微分方程。其前两项表示不计及剪切与剖面转动的情况,第三项表示剖面转动惯量的影响,第四项表示剪切的影响,最后一项表示剪切变形和剖面转动的耦合影响项。从物理意义上说,剪切的作用是使系统的刚度下降,转动惯量使系统的有效质量增加,这两方面的影响均使系统的固有频率降低。其中剪切变形的影响大于转动惯量的影响。

若令 $F(x,t) = 0$,即可得自由振动方程式:

$$\frac{\partial^4 w}{\partial x^4} + \frac{m\,\ddot{w}}{EI} - \frac{mr^2}{EI}\frac{\partial^4 w}{\partial x^2 \partial t^2} - \frac{m}{GA_e}\frac{\partial^4 w}{\partial x^2 \partial t^2} + \frac{m^2 r^2}{EIGA_e}\frac{\partial^4 w}{\partial t^4} = 0 \tag{3-91}$$

下面我们再来讨论弹性基础梁和轴向力对梁横振动的影响,如图3-11所示,设梁长为 l,刚度为 $EI(x)$,质量分布为 $m(x)$,置于单位长度刚度为 k 的均匀的弹性基础上,并受横向分布荷载 $F(x,t)$ 和一个平行于 x 轴的常值压力 T(压为正)的作用而产生横向弯曲振动。建立如图3-11(a)所示的坐标系统,仍从梁上取一微段,其受力分析如图3-11(b)所示,与上节讨论的纯弯曲振动的梁相比较,多了 T 和 k 两项,故垂向力的平衡条件为

$$\frac{\partial N}{\partial x} = F(x,t) - m(x)\frac{\partial^2 w}{\partial t^2} - kw(x,t) \tag{3-92}$$

$$N = \frac{\partial \boldsymbol{M}}{\partial x} + T\frac{\partial w}{\partial x} \tag{3-93}$$

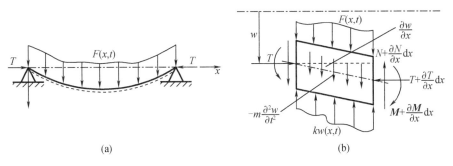

图 3 – 11　考虑弹性基础和轴向力作用的梁的横振动

考虑到 $M = EI\dfrac{\partial^2 w}{\partial x^2}$，并将式（3 – 93）代入式（3 – 92）中，即可得轴向力 T 和弹性基础 k 作用时的梁横振动方程为

$$\frac{\partial^2}{\partial x^2}\left[EI(x)\frac{\partial^2 w}{\partial x^2}\right] + T\frac{\partial^2 w}{\partial x^2} + kw(x,t) + m(x)\frac{\partial^2 w}{\partial t^2} = F(x,t) \qquad (3 - 94)$$

对于等直梁，$EI(x) = EI, m(x) = m$，求解时，可令

$$w(x,t) = \varphi(x)\sin(\omega_n t + \beta) \qquad (3 - 95)$$

用前面类似的方法可导出：

$$\omega_j = \left(\frac{j\pi}{l}\right)^2 \sqrt{\frac{EI}{m}\left(1 - \frac{Tl^2}{EIj^2\pi^2} + \frac{kl^4}{EIj^4\pi^4}\right)} \quad (j = 1,2,\cdots) \qquad (3 - 96)$$

即弹性基础相当于增加弯曲刚度，故使固有频率提高，轴向压力（$T > 0$）相当于减小弯曲刚度，因而使固有频率降低。反之，轴向拉力使固有频率提高，固有振型则不受弹性基础和轴向力的影响。

3.4　船体梁的振动响应计算

讨论船体梁在任意分布力 $F(x,t)$ 作用下的响应，其振动偏微分方程可由式（3 – 16）给出：

$$EI\frac{\partial^4 w}{\partial x^4} + m\frac{\partial^2 w}{\partial t^2} = F(x,t) \qquad (3 - 97)$$

这是一个非齐次偏微分方程，其全解同样包括两部分：一部分是对应于齐次方程的通解，即自由振动的解，这在前面已讨论过，只要给定初始条件，即可求得相应的响应;另一部分是对应于非齐次项的特解,在给定激励 $F(x,t)$ 后,可求得激励的响应。

假设式(3-97)的一般解为

$$w(x,t) = \sum_{s=1}^{\infty} \varphi_s(x) p_s(t) \tag{3-98}$$

式中　$\varphi_s(x)$——求解自由振动所得的梁的固有振型;

　　　$p_s(t)$——待求的强迫振动的主坐标。

将式(3-98)代入式(3-97),等式两边乘以 $\varphi_j(x)$,然后对全梁积分,可得

$$\int_0^l EI\varphi_j(x) \sum_{s=1}^{\infty} \frac{\mathrm{d}^4\varphi_s(x)}{\mathrm{d}x^4} p_s(t)\mathrm{d}x + \int_0^l m\varphi_j(x) \sum_{s=1}^{\infty} \varphi_s(x) \frac{\mathrm{d}^2 p_s(t)}{\mathrm{d}t^2}\mathrm{d}x$$

$$= \int_0^l \varphi_j(x) F(x,t)\mathrm{d}x \tag{3-99}$$

应用正交条件,当 $s \neq j$ 时,有

$$\int_0^l \varphi_j(x) EI \frac{\mathrm{d}^4\varphi_s(x)}{\mathrm{d}x^4}\mathrm{d}x = 0 \tag{3-100}$$

$$\int_0^l m\varphi_j(x)\varphi_s(x)\mathrm{d}x = 0 \tag{3-101}$$

因而在式(3-99)中,只留下了 $s=j$ 的项,所以得

$$\int_0^l EI\varphi_j(x) \frac{\mathrm{d}^4\varphi_j(x)}{\mathrm{d}x^4} p_j(t)\mathrm{d}x + \int_0^l m\varphi_j^2(x) \frac{\mathrm{d}^2 p_j(t)}{\mathrm{d}t^2}\mathrm{d}x = \int_0^l \varphi_j(x) F(x,t)\mathrm{d}x$$

$$\tag{3-102}$$

又因式(3-25),有

$$EI \frac{\mathrm{d}^4\varphi_j(x)}{\mathrm{d}x^4} = \omega_j^2 m\varphi_j(x) \tag{3-103}$$

因而可得以主坐标表示的振动方程为

$$M_j\ddot{p}_j(t) + k_j p_j(t) = F_j(t)\beta \quad (j=1,2,3,\cdots) \tag{3-104}$$

式中　M_j——第 j 谐调的广义质量, $M_j = \int_0^l m(x)\varphi_j^2(x)\mathrm{d}x$;

　　　k_j——第 j 谐调广义刚度, $k_j = M_j\omega_j^2 = \omega_j^2 \int_0^l m(x)\varphi_j^2(x)\mathrm{d}x$;

　　　$F_j(t)$——第 j 谐调的广义干扰力, $F_j(t) = \int_0^l F(x,t)\varphi_j(x)\mathrm{d}x$。

式(3-104)也可改写成

$$\ddot{p}_j(t) + \omega_j^2 p_j(t) = f_j(t) \tag{3-105}$$

式中　$f_j(t)$——与单位广义质量对应的广义激振力，$f_j(t) = \dfrac{F_j(t)}{M_j}$。

式（3－105）为二阶非齐次方程，由它可以求出主坐标 $p_j(t)$：

$$p_j(t) = a_j\cos\omega_j t + b_j\sin\omega_j t + \frac{1}{\omega_j}\int_0^t f_j(\tau)\sin\,\omega_j(t-\tau)\mathrm{d}\tau \qquad (3-106)$$

式中，a_j、b_j 为积分常数，由初始条件来确定。由于梁有无限多自由度，因而主坐标方程及它的解都有无限个。求得其解后，将解代入式（3－98），即可最后求得梁的强迫振动的全解。

这种对均匀直梁动力响应的分析法称为主坐标法或模态（振型）叠加法，可推广到非均匀梁。方法的关键在于将具有分布参数的连续系统按其固有振型离散化，将问题转化为一个个与固有振型有关的主坐标系统来处理。求得主坐标的动力响应，然后将一个个主振动的响应线性叠加，从而求得弹性系统的响应。由于实际上需要考虑的是对动力响应贡献大的分量，因此问题转化为只需有限个主坐标的离散参数系统。这种方法的应用，必须首先求得弹性系统的固有频率和固有振型，然后才能按各固有振型分析，主坐标实际上只代表了各振型的响应幅值，而其之所以能离散为一个个单自由度系统来处理，关键在于各主振型是正交的，也就是说各主振动是互相独立的。

若激振力是一个集中激振力 $Q(t)$，作用于梁上 $x = c$ 点处，则只要认为它在 c 点的一个微段 Δx 里作用一个均布的激振力 $Q(t)/\Delta x(\Delta x \rightarrow 0)$，即可得相应的广义力为

$$F_j(t) = Q(t)\varphi_j(c) \qquad (3-107)$$

然后按上述同样的步骤求解。

若均匀直梁上受到的是分布简谐激振力

$$F(x,t) = F(x)\sin\,\omega t \qquad (3-108)$$

则式（3－105）可简化为

$$\ddot{p}_j + \omega_j^2 p_j = f_j\sin\,\omega t \qquad (3-109)$$

式中，$f_j = \dfrac{\displaystyle\int_0^l F(x)\varphi_j(x)\mathrm{d}x}{\displaystyle\int_0^l m\varphi_j^2(x)\mathrm{d}x}$。

式（3－109）的稳态解为

$$p_j(t) = \frac{f_j}{\omega_j^2 - \omega^2}\sin\,\omega t \qquad (3-110)$$

将其代入式（3－98）即可得梁的稳态振动的动挠度为

$$w(x,t) = \sum_{j=1}^{\infty} \varphi_j(x)p_j(t) = \sin \omega t \sum_{j=1}^{\infty} \frac{f_j}{\omega_j^2}\varphi_j(x)\alpha_j \qquad (3-111)$$

式中　α_j——第 j 谐调的无阻尼动力放大系数，$\alpha_j = \dfrac{1}{1-\left(\dfrac{\omega}{\omega_j}\right)^2}$。

由式（3－111）可见：当 $\omega = \omega_j$ 时，第 j 谐调的动力放大系数趋向于无限大，即发生第 j 谐调的共振。此时除第 j 谐调以外，其他各谐调的解可忽略不计，故梁的稳态振动近似为

$$w(x,t) \approx \frac{f_j}{\omega_j^2 - \omega^2}\varphi_j(x)\sin \omega t \qquad (3-112)$$

此时梁的振动频率与激振力频率相同，也就是第 j 谐调固有频率，而其振型则近似为第 j 谐调的固有振型。

如果第 j 谐调的广义激振力 $f_j = 0$（即激振力对第 j 谐调振动的分量等于零），则即使 $\omega = \omega_j$，仍不会发生第 j 谐调共振。这与单自由度系统的共振不同，其原因是外载荷对第 j 谐调振型不做功，即

$$F_j = M_j f_j = \int_0^l F(x)\varphi_j(x)\,\mathrm{d}x = 0 \qquad (3-113)$$

因为激振力频率总是有限的，且随着谐调数的提高，广义刚度将相应提高，所以在式（3－111）中，不发生共振的情况下，高谐调分量占整个振动位移中的比例较小。故在对实际的梁进行分析时，其动力响应常常近似地取式（3－111）级数中的最初几个谐调。

在前面所讨论的梁的振动问题中，都没有考虑梁振动时的能量逸散，即梁在振动的过程中不受阻尼的作用。这种简化处理对一般的小阻尼自由振动的结构特征值的计算所产生的误差是很小的。但是对于强迫振动问题，特别是接近共振时的动力响应计算，则必须计及阻尼的影响。在第一章中已经介绍了实际的阻尼分为内阻尼和外阻尼两类。其中最容易处理和通常遇到的是黏性阻尼问题，其他非黏性阻尼则采用等效阻尼来处理。图 3－12 表示了黏性外阻尼和黏性内阻尼这两种类型的黏性阻尼，它们分别导致了梁横向位移的黏性阻力与梁材料应变的黏性阻力。

黏性外阻尼系数 $C(x)$ 表示在 x 处单位长度的梁上，因该点单位速度而引起的阻尼力。由于外阻尼的存在，垂向力的平衡条件改为

$$\frac{\partial N}{\partial x} = F(x,t) - m(x)\frac{\partial^2 w}{\partial t^2} - C(x)\frac{\partial w}{\partial t} \qquad (3-114)$$

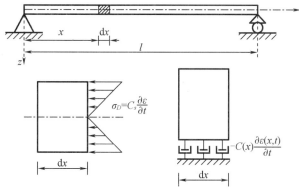

图 3 – 12　梁振动中的黏性外阻尼和黏性内阻尼

考虑材料的非弹性阻尼,按福赫脱假设,它与应变速度成正比,从而使应力 – 应变关系变为

$$\sigma = E\varepsilon + C_s\dot\varepsilon \qquad (3-115)$$

式中　C_s——应变速度的阻尼系数;

　　　$C_s\dot\varepsilon$——阻尼应力,$C_s\dot\varepsilon = \sigma_D$。

假设应变沿截面高度成线性分布,则剖面上距离中和轴高度为 z 处的应变为

$$\varepsilon = z\frac{\partial^2 w}{\partial x^2} \qquad (3-116)$$

而

$$M = \int_{A_c} \sigma z \mathrm{d}A_c \qquad (3-117)$$

将式(3 – 115)和式(3 – 116)代入,则得

$$
\begin{aligned}
M &= \int_{A_c} (E\varepsilon + C_s\dot\varepsilon)z\mathrm{d}A \\
&= \int_{A_c} \left(E\frac{\partial^2 w}{\partial x^2} + C_s\frac{\partial^3 w}{\partial x^2 \partial t}\right)z^2\mathrm{d}A_c \\
&= EI\frac{\partial^2 w}{\partial x^2} + C_s I\frac{\partial^3 w}{\partial x^2 \partial t} \qquad (3-118)
\end{aligned}
$$

式(3 – 118)中前一项为弹性力矩项,后一项为非弹性阻尼力矩项,所以

$$N = \frac{\partial M}{\partial x} = \frac{\partial}{\partial x}\left(EI\frac{\partial^2 w}{\partial x^2} + C_s I\frac{\partial^3 w}{\partial x^2 \partial t}\right) \qquad (3-119)$$

再代入式(3 – 119),得

$$\frac{\partial^2}{\partial x^2}\left(EI\frac{\partial^2 w}{\partial x^2} + C_s I\frac{\partial^3 w}{\partial x^2 \partial t}\right) + m\frac{\partial^2 w}{\partial t^2} + C\frac{\partial w}{\partial t} = F(x,t) \qquad (3-120)$$

此即为计及黏性内阻尼及黏性外阻尼时的等直梁强迫振动微分方程式,该方程依然为四阶常系数线性偏微分方程式,所以仍然可用振型叠加法求解。

设微分方程的一般解为

$$w(x,t) = \sum_{s=1}^{\infty} \varphi_s(x) p_s(t) \tag{3-121}$$

式中 $\varphi_s(x)$——无阻尼自由振动的固有振型;

$p_s(t)$——有阻尼强迫振动之主坐标。

应该指出,它虽然与无阻尼时的一般解形式完全一样,但其内容却有区别。这表示仍把强迫振动分解为一系列主振动 $\varphi_s(x) p_s(t)$ 的级数和,将其代入式(3-120),可得

$$\sum_{s=1}^{\infty} m(x) \varphi_s(x) \ddot{p}_s(t) + \sum_{s=1}^{\infty} C(x) \varphi_s(x) \dot{p}_s(t) +$$

$$\sum_{s=1}^{\infty} \frac{\mathrm{d}^2}{\mathrm{d}x^2} \left(C_s I(x) \frac{\mathrm{d}^2 \varphi_s(x)}{\mathrm{d}x^2} \right) \dot{p}_s(t) + \sum_{s=1}^{\infty} \frac{\mathrm{d}^2}{\mathrm{d}x^2} \left(EI(x) \frac{\mathrm{d}^2 \varphi_s(x)}{\mathrm{d}x^2} \right) p_s(t)$$

$$= F(x,t) \tag{3-122}$$

将此式的两边乘以固有振型 $\varphi_j(x)(j=1,2,3,\cdots)$,然后沿全梁积分,计及正交条件

$$\int \varphi_s(x) \varphi_j(x) = 0 \tag{3-123}$$

并考虑到

$$\frac{\mathrm{d}^2}{\mathrm{d}x^2} \left[EI(x) \frac{\mathrm{d}^2 \varphi_j(x)}{\mathrm{d}x^2} \right] = m(x) \omega_j^2 \varphi_j(x) \tag{3-124}$$

便可得到

$$M_j \ddot{p}_j(t) + \sum_{s=1}^{\infty} \int_0^l \varphi_j(x) \left\{ C(x) \varphi_s(x) + \frac{\mathrm{d}^2}{\mathrm{d}x^2} \left[C_s I(x) \frac{\mathrm{d}^2 \varphi_s(x)}{\mathrm{d}x^2} \right] \right\} \mathrm{d}x \dot{p}_j(t) + \omega_j^2 M_j p_j(t)$$

$$= F_j(t) \quad (j = 1,2,3,\cdots) \tag{3-125}$$

式中,$M_j = \int_0^l m(x) \varphi_j^2(x) \mathrm{d}x$,$F_j(t) = \int_0^l F(x,t) \varphi_j(x) \mathrm{d}x$。

讨论如下:

(1)上几式中 ω_j 为第 j 谐调无阻尼振动的固有频率,M_j、$F_j(t)$ 即为前面已经介绍过的第 j 谐调广义质量和广义激振力。由式(3-125)可以看出,由于内阻尼和黏性阻尼的存在,因而系统不同振型的运动之间将存在耦合作用,即不同阶的振型不能分离,因此 $p_j(t)$ 不是主坐标。

(2)如令阻尼系数与刚度、质量分布成正比,这样可使式(3-125)中的不同

振型的耦合解除。

$$C(x) = \lambda m(x) \qquad (3-126)$$

$$C_s = \wp E \qquad (3-127)$$

式中的 λ 与 $\wp$ 是分别具有时间的倒数（$1/\sec$）和时间因次（$\sec$）的比例系数，可通过实验求得，代入式（3-125），得

$$M_j \ddot{p}_j(t) + \sum_{s=1}^{\infty} \int_0^l \varphi_j(x) \left\{ \lambda m(x) \varphi_s(x) + \frac{\mathrm{d}^2}{\mathrm{d}x^2} \left[\wp EI(x) \frac{\mathrm{d}^2 \varphi_s(x)}{\mathrm{d}x^2} \right] \right\} \mathrm{d}x \dot{p}_j(t) +$$

$$\omega_j^2 M_j p_j(t) = F_j(t) \quad (j = 1,2,3,\cdots) \qquad (3-128)$$

考虑正交条件，可知：该式中仅 $j = s$ 项存在，即式 $EI\varphi_s^{\mathrm{IV}} = m\omega_s^2 \varphi_s(x)$，得

$$M_j \ddot{p}_j(t) + (\lambda M_j + \wp \omega_j^2 M_j) \dot{p}_j(t) + \omega_j^2 M_j p_j(t) = F_j(t) \quad (j = 1,2,3,\cdots)$$

$$(3-129)$$

在此种情况下便将耦合解除，此时 $p_j(t)$ 为主坐标。

（3）用式（3-129）除以广义质量 M_j，并引入无因次阻尼比 ζ_j，使

$$\zeta_j = \frac{\lambda}{2\omega_j} + \frac{\wp \omega_j}{2} \qquad (3-130)$$

则式（3-129）变为

$$\ddot{p}_j(t) + (\lambda + \wp \omega_j^2) \dot{p}_j(t) + \omega_j^2 p_j(t) = \frac{F_j(t)}{M_j} \qquad (3-131)$$

引入 ζ_j 得

$$\ddot{p}_j(t) + 2\zeta_j \omega_j \dot{p}_j(t) + \omega_j^2 p_j(t) = f_j(t) \qquad (3-132)$$

式中，$f_j(t) = \dfrac{F_j(t)}{M_j}$。

式（3-132）即为单自由度系统阻尼强迫振动的标准形式，其解为

$$p_j(t) = \mathrm{e}^{-\zeta_j \omega_j t} (a_j \sin \omega_{dj} t + b_j \cos \omega_{dj} t) + \frac{1}{\omega_{dj}} \int_0^l f_j(\tau) \mathrm{e}^{-\zeta_j \omega_j (t-\tau)} \sin \omega_{dj}(t-\tau) \mathrm{d}\tau$$

$$(3-133)$$

式中，$\omega_{dj} = \omega_j \sqrt{1 - \zeta_j^2}$。

（4）当分布力为简谐激振力时，即 $F(x,t) = F(x) \sin \omega t$ 时，则式（3-132）变为

$$\ddot{p}_j(t) + 2\zeta_j \omega_j \dot{p}_j(t) + \omega_j^2 p_j(t) = f_j \sin \omega t \qquad (3-134)$$

式中，$f_j = \dfrac{\displaystyle\int_0^l F(x) \varphi_j(x) \mathrm{d}x}{\displaystyle\int_0^l m\varphi_j^2(x) \mathrm{d}x}$。

由第一章所讲的内容,并令频率比为$\dfrac{\omega}{\omega_j} = \gamma_j$,不难得到式(3 – 133)强迫振动的稳态特解为

$$p_j(t) = A_j \sin(\omega t - \beta_j) \qquad (3 - 135)$$

式中,$A_j = \dfrac{f_j}{\omega_j^2 \sqrt{(1 - \gamma_j^2)^2 + 4\zeta_j^2 \gamma_j^2}}$,$\beta_j = \arctan \dfrac{2\zeta_j \gamma_j}{(1 - \gamma_j^2)}$。

于是系统强迫振动的稳态解为

$$w(x,t) = \sum_{j=1}^{\infty} \varphi_j(x) p_j(t) = \sum_{j=1}^{\infty} \frac{f_j}{\omega_j^2} \frac{\varphi_j(x)}{\sqrt{(1 - \gamma_j^2)^2 + 4\zeta_j^2 \gamma_j^2}} \sin(\omega t - \beta_j)$$

$$(3 - 136)$$

(5)当$\omega = \omega_j$,j很小时,即系统发生第j低谐调共振时,系统的共振响应近似为

$$w(x,t) \approx -\frac{f_j}{\omega_j^2} \frac{\varphi_j(x)}{2\zeta_j} \cos \omega t \qquad (3 - 137)$$

这表明有阻尼系统的实际共振振幅响应不会趋于无穷大,而是趋向于一个较大的有限值。

3.5　回传射线矩阵法计算梁动响应

1998 年,鲍亦兴教授提出了一种新的数学方法——回传射线矩阵法(method of reverberation – ray matrix,MRRM)。该方法巧妙地引入了局部坐标及整体坐标的表达方式,将波在结构内传播的反射、回传等物理性质通过数学表达出来,使波的计算有了明确的物理意义。同时,其计算过程简洁明了,便于实现计算机编程计算,计算精度和计算效率也有所提高。

3.5.1　基本原理

回传射线矩阵法由散射矩阵S、相位矩阵P和回传矩阵R几部分组成,将结构每一单元体均分成两个局部坐标和一个整体坐标来表示。回传射线矩阵法引入了局部坐标系,使得矩阵中的大数项消失,解决了传递矩阵法的数值问题。下

面以一个截面不均匀杆介绍回传射线矩阵法的基本原理。

3.5.2　散射矩阵

双坐标系统即局部坐标系统和整体坐标系统。如图 3 – 13 所示，对杆 IJ，一个局部坐标系为 x^{IJ}，以 I 点为原点，x 轴的正方向为正方向；另外一个局部坐标系统为 x^{IJ}，以 J 点为原点，x 轴的负方向为正方向。对 IJ 段有

$$k^{IJ} = k^{JI}, A^{IJ} = A^{JI}, E^{IJ} = E^{JI}, x^{IJ} = l^{IJ} - x^{JI} \qquad (3 - 138)$$

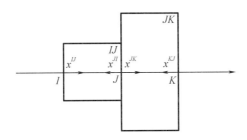

图 3 – 13　双坐标系统

杆 IJ 和 JK 在 J 处的解可以写成

$$u^{JI} = [a^{JI} e^{ik^{IJ} x^{JI}} + d^{JI} e^{-ik^{IJ} x^{JI}}] e^{i\omega t} \qquad (3 - 139)$$

$$u^{JK} = [a^{JK} e^{ik^{JK} x^{JK}} + d^{JK} e^{-ik^{JK} x^{JK}}] e^{i\omega t} \qquad (3 - 140)$$

式中，k 为待定系数，物理上的意义为波数。u^{JI} 表达式中包含 a^{JI} 的项代表到达 J 点并沿着 x^{JI} 负方向传播的波；u^{JK} 表达式中包含 d^{JK} 的项代表从点出发的并沿着 x^{JI} 正方向传播的波。

在 J 点的连续条件为

$$u^{JI} + u^{JK} = 0 \qquad (3 - 141)$$

$$f^{JI} = f^{JK} \qquad (3 - 142)$$

在 $x^{JI} = x^{JK} = 0$ 时，将式（3 – 139）和（3 – 140）写成未知系数 $\boldsymbol{a}^{JI}, \boldsymbol{d}^{JI}, \boldsymbol{a}^{JK}, \boldsymbol{d}^{JK}$ 的矩阵形式，即

$$\begin{bmatrix} 1 & 1 \\ K^{JI} & -K^{JK} \end{bmatrix} \boldsymbol{a}^J = \begin{bmatrix} -1 & -1 \\ K^{JI} & -K^{JK} \end{bmatrix} \boldsymbol{d}^J \qquad (3 - 143)$$

式中，$\boldsymbol{d}^J = [d^{JI} \quad d^{JK}]^{\mathrm{T}}, \boldsymbol{a}^J = [a^{JI} \quad a^{JK}]^{\mathrm{T}}, K^{JK} = E^{JK} A^{JK} k^{JK}$。

式（3 – 143）可写成

$$d^J = \frac{1}{K^{JI} + K^{JK}} \begin{bmatrix} K^{JI} - K^{JK} & -2K^{JK} \\ -2K^{JI} & K^{JK} - K^{JI} \end{bmatrix} a^J = S^J a^J \quad (J = 1, 2, \cdots, N-1)$$

$$(3-144)$$

这个 2×2 的矩阵 S^J 就叫作 J 点的散射矩阵。但在两端(0 和 N)处的散射矩阵 S^0 和 S^N 就不再是 2×2 的矩阵,而是 1×1 的矩阵,因为在边界处节点只有一个方向的状态量,不再有两个局部坐标。例如:对于左端固定右端自由的杆,我们就能根据边界条件得到 S^0 和 S^N。根据之前所述,我们可以得到杆系统的散射关系方程如下:

$$d = Sa \qquad (3-145)$$

其中

$$d = [d^0, [d^1]^T, [d^2]^T, \cdots, [d^{N-1}]^T, d^N]^T \qquad (3-146)$$

$$a = [a^0, [a^1]^T, [a^2]^T, \cdots, [a^{N-1}]^T, a^N]^T \qquad (3-147)$$

$$S = \begin{bmatrix} S^0 & 0_{1 \times 2} & 0_{1 \times 2} & \cdots & 0_{1 \times 2} & 0 \\ 0_{2 \times 1} & S^1 & 0_{2 \times 2} & \cdots & 0_{2 \times 2} & 0_{2 \times 1} \\ 0_{2 \times 1} & 0_{2 \times 2} & S^2 & \cdots & 0_{2 \times 2} & 0_{2 \times 1} \\ \vdots & \vdots & \vdots & \vdots & \vdots & \vdots \\ 0_{2 \times 1} & 0_{2 \times 2} & 0_{2 \times 2} & \cdots & S^{N-1} & 0_{2 \times 1} \\ 0 & 0_{1 \times 2} & 0_{1 \times 2} & \cdots & 0_{1 \times 2} & S^N \end{bmatrix}_{2N \times 2N} \qquad (3-148)$$

矢量 d 是整体离开波的向量,代表从各个节点离开的波;矢量 a 则是整体到达波的向量,代表到达各个节点的波。$2N \times 2N$ 的矩阵 S 是整体散射矩阵。

3.5.3 相位矩阵 P 和回传矩阵 R

一段杆内的同一个波,既是左端点的离开波,同时也是右端点的到达波。两者的振幅相同,但相位不同,所以有如下相位关系:

$$a^{IJ} = -e^{-ik^{IJ}l^{IJ}} d^{JI}; a^{JI} = -e^{-ik^{IJ}l^{IJ}} d^{IJ} \qquad (3-149)$$

在该点处再引入一个新的局部矢量 $\bar{d}^J$ 和一个新的整体离开波矢量 $\bar{d}$,得

$$\bar{d}^J = [d^{IJ} d^{KJ}]^T, \bar{d} = [\bar{d}^0, (\bar{d}^1)^T, (\bar{d}^2)^T, \cdots, (\bar{d}^{N-1})^T, (\bar{d}^N)^T]^T \qquad (3-150)$$

式中,$\bar{d}^0 = d^{01}, \bar{d}^N = d^{(N-1)N}$。

整体矢量 $\bar{d}$ 和 d 含有相同的元素,但顺序不同,两者可以通过以下关系表示:

$$\overline{d} = U d \tag{3-151}$$

$$U = \begin{bmatrix} U^0 & 0_{2\times2} & \cdots & 0_{2\times2} \\ 0_{2\times2} & U^0 & \cdots & 0_{2\times2} \\ \vdots & \vdots & \vdots & \vdots \\ 0_{2\times2} & 0_{2\times2} & \cdots & U^0 \end{bmatrix}_{2N\times2N} ; U^0 = \begin{bmatrix} 0 & 1 \\ 1 & 0 \end{bmatrix} \tag{3-152}$$

式中,U 为置换矩阵,该矩阵的逆矩阵刚好是其自身。

结合式(3 – 149)和(3 – 150),可以将矢量 a 和 $\overline{d}$ 的关系写成

$$a = P \overline{d} \tag{3-153}$$

式中,P 为整体相位变换矩阵,

$$P = \begin{bmatrix} P^{01} & 0_{2\times2} & \cdots & 0_{2\times2} \\ 0_{2\times2} & P^{12} & \cdots & 0_{2\times2} \\ \vdots & \vdots & \vdots & \vdots \\ 0_{2\times2} & 0_{2\times2} & \cdots & P^{(N-1)N} \end{bmatrix}_{2N\times2N} ; P^{IJ} = \begin{bmatrix} -\mathrm{e}^{-ik^{IJ}x^{IJ}} & 0 \\ 0 & -\mathrm{e}^{-ik^{IJ}x^{IJ}} \end{bmatrix}$$

$$\tag{3-154}$$

联立式(3 – 145)、式(3 – 151)和式(3 – 153)得

$$(I - R) d = 0 \tag{3-155}$$

式中,$R(\omega) = SPU$,即为回传矩阵,若要式(3 – 155)有解,需要满足:

$$\det[I - R] = 0 \tag{3-156}$$

3.5.4 单跨 Timoshenko 梁的稳态响应

如图 3 – 14 所示,两端简支的单跨 Timoshenko 梁,跨中受集中荷载 $p(x,t)$ 作用。系统的整体坐标为 $x – y$,局部坐标如图 3 – 14 所示。

$$p(x,t) = p_0 \mathrm{e}^{i\Omega t} \delta(x - l/2), \quad t \geqslant 0 \tag{3-157}$$

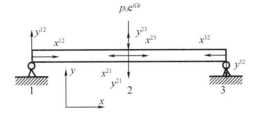

图 3 – 14 跨中受集中载荷的两端简支 Timoshenko 梁

Timoshenko 梁在频域的解为

$$v_s(x,\omega) = \alpha_1 a_1(\omega) e^{ik_1 x} + \alpha_1 d_1(\omega) e^{-ik_1 x} + \alpha_2 a_2(\omega) e^{ik_2 x} + \alpha_2 d_2(\omega) e^{-ik_2 x}$$

$$(3-158)$$

$$v_b(x,\omega) = a_1(\omega) e^{ik_1 x} + d_1(\omega) e^{-ik_1 x} + a_2(\omega) e^{ik_2 x} + d_2(\omega) e^{-ik_2 x} \quad (3-159)$$

其中：

$$k_{1,2}(\omega) = \frac{\omega}{\sqrt{2} c_1} \sqrt{1 + \eta \pm \sqrt{(1+\eta)^2 - 4\left(\eta - \frac{c_1^2}{R\omega}\right)}} \qquad (3-160)$$

$$a_{1,2}(\omega) = -R^2 \frac{\omega^2 - c_1^2 k_{1,2}^2}{\kappa c_s^2} \qquad (3-161)$$

式中　$c_1 = \sqrt{E/\rho}$；

$\quad\quad \eta = E/\kappa G$；

$\quad\quad c_s = \sqrt{G/\rho}$；

$\quad\quad R = \sqrt{I/A}$。

对于节点 1，其边界条件为

$$v^{12}(0,\omega) = v_b^{12}(0,\omega) + v_s^{12}(0,\omega) = 0 \qquad (3-162)$$

$$M^{12}(0,\omega) = EI \frac{d^2 v_b^{12}(0,\omega)}{dx^2} = 0 \qquad (3-163)$$

边界条件带入式（3-158）和式（3-159），写成矩阵形式为

$$\begin{bmatrix} 1+\alpha_1 & 1+\alpha_2 \\ -k_1^2 & -k_2^2 \end{bmatrix} \begin{bmatrix} a_1^{12} \\ a_2^{12} \end{bmatrix} = \begin{bmatrix} -(1+\alpha_1) & -(1+\alpha_2) \\ k_1^2 & k_2^2 \end{bmatrix} \begin{bmatrix} d_1^{12} \\ d_2^{12} \end{bmatrix} \qquad (3-164)$$

令 $\boldsymbol{a}^1 = \begin{bmatrix} a_1^{12} & a_2^{12} \end{bmatrix}$；$\boldsymbol{d}^1 = \begin{bmatrix} d_1^{12} & d_2^{12} \end{bmatrix}$，则式（3-164）可写成

$$\boldsymbol{d}^1 = \boldsymbol{S}^1 \boldsymbol{a}^1 \qquad (3-165)$$

其中

$$\boldsymbol{S}^1 = \begin{bmatrix} -(1+\alpha_1) & -(1+\alpha_2) \\ k_1^2 & k_2^2 \end{bmatrix}^{-1} \begin{bmatrix} 1+\alpha_1 & 1+\alpha_2 \\ -k_1^2 & -k_2^2 \end{bmatrix} \qquad (3-166)$$

对于节点 3，其边界条件与 1 节点相同，同理可得

$$\boldsymbol{d}^3 = \boldsymbol{S}^3 \boldsymbol{a}^3 \qquad (3-167)$$

其中

$$\boldsymbol{S}^3 = \begin{bmatrix} -(1+\alpha_1) & -(1+\alpha_2) \\ k_1^2 & k_2^2 \end{bmatrix}^{-1} \begin{bmatrix} 1+\alpha_1 & 1+\alpha_2 \\ -k_1^2 & -k_2^2 \end{bmatrix} \qquad (3-168)$$

对于节点 2,其连续条件和力平衡条件为

$$v_2^{21} + v_2^{23} = 0 \tag{3-169}$$

$$\psi_2^{21} + \psi_2^{23} = 0 \tag{3-170}$$

$$M_2^{21} + M_2^{23} = 0 \tag{3-171}$$

$$V_2^{21} + P = V_2^{23} \tag{3-172}$$

梁的本构关系为

$$v(x,\omega) = v_b(x,\omega) + v_s(x,\omega) \tag{3-173}$$

$$\psi(x,\omega) = \frac{\mathrm{d}v_b(x,\omega)}{\mathrm{d}x} \tag{3-174}$$

$$M(x,\omega) = EI \frac{\mathrm{d}^2 v_b(x,\omega)}{\mathrm{d}x^2} \tag{3-175}$$

$$V(x,\omega) = \kappa AG \frac{\mathrm{d}v_s(x,\omega)}{\mathrm{d}x} \tag{3-176}$$

联立式(3 - 169) ~ 式(3 - 176)得

$$
\begin{bmatrix}
1+\alpha_1 & 1+\alpha_2 & 1+\alpha_1 & 1+\alpha_2 \\
ik_1 & ik_2 & -ik_1 & -ik_2 \\
k_1^2 & k_2^2 & k_1^2 & k_2^2 \\
ik_1\alpha_1 & ik_2\alpha_2 & -ik_1\alpha_1 & -ik_2\alpha_2
\end{bmatrix}
\begin{bmatrix}
a_1^{21} \\
a_2^{21} \\
a_1^{23} \\
a_2^{23}
\end{bmatrix}
+
\begin{bmatrix}
0 \\
0 \\
0 \\
p_o
\end{bmatrix}
$$

$$
=
\begin{bmatrix}
-(1+\alpha_1) & -(1+\alpha_2) & -(1+\alpha_1) & -(1+\alpha_2) \\
ik_1 & ik_2 & -ik_1 & -ik_2 \\
-k_1^2 & -k_2^2 & -k_1^2 & -k_2^2 \\
ik_1\alpha_1 & ik_2\alpha_2 & -ik_1\alpha_1 & -ik_2\alpha_2
\end{bmatrix}
\begin{bmatrix}
d_1^{21} \\
d_2^{21} \\
d_1^{23} \\
d_2^{23}
\end{bmatrix}
\tag{3-177}
$$

令

$$\boldsymbol{s}^2 = \begin{bmatrix} 0 & 0 & 0 & p_o \end{bmatrix}^{\mathrm{T}} \tag{3-178}$$

$$
\boldsymbol{e}_1 =
\begin{bmatrix}
1+\alpha_1 & 1+\alpha_2 & 1+\alpha_1 & 1+\alpha_2 \\
ik_1 & ik_2 & -ik_1 & -ik_2 \\
k_1^2 & k_2^2 & k_1^2 & k_2^2 \\
ik_1\alpha_1 & ik_2\alpha_2 & -ik_1\alpha_1 & -ik_2\alpha_2
\end{bmatrix}
\tag{3-179}
$$

$$e_2 = \begin{bmatrix} -(1+\alpha_1) & -(1+\alpha_2) & -(1+\alpha_1) & -(1+\alpha_2) \\ ik_1 & ik_2 & -ik_1 & -ik_2 \\ -k_1^2 & -k_2^2 & -k_1^2 & -k_2^2 \\ ik_1\alpha_1 & ik_2\alpha_2 & -ik_1\alpha_1 & -ik_2\alpha_2 \end{bmatrix} \qquad (3-180)$$

则式(3-177)可写成

$$e_1 a^2 + s^2 = e_2 d^2 \qquad (3-181)$$

其中:$a^2 = \begin{bmatrix} a_1^{21} & a_2^{21} & a_1^{23} & a_2^{23} \end{bmatrix}^T, d^2 = \begin{bmatrix} d_1^{21} & d_2^{21} & d_1^{23} & d_2^{23} \end{bmatrix}^T$。

则 2 节点的散射矩阵可以写成

$$S^2 = e_2^{-1} e_1 \qquad (3-182)$$

整体的散射方程为

$$d = Sa + s \qquad (3-183)$$

其中:$d = \begin{bmatrix} d^1 & d^2 & d^3 \end{bmatrix}_{1\times8}^T, a = \begin{bmatrix} a^1 & a^2 & a^3 \end{bmatrix}_{1\times8}^T, s = \begin{bmatrix} 0_{1\times2} & s^2 & 0_{1\times2} \end{bmatrix}_{1\times8}^T,$

$$S = \begin{bmatrix} S^1 & 0_{2\times4} & 0_{2\times2} \\ 0_{4\times2} & S^2 & 0_{4\times2} \\ 0_{2\times2} & 0_{2\times4} & S^3 \end{bmatrix}_{8\times8} 。$$

相位变换矩阵为

$$P = \begin{bmatrix} P^{12} & 0_{4\times4} \\ 0_{4\times4} & P^{23} \end{bmatrix}_{8\times8}$$

$$P^{12} = P^{23} = \begin{bmatrix} -e^{-ik_1L/2} & 0 & 0 & 0 \\ 0 & -e^{-ik_2L/2} & 0 & 0 \\ 0 & 0 & -e^{-ik_1L/2} & 0 \\ 0 & 0 & 0 & -e^{-ik_2L/2} \end{bmatrix} \qquad (3-184)$$

置换矩阵为

$$U = \begin{bmatrix} U_0 & 0_{4\times4} \\ 0_{4\times4} & U_0 \end{bmatrix}_{8\times8}, U_0 = \begin{bmatrix} 0 & 0 & 1 & 0 \\ 0 & 0 & 0 & 1 \\ 1 & 0 & 0 & 0 \\ 0 & 1 & 0 & 0 \end{bmatrix} \qquad (3-185)$$

回传矩阵为

$$R = SPU \qquad (3-186)$$

则有

$$d = [I - R]^{-1}s, a = PUd \tag{3-187}$$

求得参数 a 和 d 的值,再代入到式(3-161)和式(3-162)中即求得梁上各点的位移响应的频域解,将参数 a 和 d 的值带入式(3-173)~式(3-176)中,则可求出梁上各点的转角、剪力、弯矩等响应的频域解。

3.5.5　两跨 Timoshenko 梁的稳态响应

如图 3-15 所示的两跨连续梁,两端为固定支撑,跨中为刚性支撑,其中一跨跨中受简谐荷载 $p(x,t)$ 的作用。

$$p(x,t) = P\mathrm{e}^{\mathrm{i}\Omega t}\delta(x - l/2), \quad t \geqslant 0 \tag{3-188}$$

系统的整体坐标 $x - y$,把梁分成 3 个单元,共 4 个节点,局部坐标如图 3-15 所示。

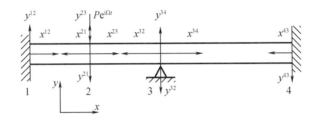

图 3-15　两端固定支撑的连续梁

首先推导系统的散射矩阵,由于节点 1 和节点 4 的边界条件相同,故其散射关系是相同的,其边界条件为

$$v^{12}(0,\omega) = v_b^{12}(0,\omega) + v_s^{12}(0,\omega) = 0 \tag{3-189}$$

$$\psi^{12}(0,\omega) = \frac{\mathrm{d}v_b^{12}(0,\omega)}{\mathrm{d}x} = 0 \tag{3-190}$$

根据边界条件得到节点 1 和节点 4 的散射关系为

$$d^1 = S^1 a^1; d^4 = S^4 a^4 \tag{3-191}$$

式中,$a^1 = [a_1^{12} \quad a_2^{12}]^\mathrm{T}$,$d^1 = [d_1^{12} \quad d_2^{12}]^\mathrm{T}$,$a^4 = [a_1^{43} \quad a_2^{43}]^\mathrm{T}$,$d^4 = [d_1^{43} \quad d_2^{43}]^\mathrm{T}$,$S^1 = \begin{bmatrix} 1+\alpha_1 & 1+\alpha_2 \\ \mathrm{i}k_1 & \mathrm{i}k_2 \end{bmatrix}^{-1} \begin{bmatrix} -(1+\alpha_1) & -(1+\alpha_2) \\ \mathrm{i}k_1 & \mathrm{i}k_2 \end{bmatrix}$,$S^4 = \begin{bmatrix} 1+\alpha_1 & 1+\alpha_2 \\ \mathrm{i}k_1 & \mathrm{i}k_2 \end{bmatrix}^{-1} \begin{bmatrix} -(1+\alpha_1) & -(1+\alpha_2) \\ \mathrm{i}k_1 & \mathrm{i}k_2 \end{bmatrix}$。

节点 2 为力作用点,其散射关系与简支梁跨中节点的散射关系相同,即式(3-181)。节点 3 为中间刚性支座,由连续条件和力的平衡条件可求得其散射关系。

其连续条件和力的平衡条件为

$$v_3^{32} = 0 \tag{3-192}$$

$$v_3^{34} = 0 \tag{3-193}$$

$$\psi_3^{32} = \psi_3^{34} \tag{3-194}$$

$$M_3^{32} + M_3^{34} = 0 \tag{3-195}$$

梁的本构关系为

$$v(x,\omega) = v_b(x,\omega) + v_s(x,\omega) \tag{3-196}$$

$$\psi(x,\omega) = \frac{\mathrm{d}v_b(x,\omega)}{\mathrm{d}x} \tag{3-197}$$

$$M(x,\omega) = EI\frac{\mathrm{d}^2 v_b(x,\omega)}{\mathrm{d}x^2} \tag{3-198}$$

$$V(x,\omega) = \kappa AG\frac{\mathrm{d}v_s(x,\omega)}{\mathrm{d}x} \tag{3-199}$$

联立式(3-192)~式(3-199)可以得到

$$
\begin{bmatrix}
1+\alpha_1 & 1+\alpha_2 & 0 & 0 \\
0 & 0 & 1+\alpha_1 & 1+\alpha_2 \\
-k_1 & -k_2 & k_1 & k_2 \\
k_1^2 & k_2^2 & k_1^2 & k_2^2
\end{bmatrix}
\begin{bmatrix}
a_1^{32} \\ a_2^{32} \\ a_1^{34} \\ a_2^{34}
\end{bmatrix}
$$

$$
=
\begin{bmatrix}
-(1+\alpha_1) & -(1+\alpha_2) & 0 & 0 \\
0 & 0 & -(1+\alpha_1) & -(1+\alpha_2) \\
-k_1 & -k_2 & k_1 & k_2 \\
-k_1^2 & -k_2^2 & -k_1^2 & -k_2^2
\end{bmatrix}
\begin{bmatrix}
d_1^{32} \\ d_2^{32} \\ d_1^{34} \\ d_2^{34}
\end{bmatrix}
\tag{3-200}
$$

式(3-200)可写成

$$\boldsymbol{d}^3 = \boldsymbol{S}^3 \boldsymbol{a}^3 \tag{3-201}$$

其中,$\boldsymbol{a}^3 = \begin{bmatrix} a_1^{32} & a_2^{32} & a_1^{34} & a_2^{34} \end{bmatrix}$,$\boldsymbol{d}^3 = \begin{bmatrix} d_1^{32} & d_2^{32} & d_1^{34} & d_2^{34} \end{bmatrix}$,$\boldsymbol{S}^3 =$

$$
\begin{bmatrix}
-(1+\alpha_1) & -(1+\alpha_2) & 0 & 0 \\
0 & 0 & -(1+\alpha_1) & -(1+\alpha_2) \\
k_1 & k_2 & -k_1 & -k_2 \\
-k_1^2 & -k_2^2 & -k_1^2 & -k_2^2
\end{bmatrix}^{-1}
\begin{bmatrix}
1+\alpha_1 & 1+\alpha_2 & 0 & 0 \\
0 & 0 & 1+\alpha_1 & 1+\alpha_2 \\
k_1 & k_2 & k_1 & k_2 \\
k_1^2 & k_2^2 & k_1^2 & k_2^2
\end{bmatrix}。
$$

整体散射矩阵为

$$S = \begin{bmatrix} S^1 & 0_{2\times4} & 0_{2\times4} & 0_{2\times2} \\ 0_{4\times2} & S^2 & 0_{4\times4} & 0_{4\times2} \\ 0_{4\times2} & 0_{4\times4} & S^3 & 0_{4\times2} \\ 0_{4\times2} & 0_{2\times4} & 0_{2\times4} & S^4 \end{bmatrix}_{12\times12} \qquad (3-202)$$

相位变换矩阵为

$$P = \begin{bmatrix} P^{12} & 0_{4\times4} & 0_{4\times4} \\ 0_{4\times4} & P^{23} & 0_{4\times4} \\ 0_{4\times4} & 0_{4\times4} & P^{34} \end{bmatrix} \qquad (3-203)$$

$$P^{IJ} = \begin{bmatrix} -\mathrm{e}^{-k_1 l^{IJ}} & 0 & 0 & 0 \\ 0 & -\mathrm{e}^{-k_1 l^{IJ}} & 0 & 0 \\ 0 & 0 & -\mathrm{e}^{-k_1 l^{IJ}} & 0 \\ 0 & 0 & 0 & -\mathrm{e}^{-k_1 l^{IJ}} \end{bmatrix} \qquad (3-204)$$

置换矩阵为

$$U = \begin{bmatrix} U^0 & 0_{4\times4} & 0_{4\times4} \\ 0_{4\times4} & U^0 & 0_{4\times4} \\ 0_{4\times4} & 0_{4\times4} & U^0 \end{bmatrix} \qquad (3-205)$$

回传矩阵为

$$R = SPU \qquad (3-206)$$

则有

$$d = [I - R]^{-1}s, a = PUd \qquad (3-207)$$

求得参数 a 和 d 之后,求解稳态响应的方法与单跨梁稳态响应的方法相同。

3.5.6　变截面梁的稳态响应

以两端简支的单跨梁,跨中为边界,左端与右端的材料属性不同为例。将系统离散为三个节点 1,2,3,首先求系统的散射矩阵。对于节点 1 有

$$k_{11}(\omega) = \frac{\omega}{\sqrt{2}c_{11}}\sqrt{1 + \eta_1 + \sqrt{(1+\eta_1)^2 - 4\left(\eta_1 - \frac{c_{11}^2}{R\omega}\right)}} \qquad (3-208)$$

$$k_{12}(\omega) = \frac{\omega}{\sqrt{2}\,c_{11}}\sqrt{1 + \eta_1 - \sqrt{(1+\eta_1)^2 - 4\left(\eta_1 - \frac{c_{11}^2}{R\omega}\right)}} \qquad (3-209)$$

$$a_1^{12}(\omega) = -R^2\,\frac{\omega^2 - c_{11}^2 k_{11}^2}{\kappa_1 c_{s1}^2} \qquad (3-210)$$

$$a_2^{12}(\omega) = -R^2\,\frac{\omega^2 - c_{11}^2 k_{12}^2}{\kappa_1 c_{s1}^2} \qquad (3-211)$$

式中，$c_{11} = \sqrt{E_1/\rho_1}$；$\eta_1 = E_1/\kappa_1 G_1$；$c_{s1} = \sqrt{G_1/\rho_1}$；$R = \sqrt{I/A}$。

对于节点 1，其边界条件为

$$v^{12}(0,\omega) = v_b^{12}(0,\omega) + v_s^{12}(0,\omega) = 0 \qquad (3-212)$$

$$M^{12}(0,\omega) = EI\,\frac{\mathrm{d}^2 v_b^{12}(0,\omega)}{\mathrm{d}x^2} = 0 \qquad (3-213)$$

将边界条件带入，写成矩阵形式为

$$\begin{bmatrix} 1+\alpha_{11} & 1+\alpha_{12} \\ -k_{11}^2 & -k_{12}^2 \end{bmatrix}\begin{bmatrix} a_1^{12} \\ a_2^{12} \end{bmatrix} = \begin{bmatrix} -(1+\alpha_{11}) & -(1+\alpha_{12}) \\ k_{11}^2 & k_{12}^2 \end{bmatrix}\begin{bmatrix} d_1^{12} \\ d_2^{12} \end{bmatrix} \qquad (3-214)$$

式中，$\boldsymbol{a}^1 = \begin{bmatrix} a_1^{12} & a_2^{12} \end{bmatrix}$；$\boldsymbol{d}^1 = \begin{bmatrix} d_1^{12} & d_2^{12} \end{bmatrix}$，则式(3-165)可写成

$$\boldsymbol{d}^1 = \boldsymbol{S}^1 \boldsymbol{a}^1 \qquad (3-215)$$

其中，$\boldsymbol{S}^1 = \begin{bmatrix} -(1+\alpha_{11}) & -(1+\alpha_{12}) \\ k_{11}^2 & k_{12}^2 \end{bmatrix}^{-1}\begin{bmatrix} 1+\alpha_{11} & 1+\alpha_{12} \\ -k_{11}^2 & -k_{12}^2 \end{bmatrix}$。

对于节点 3，同理可得

$$k_{21}(\omega) = \frac{\omega}{\sqrt{2}\,c_{12}}\sqrt{1 + \eta_2 + \sqrt{(1+\eta_2)^2 - 4\left(\eta_2 - \frac{c_{12}^2}{R\omega}\right)}} \qquad (3-216)$$

$$k_{22}(\omega) = \frac{\omega}{\sqrt{2}\,c_{12}}\sqrt{1 + \eta_2 - \sqrt{(1+\eta_2)^2 - 4\left(\eta_1 - \frac{c_{12}^2}{R\omega}\right)}} \qquad (3-217)$$

$$a_1^{32}(\omega) = -R^2\,\frac{\omega^2 - c_{12}^2 k_{21}^2}{\kappa_2 c_{s2}} \qquad (3-218)$$

$$a_2^{32}(\omega) = -R^2\,\frac{\omega^2 - c_{12}^2 k_{22}^2}{\kappa_2 c_{s2}} \qquad (3-219)$$

式中：$c_{12} = \sqrt{E_2/\rho_2}$；$\eta_2 = E_2/\kappa_2 G_2$；$c_{s2} = \sqrt{G_2/\rho_2}$；$R = \sqrt{I/A}$。

其边界条件如同式(3-212)与式(3-213)，同理可得

$$\boldsymbol{d}^3 = \boldsymbol{S}^3 \boldsymbol{a}^3 \qquad (3-220)$$

式 中，$\boldsymbol{a}^3 = \begin{bmatrix} a_1^{32} & a_2^{32} \end{bmatrix}$，$\boldsymbol{d}^3 = \begin{bmatrix} d_1^{32} & d_2^{32} \end{bmatrix}$，$\boldsymbol{S}^3 =$

$$\begin{bmatrix} -(1+\alpha_{21}) & -(1+\alpha_{22}) \\ k_{21}^2 & k_{22}^2 \end{bmatrix}^{-1} \begin{bmatrix} 1+\alpha_{21} & 1+\alpha_{22} \\ -k_{21}^2 & -k_{22}^2 \end{bmatrix}。$$

对于节点 2，其力平衡和位移平衡如式（3 - 192）~式（3 - 195），本构关系如式（3 - 196）~式（3 - 199）。

联立式（3 - 192）~式（3 - 199），得

$$\begin{bmatrix} 1+\alpha_{11} & 1+\alpha_{21} & 1+\alpha_{12} & 1+\alpha_{22} \\ ik_{11} & ik_{21} & -ik_{12} & -ik_{22} \\ -k_{11}^2 & -k_{21}^2 & -k_{12}^2 & -k_{22}^2 \\ ik_{11}\alpha_{11} & ik_{21}\alpha_{21} & -ik_{12}\alpha_{12} & -ik_{22}\alpha_{22} \end{bmatrix} \begin{bmatrix} a_1^{21} \\ a_2^{21} \\ a_1^{23} \\ a_2^{23} \end{bmatrix} + \begin{bmatrix} 0 \\ 0 \\ 0 \\ p_o \end{bmatrix}$$

$$= \begin{bmatrix} -(1+\alpha_{11}) & -(1+\alpha_{21}) & -(1+\alpha_{12}) & -(1+\alpha_{22}) \\ ik_{11} & ik_{21} & -ik_{12} & -ik_{22} \\ k_{11}^2 & k_{21}^2 & k_{12}^2 & k_{22}^2 \\ ik_{11}\alpha_{11} & ik_{21}\alpha_{21} & -ik_{12}\alpha_{12} & -ik_{22}\alpha_{22} \end{bmatrix} \begin{bmatrix} d_1^{21} \\ d_2^{21} \\ d_1^{23} \\ d_2^{23} \end{bmatrix} \qquad (3 - 221)$$

令

$$\boldsymbol{s}^2 = \begin{bmatrix} 0 & 0 & 0 & p_o \end{bmatrix}^{\mathrm{T}} \qquad (3 - 222)$$

$$\boldsymbol{e}_1 = \begin{bmatrix} 1+\alpha_{11} & 1+\alpha_{21} & 1+\alpha_{12} & 1+\alpha_{22} \\ ik_{11} & ik_{21} & -ik_{12} & -ik_{22} \\ -k_{11}^2 & -k_{21}^2 & -k_{12}^2 & -k_{22}^2 \\ ik_{11}\alpha_{11} & ik_{21}\alpha_{21} & -ik_{12}\alpha_{12} & -ik_{22}\alpha_{22} \end{bmatrix} \qquad (3 - 223)$$

$$\boldsymbol{e}_2 = \begin{bmatrix} -(1+\alpha_{11}) & -(1+\alpha_{21}) & -(1+\alpha_{12}) & -(1+\alpha_{22}) \\ ik_{11} & ik_{21} & -ik_{12} & -ik_{22} \\ k_{11}^2 & k_{21}^2 & k_{12}^2 & k_{22}^2 \\ ik_{11}\alpha_{11} & ik_{21}\alpha_{21} & -ik_{12}\alpha_{12} & -ik_{22}\alpha_{22} \end{bmatrix} \qquad (3 - 224)$$

则式（3 - 221）可以写成

$$\boldsymbol{e}_1 \boldsymbol{a}^2 + \boldsymbol{s}^2 = \boldsymbol{e}_2 \boldsymbol{d}^2 \qquad (3 - 225)$$

则节点 2 的散射矩阵可以写成

$$\boldsymbol{S}^2 = \boldsymbol{e}_2^{-1} \boldsymbol{e}_1 \qquad (3 - 226)$$

整体的散射方程为

$$\boldsymbol{d} = \boldsymbol{S}\boldsymbol{a} + \boldsymbol{s} \qquad (3 - 227)$$

式中，$d = \begin{bmatrix} d^1 & d^2 & d^3 \end{bmatrix}^T_{1 \times 8}$，$a = \begin{bmatrix} a^1 & a^2 & a^3 \end{bmatrix}^T_{1 \times 8}$，$s = \begin{bmatrix} \mathbf{0}_{1 \times 2} & s^2 & \mathbf{0}_{1 \times 2} \end{bmatrix}^T_{1 \times 8}$，

$$S = \begin{bmatrix} S^1 & \mathbf{0}_{2 \times 4} & \mathbf{0}_{2 \times 2} \\ \mathbf{0}_{4 \times 2} & S^2 & \mathbf{0}_{4 \times 2} \\ \mathbf{0}_{2 \times 2} & \mathbf{0}_{2 \times 4} & S^3 \end{bmatrix}。$$

相位变换矩阵为

$$P = \begin{bmatrix} P^{12} & \mathbf{0}_{4 \times 4} \\ \mathbf{0}_{4 \times 4} & P^{23} \end{bmatrix} \tag{3-228}$$

$$P^{12} = \begin{bmatrix} -e^{-k_1 l^{12}} & 0 & 0 & 0 \\ 0 & -e^{-k_2 l^{12}} & 0 & 0 \\ 0 & 0 & -e^{-k_1 l^{12}} & 0 \\ 0 & 0 & 0 & -e^{-k_2 l^{12}} \end{bmatrix} \tag{3-229}$$

$$P^{23} = \begin{bmatrix} -e^{-k_1 l^{23}} & 0 & 0 & 0 \\ 0 & -e^{-k_2 l^{23}} & 0 & 0 \\ 0 & 0 & -e^{-k_1 l^{23}} & 0 \\ 0 & 0 & 0 & -e^{-k_2 l^{23}} \end{bmatrix} \tag{3-230}$$

整体置换矩阵为

$$U = \begin{bmatrix} U_0 & \mathbf{0}_{4 \times 4} \\ \mathbf{0}_{4 \times 4} & U_0 \end{bmatrix}_{8 \times 8}, U_0 = \begin{bmatrix} 0 & 0 & 1 & 0 \\ 0 & 0 & 0 & 1 \\ 1 & 0 & 0 & 0 \\ 0 & 1 & 0 & 0 \end{bmatrix} \tag{3-231}$$

回传矩阵为

$$R = SPU \tag{3-232}$$

则有

$$d = \begin{bmatrix} I - R \end{bmatrix}^{-1} s, a = PUd \tag{3-233}$$

变截面的情况可以分为三种：一为材料属性变化截面形状和尺寸不变化；二为材料属性和截面面积不变但是截面形状变化；三为材料属性和截面形状都发生变化。

3.6　本章小结

本章对船体梁的振动特性进行了分析。首先分析了船体梁振动波的传递特性，得到梁的频散现象。接着对 Euler 梁的振动理论进行了详细的描述和推导。在此基础上，对考虑了剪切变形和弯曲作用的 Timoshenko 梁的振动理论进行了推导，得到其横振动微分方程，推导发现剪切的作用使系统的刚度下降，转动惯量使系统的有效质量增加，这两方面的影响均使系统的固有频率降低。其中剪切变形的影响大于转动惯量的影响。

进一步讨论弹性基础梁和轴向力对梁横振动的影响：弹性基础相当于增加弯曲刚度，故使固有频率提高，轴向压力相当于减小弯曲刚度，因而使固有频率降低。反之则轴向拉力使固有频率提高。

接下来对船体梁的振动响应计算进行了介绍。首先采用主坐标法即模态叠加法分别讨论了无阻尼和有阻尼的梁的动力响应，然后详细论述了回传射线矩阵法的基本原理和计算方法。应用回传射线矩阵法分别对单跨 Timoshenko 梁、两跨 Timoshenko 梁和变截面梁的稳态响应进行了推导计算。可以发现，回传射线矩阵法把波在结构内传播的反射、回传等物理性质通过数学表达出来，使波的计算的物理意义更加明确。同时，其简洁明了的计算过程也有助于计算机编程计算的实现，提高了计算精度和计算效率。

参考文献

[1]　王献忠，许瑞阳，漆琼芳，等. 水下组合壳结构的声振特性研究[C].第十五届船舶水下噪声学术讨论会论文集.中国造船工程学会，船舶震动噪声重点实验室:中国船舶科学研究中心《船舶力学》编辑部，2015:84-89.

[2]　姚熊亮，王献忠，孙龙泉，等. 复杂结构中频声振问题的方法研究[J]. 振动工程学报，2011(04):116-121.

[3]　庞福振，吴闯，王献忠，等. 水下加筋圆柱壳声辐射特性分析的改进精细

传递矩阵法[J]. 振动与冲击, 2017(22):131-137.

[4] 许瑞阳, 王献忠, 吴卫国. 基于改进传递矩阵法的环肋圆柱壳固有振动分析[J]. 噪声与振动控制, 2016, 36(003):21-25.

[5] 王献忠. 方案设计阶段舰艇结构振动声辐射模型分析与计算方法研究[D]. 哈尔滨:哈尔滨工程大学,2013.

[6] 王献忠, 许瑞阳. 以任意角度连接的船体板的振动特性[J]. 中国造船, 2016, 57(02):56-66.

[7] WANG X, ZHANG A M, PANG F, et al. Noise reduction analysis for a stiffened finite plate[J]. Journal of Sound & Vibration, 2014, 333(1):228-245.

[8] HOWARD S M, PAO Y H. Analysis and experiments on stress waves in planar trusses[J]. Journal of Engineering Mechanics, 1998, 124(8):884-891.

第4章
船体板结构的振动噪声特性

水下航行器的主辅机舱等噪声源舱段一般为大开口舱段,而位于水线以下的舷侧外板为纵横交叉的加筋板,并在重要舱段敷设有较大阻尼损耗因子的黏弹性阻尼材料。同时考虑有曲率潜艇结构的复杂性,在环频率以上,取一个简单而典型的情况进行机理研究是合适的。考虑到环频率以上频率较高,只有部分壳体沿轴向和周向以波动形式发生振动,曲率对壳体结构的影响可以忽略。这时敷阻尼的加筋板模型可以用来模拟潜艇局部结构受外激励下的振动和声辐射情况,进而大大简化了舰船结构的计算模型。因此,研究这种敷阻尼加筋板的声振特性具有重要的工程指导意义。

有限长加筋板结构的振动和声辐射是结构声学的热点研究方向之一。加筋板结构是舰艇结构中常用的结构形式,现在针对加筋板结构的振动问题研究已经基本成熟,文献系统归纳了加筋板的动力学响应问题的计算方法。然而,针对敷设黏弹性阻尼的加筋板的动力学问题研究却很少,很难满足工程实践的需要。

本章以半无限水域中敷设阻尼层的有限长加筋板为计算模型,对其振动与声辐射进行分析。首先,采用弹性理论对阻尼层进行建模,利用模态叠加理论构造阻尼层动响应的级数解形式。然后,将材料的损耗因子通过复弹性模量的形式计入计算中,将加强筋的作用作为反作用力进行处理,进而根据各交界面处(加筋板/阻尼层交界面,阻尼层/流体介质)的连续条件,建立敷设阻尼层的加筋板计算模型。最后,通过分别考虑交界面处的变形协调条件,组成了声－流－固耦合振动方程,并在书中给出了敷设阻尼层的有限长加筋板的振动与声辐射的近似解析解。

4.1 敷设阻尼加筋板的理论模型

取图 4 - 1 所示的浸没在半无限水域的敷设阻尼层有限长加筋板,设加筋板的长度为 a,宽度为 b,厚度为 h。加筋板弹性模量为 E_1,泊松比为 υ_1,密度为 ρ_1,损耗因子为 η_1,阻尼层弹性模量为 E_2,泊松比为 υ_2,密度为 ρ_2,损耗因子为 η_2,动态弹性模量 $E_j = E_j(1 + i\eta_j)(j = 1,2)$。流体密度为 ρ_3,声速为 v_3。该有限长加筋薄板四边周围连接有无限大障板,薄板的振动用中面在 z 方向的位移 w 表示,该理论模型采用的坐标系如图 4 - 1 所示。

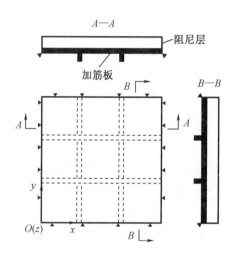

图 4 - 1 敷阻尼加筋板的计算模型示意图

4.1.1 阻尼层的力学模型

由弹性力学可知,用位移表示的 Navier 方程为

$$(\lambda + \mu)\nabla(\nabla \cdot \boldsymbol{u}) + \mu \nabla^2 \boldsymbol{u} = \rho \frac{\partial^2 \boldsymbol{u}}{\partial t^2} \qquad (4-1)$$

式中　$\lambda \, \mu$——拉梅常数;

　　$\boldsymbol{u}$——位移向量,$\boldsymbol{u} = u\boldsymbol{i} + v\boldsymbol{j} + w\boldsymbol{k}$;

ρ——阻尼层密度。

该方程的解可以用标量势 Φ 和向量势 H 表示，$u = \nabla\Phi + \nabla\times H$。$\Phi$ 是无旋的，$\nabla\times\nabla\Phi = 0$，表示与转动无关的运动分量。$H = H_x i + H_y j + H_z k$，表示纯转动（切向）运动。

阻尼层的运动由于仅仅考虑纵波和横波的影响，$\nabla\times H = 0$。因此向量波动方程可分解为

$$\nabla^2\Phi = \frac{1}{c_1^2}\frac{\partial^2\Phi}{\partial t^2} \tag{4-2}$$

$$\nabla^2 H = \frac{1}{c_2^2}\frac{\partial^2 H}{\partial t^2} \tag{4-3}$$

式中，纵、横波速分别为 $c_1 = \sqrt{(\lambda+2\mu)/\rho}$，$c_2 = \sqrt{\mu/\rho}$。

阻尼层边界条件（如图 4-1 所示）为

$$u\big|_{x=0,a} = 0 \tag{4-4}$$

$$v\big|_{y=0,b} = 0 \tag{4-5}$$

$$w\big|_{x=0,a;y=0,b} = 0 \tag{4-6}$$

由 $u = \nabla\Phi + \nabla\times H$，通过分离变量法，可假定如下形式的解，式子忽略 $\exp(i\omega t)$ 项，有

$$\Phi = \sum_{m=0}^{\infty}\sum_{n=0}^{\infty}\Phi_{mn}\sin\left(\frac{m\pi x}{a}\right)\sin\left(\frac{n\pi y}{b}\right) \tag{4-7}$$

$$H_x = \sum_{m=0}^{\infty}\sum_{n=0}^{\infty}H_{mn}^x\sin\left(\frac{m\pi x}{a}\right)\cos\left(\frac{n\pi y}{b}\right) \tag{4-8}$$

$$H_y = \sum_{m=0}^{\infty}\sum_{n=0}^{\infty}H_{mn}^y\cos\left(\frac{m\pi x}{a}\right)\sin\left(\frac{n\pi y}{b}\right) \tag{4-9}$$

$$H_z = \sum_{m=0}^{\infty}\sum_{n=0}^{\infty}H_{mn}^z\cos\left(\frac{m\pi x}{a}\right)\cos\left(\frac{n\pi y}{b}\right) \tag{4-10}$$

将式(4-4)代入到式(4-2)中，可得

$$\alpha_{mn}^2\varphi_{mn} + \frac{\partial^2\varphi_{mn}}{\partial z^2} = 0 \tag{4-11}$$

$$\beta_{mn}^2 H_{mn}^i + \frac{\partial^2 H_{mn}^i}{\partial n_i^2} = 0 \tag{4-12}$$

式中，i 代表 x,y,z。进而式(4-5)的解可以用下式表示：

$$\varphi_{mn} = b_{mn}\cos(\alpha_{mn}z) + c_{mn}\sin(\alpha_{mn}z) \tag{4-13}$$

$$H_{mn}^x = d_{mn}\cos(\beta_{mn}z) + e_{mn}\sin(\beta_{mn}z) \tag{4-14}$$

$$H^y_{mn} = f_{mn}\cos(\beta_{mn}z) + g_{mn}\sin(\beta_{mn}z) \tag{4-15}$$

$$H^z_{mn} = h_{mn}\cos(\beta_{mn}z) + l_{mn}\sin(\beta_{mn}z) \tag{4-16}$$

式中，$\alpha^2_{mn} = \dfrac{\omega^2}{c^2_1} - \left(\dfrac{m\pi}{a}\right)^2 - \left(\dfrac{n\pi}{b}\right)^2$，$\beta^2_{nm} = \dfrac{\omega^2}{c^2_2} - \left(\dfrac{m\pi}{a}\right)^2 - \left(\dfrac{n\pi}{b}\right)^2$。

$H^i_{mn}(i = x, y, z)$ 满足方程 $\nabla \cdot \boldsymbol{H} = 0$，即

$$\sum_i \frac{\partial H^i_{mn}}{\partial i} = 0 \tag{4-17}$$

将式(4-4)、式(4-6)代入到式(4-3)、式(4-7)中可得

$$\begin{bmatrix} u \\ v \\ w \end{bmatrix} = \sum_{mn=0}^{\infty} \begin{bmatrix} \cos\left(\dfrac{m\pi x}{a}\right)\sin\left(\dfrac{n\pi y}{b}\right) & & \\ & \sin\left(\dfrac{m\pi x}{a}\right)\cos\left(\dfrac{n\pi y}{b}\right) & \\ & & \sin\left(\dfrac{m\pi x}{a}\right)\sin\left(\dfrac{n\pi y}{b}\right) \end{bmatrix} \begin{bmatrix} u_{mn} \\ v_{mn} \\ w_{mn} \end{bmatrix} \tag{4-18}$$

4.1.2　有限加筋板的弯曲振动

有限薄板的弯曲振动方程可表示为

$$D\nabla^4 w_p - \rho h\omega^2 w_p = F(x, y) - \sigma_z(x, y) \tag{4-19}$$

式中　D——矩形薄板的弯曲刚度，$D = E_1 h_1^3 / [12(1 - v^2)]$；

$F(x, y)$——作用在矩形板上的激励力，激励力可写成

$$F(x, y) = \sum_{k=1}^{N_F} F_k\delta(x - x_k)\delta(y - y_k) \text{ 或 } F(x, y) = F_0 \exp ik(x\sin\theta + z\cos\theta) \tag{4-20}$$

其中，前者代表板结构受到集中力激励，后者代表板受到声波入射激励。

$\sigma_z(x, y)$ 为阻尼层对矩形薄板的反作用力，依据线弹性理论可得到应力与位移的关系，进而可得

$$\sigma_z(x, y) = \sum_{m=0}^{\infty} \sum_{n=0}^{\infty} \sigma^z_{mn}\sin\left(\frac{m\pi x}{a}\right)\sin\left(\frac{n\pi y}{b}\right) \tag{4-21a}$$

$$\tau_{xz} = \mu\left(\frac{\partial u}{\partial z} + \frac{\partial w}{\partial x}\right) = \sum_{m=0}^{\infty} \sum_{n=0}^{\infty} \tau^{xz}_{mn}\cos\left(\frac{m\pi x}{a}\right)\sin\left(\frac{n\pi y}{b}\right) \tag{4-21b}$$

$$\tau_{yz} = \mu\left(\frac{\partial v}{\partial z} + \frac{\partial w}{\partial y}\right) = \sum_{m=0}^{\infty} \sum_{n=0}^{\infty} \tau^{yz}_{mn}\sin\left(\frac{m\pi x}{a}\right)\cos\left(\frac{n\pi y}{b}\right) \tag{4-21c}$$

式中 σ_z——阻尼层的主应力;

τ_{xz}、τ_{yz}——阻尼层的切向应力;

σ_{mn}^z、τ_{mn}^{xz}、τ_{mn}^{yz} 的表达式可表示为

$$\begin{bmatrix} \sigma_{mn}^z \\ \tau_{mn}^{xz} \\ \tau_{mn}^{yz} \end{bmatrix}\begin{bmatrix} bb_1 & cc_1 & dd_1 & ee_1 & ff_1 & gg_1 \\ bb_2 & cc_2 & dd_2 & ee_2 & ff_2 & gg_2 \\ bb_3 & cc_3 & dd_3 & ee_3 & ff_3 & gg_3 \end{bmatrix}\begin{bmatrix} b_{mn} \\ c_{mn} \\ d_{mn} \\ e_{mn} \\ f_{mn} \\ g_{mn} \end{bmatrix} \tag{4-22}$$

对于矩形薄板的四边简支情况,其边界条件为

$$w_p \big|_{x=0,a,y=0,b} = 0 \tag{4-23a}$$

$$\frac{\partial^2 w_p}{\partial x^2}\bigg|_{y=0,b} = 0 \tag{4-23b}$$

$$\frac{\partial^2 w_p}{\partial y^2}\bigg|_{x=0,a} = 0 \tag{4-23c}$$

利用模态分析法,满足给定边界条件的自由振动模式解为 W_{pq},则有

$$D\,\nabla^4 W_{pq} - \rho h \omega_{mn}^2 W_{pq} = 0 \tag{4-24}$$

对应矩形板四边简支情况下的本征函数为

$$W_{pq} = \sin\left(\frac{p\pi x}{a}\right)\sin\left(\frac{q\pi y}{b}\right) \tag{4-25}$$

对应的本征值为

$$\mu_{pq}^4 = \frac{\rho h}{D}\omega_{mn}^2 \tag{4-26}$$

因此式(4-10)解可以写为

$$w_p = \sum_{p=0}^{\infty}\sum_{q=0}^{\infty} a_{pq}\sin\left(\frac{p\pi x}{a}\right)\sin\left(\frac{q\pi y}{b}\right) \tag{4-27}$$

对于加筋,其满足的方程为

$$EI_x\frac{\partial^4 w_p(x,y)}{\partial y^4} - \omega^2 m_x w_p(x,y) = G_m(x,y) \tag{4-28a}$$

$$EI_y\frac{\partial^4 w_p(x,y)}{\partial x^4} - \omega^2 m_y w_p(x,y) = H_n(x,y) \tag{4-28b}$$

与板的位移形式相似,加筋反力也可以写成双级数形式,加筋的反力如下式所示:

$$G_m(x_m, y) = \sum_{p=0}^{\infty} \sum_{q=0}^{\infty} G_{pq}^m \sin\left(\frac{p\pi x_m}{a}\right) \sin\left(\frac{q\pi y}{b}\right) \qquad (4-29\mathrm{a})$$

$$H_n(x, y_n) = \sum_{p=0}^{\infty} \sum_{q=0}^{\infty} H_{pq}^n \sin\left(\frac{p\pi x}{a}\right) \sin\left(\frac{q\pi y_n}{b}\right) \qquad (4-29\mathrm{b})$$

式中　x_m、y_n——加筋的 x、y 向位置；

　　　$G_m(x, y)$、$H_n(x, y)$——加筋沿 x、y 方向对板的作用力。

将式(4-19)代入到式(4-29)，得到加筋反力的表达式为

$$G_{pq}^m = \left[EI_x \left(\frac{q\pi}{b}\right)^4 - \omega^2 m_b \right] a_{pq} \qquad (4-30\mathrm{a})$$

$$H_{pq}^n = \left[EI_y \left(\frac{p\pi}{a}\right)^4 - \omega^2 m_b \right] a_{pq} \qquad (4-30\mathrm{b})$$

有限加筋板的振动方程可以写为

$$D\nabla^4 w_p - \rho h \omega^2 w_p = F(x, y) - \sum_{m=1}^{\infty} G_m(x, y)\delta(x - x_m) - $$
$$\sum_{n=1}^{\infty} H_n(x, y)\delta(y - y_n) - \sigma_z(x, y) \qquad (4-31)$$

4.1.3　流体的波动方程

流体介质中声波的三维波动方程在笛卡儿坐标系中可以表示为

$$\frac{\partial^2 p(x, y, z)}{\partial x^2} + \frac{\partial^2 p(x, y, z)}{\partial y^2} + \frac{\partial^2 p(x, y, z)}{\partial z^2} - \frac{1}{c_0^2}\frac{\partial^2 p}{\partial t^2} = 0 \qquad (4-32)$$

$p(x, y, z)$ 是半无限流场域的声压值，根据流固耦合边界条件可得

$$\frac{\partial^2 w}{\partial t^2} = \frac{1}{\rho_0}\frac{\partial p}{\partial z}\bigg|_{z=h_2} \qquad (4-33)$$

由此根据严格的 Rayleigh 公式，有

$$p(x, y, z) = \frac{-\omega^2 \rho_0}{2\pi} \iint_S w(s) \frac{\mathrm{e}^{ik_0(R-R_0)}}{|R - R_0|} \mathrm{d}s \qquad (4-34)$$

式中　$w(s)$——阻尼层与流体交界面上的法相振速；

　　　R——场点；

　　　R_0——源点。

4.1.4　边界条件

由阻尼层与矩形薄板交界面处($z = 0$ 时)的边界位移连续条件可得

$$\frac{h_1}{2}\frac{\partial w_p}{\partial x} = u\big|_{z=0} \tag{4-35a}$$

$$\frac{h_1}{2}\frac{\partial w_p}{\partial y} = v\big|_{z=0} \tag{4-35b}$$

$$w_p = w\big|_{z=0} \tag{4-35c}$$

由阻尼层与流体介质交界面处的连续边界条件可知

$$\sigma_z(x,y) = -p(x,y)\big|_{z=h_2} \tag{4-36a}$$

$$\tau_{xz}(x,y,-h_2) = 0 \tag{4-36b}$$

$$\tau_{yz}(x,y,-h_2) = 0 \tag{4-36c}$$

将式 (4-11)、式 (4-12)、式 (4-18)、式 (4-29) 代入到式 (4-31) 后，两端乘以本征函数 W_{pq}，再对整个板面积分，对本征函数归一化后可得

$$\rho h(\omega_{pq}^2 - \omega^2)N_{pq}^2 a_{pq}$$

$$= \int_0^a\int_0^b (F(x,y) - \sigma_z(x,y,0))W_{pq}\mathrm{d}x\mathrm{d}y -$$

$$\left\{\sum_{pq}\left[EI_x\left(\frac{q\pi}{b}\right)^4 - \omega^2 m_b\right]\frac{b}{2}\sin^2\left(\frac{p\pi x_k}{a}\right) + \right.$$

$$\left.\sum_{pq}\left[EI_y\left(\frac{p\pi}{a}\right)^4 - \omega^2 m_b\right]\frac{a}{2}\sin^2\left(\frac{q\pi y_k}{b}\right)\right\}a_{pq} \tag{4-37}$$

式中，$\omega_{pq} = \sqrt{\dfrac{D}{\rho h}\left[\left(\dfrac{p\pi}{a}\right)^2 + \left(\dfrac{q\pi}{b}\right)^2\right]}$ 代表对应于 (m,n) 模态的固有频率，即板以 ω_{pq} 做自由振动时，板面振动幅度按以 (m,n) 模态函数 W_{pq} 分布。根据本征函数正交条件可知：对于矩形板，$N_{pq}^2 = ab/4$。

将式 (4-8)、式 (4-13)、式 (4-18)、式 (4-24) 代入到式 (4-35)、式 (4-36) 中可得联立方程组

$$\frac{h_1}{2}\frac{m\pi}{a}a_{mn} = u_{mn}\big|_{z=0} \tag{4-38a}$$

$$\frac{h_1}{2}\frac{n\pi}{b}a_{mn} = v_{mn}\big|_{z=0} \tag{4-38b}$$

$$a_{mn} = w_{mn}\big|_{z=0} \tag{4-38c}$$

$$\sum_{m=1}^{\infty}\sum_{n=1}^{\infty}\sigma_z^{mn}W_{mn} = \frac{\omega^2\rho_0}{2\pi}\iint_S\sum_{p=1}^{\infty}\sum_{q=1}^{\infty}w_{pq}W_{pq}\frac{\mathrm{e}^{\mathrm{i}k_0(R-R_0)}}{|R-R_0|}\mathrm{d}s\bigg|_{z=h_2} \tag{4-38d}$$

$$\tau_{xz}^{mn} = 0\big|_{z=h_2} \tag{4-38e}$$

$$\tau_{yz}^{mn} = 0\big|_{z=h_2} \tag{4-38f}$$

将式(4 – 38d)两端乘以本征函数 W_{mn},再对整个板面积分,对本征函数归一化后可得

$$N_{mn}^2 \sigma_z^{mn}(-h_2) = -i\omega \sum_{p=1}^{\infty} \sum_{q=1}^{\infty} w_{pq}(-h_2) Z_{pq}^{mn}(\omega) \qquad (4-39)$$

式中

$$Z_{pq}^{mn}(\omega) = i \frac{k\rho c}{2\pi} \int_0^a \int_0^b \int_0^a \int_0^b W_{mn}(x,y) W_{pq}(x',y') \cdot$$

$$\frac{e^{-ik_0[(x-x')^2+(y-y')^2]}}{[(x-x')^2+(y-y')^2]^{1/2}} dx dy dx' dy' \qquad (4-40)$$

为了便于数值计算,现将式(4 – 40)中的积分通过坐标变换简化为两重积分,把复数耦合系数变为无量纲系数形式,即

$$Z_{pq}^{mn} = Z_0(R_{pq}^{mn} - iX_{pq}^{mn}) \qquad (4-41)$$

式中,$Z_0 = 2\rho c$,ρc 为流体介质特性阻抗。当 $m = p$,$n = q$ 时,R_{pq}^{mn}、X_{pq}^{mn} 称为自耦合系数的实部和虚部,当 $m = 1$,$n = 1$ 时,不同号 (p,q) 模态与 $(1,1)$ 号模态互耦合系数为实部 R_{pq}^{11} 和虚部 X_{pq}^{11}。图 4 – 2 为计算的自辐射阻抗和互辐射阻抗。

当弯曲波波长与板厚接近时,即分析频率高于吻合频率的高频范围,应采用厚板理论描述有限矩形板的运动,因为此时矩形板的转动惯量和剪切作用不可忽略,例如 Timoshenko – Mindlin 运动方程为

$$\left(D\nabla^2 - \frac{\rho h^3}{12}\frac{\partial^2}{\partial t^2}\right)\left(\nabla^2 - \frac{\rho}{\kappa^2 G}\frac{\partial^2}{\partial t^2}\right)w(x,y) + \rho h \frac{\partial^2 w(x,y)}{\partial t^2}$$

$$= F(x,y) - \left(1 - \frac{D}{\kappa^2 Gh}\nabla^2 + \frac{\rho h^2}{12\kappa^2 G}\frac{\partial^2}{\partial t^2}\right)\sigma_z(x,y) - \sum_{m=1}^{\infty} G_m(x,y)\delta(x_m) - $$

$$\sum_{n=1}^{\infty} H_n(x,y)\delta(y_n) \qquad (4-42)$$

式中　　D——板的弯曲刚度;

　　　　ρ、h、G——平板的密度、厚度、剪切模量;

　　　　κ——瑞利波速与剪切波速的比值;对于泊松比为 0.3 的材料,$\kappa = 0.93$。

将式(4 – 37)、式(4 – 38)、式(4 – 39)联立后可得 a_{mn}、b_{mn}、c_{mn}、d_{mn}、e_{mn}、f_{mn}、g_{mn}。将上述系数带入式(4 – 8)、式(4 – 18)、式(4 – 34)中可得所求的覆阻尼加筋板的振动速度和声压。

对于矩形复合板来说,薄板表面的振动均方速度为

$$\bar{v}_p^2 = \frac{\omega^2}{2ab} \int_0^a \int_0^b w_p w_p^* \, dx dy = \frac{\omega^2}{8} \sum_{p=1}^{\infty} \sum_{q=1}^{\infty} |a_{pq}|^2 \qquad (4-43)$$

阻尼层湿表面的振动均方速度为

$$\bar{v^2} = \frac{\omega^2}{2ab}\int_0^a\int_0^b ww^*(z = -h_2)\mathrm{d}x\mathrm{d}y = \frac{\omega^2}{8}\sum_m\sum_n|w_{pq}|^2 \qquad (4-44)$$

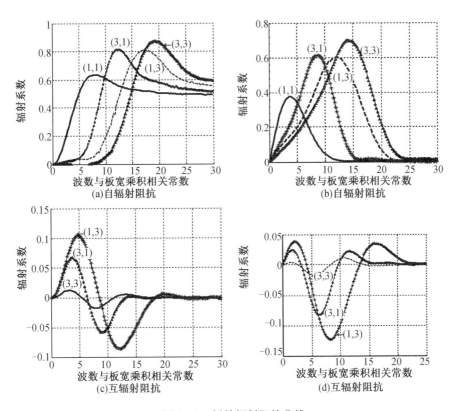

图 4 - 2　板的辐射阻抗曲线

|4.2　船体板的振动特性|

4.2.1　求解过程

本书采用了模态迭加法来描述加筋板结构的声振响应,这就必须保证有足够多的模态数使数值计算结果趋于收敛,同时数值计算结果需要满足计算分析要求,通过计算整个频带的上限频率值所需的模态数得到数值计算的截断模态。

这是由于数值预报结果在某一给定频率下收敛,则该结果对于低于该频率下的所有频率均收敛。在本书中认为,一旦前后相邻模态数迭代预报结果之差的绝对值小于给定阈值(本书中取 10^{-3} dB),则认为该模态数下的数值预报结果收敛。图 4-3 中给出了本书方法的数值计算流程。

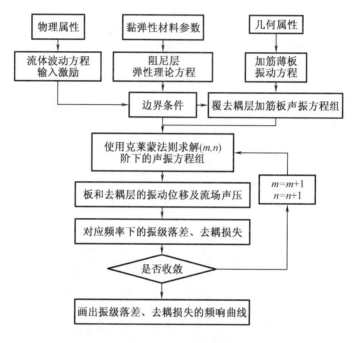

图 4-3　数值计算流程图

图 4-4 为数值计算模型结构参数为表 4-1 中所示参数在频率为 10 Hz 时加筋板的振动均方速度收敛曲线。图 4-5 为加筋板在 5 kHz 时的振动均方速度收敛曲线。通过对比可以发现,随着频率的增加,数值计算收敛所需的截断模态也随之增加。当模态数 m、n 取为 10 时,能够满足计算精度的要求。

为准确描述阻尼层的减振降噪效果,书中依据阻尼层的作用机理,定义了去耦损失 NR、振级落差来衡量阻尼层的声学性能。

1. 振级落差 VR

敷设阻尼层后板表面和阻尼层表面均方速度比值为 $\overline{w_p^2}/\overline{w^2}$,则定义阻尼层对矩形薄板振动速度的振级落差为

$$VR = 10\lg\left(\frac{\overline{w_p^2}}{\overline{w^2}}\right) \qquad (4-45)$$

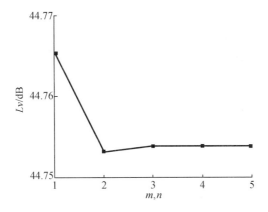

图 4 - 4 10 Hz 时有限长加筋板的振动均方速度的收敛曲线

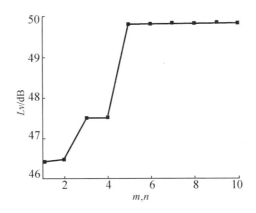

图 4 - 5 5 kHz 时有限长加筋板的振动均方速度的收敛曲线

2. 去耦损失 *NR*

在相同激励载荷条件下, 敷设阻尼层前后水听器测点声压比值为 $\bar{p}_{\text{plate}}^2/$ $\bar{p}_{\text{decoupling}}^2$, 其中声压取在距板中心六米位置处的值, 则定义阻尼层对矩形薄板辐射声压的去耦损失为

$$NR = 10\lg\left(\frac{\bar{p}_{\text{plate}}^2}{\bar{p}_{\text{decoupling}}^2}\right) \qquad (4 - 46)$$

表 4 - 1   敷设阻尼层有限加筋板的材料和结构参数

参数	加强筋	基板	阻尼层
边长 a/m	—	1.2	1.2
$\rho/(kg \cdot m^{-3})$	785	7850	600
$E/(N \cdot m^{-2})$	2.1×10^{11}	2.1×10^{11}	7.2×10^6
ν	0.3	0.3	0.38
h/m	—	0.009	0.05
η	5×10^{-3}	5×10^{-3}	0.5
骨材间距 $l_x \backslash l_y/m$	0.3	—	—
骨材截面面积 A/m^2	1×10^{-4}	—	—
惯性矩 $I_x \backslash I_y/m^4$	5.15×10^{-8}	—	—

4.2.2　数值计算结果

1. 剪切波的影响

从图 4 - 6 中可以看出阻尼中剪切波对结构减振降噪作用的影响。A berry 给出了有限大板时阻尼层中剪切波对结构声辐射的影响,并得出了结论:剪切波对辐射声功率的影响作用在低频段。在研究时,通过忽略方程中的向量势,仅保留方程中的标量势,即仅保留阻尼层中的纵波项,从而实现忽略剪切波的影响。在求解时,式(4 - 38b)、式(4 - 38c)、式(4 - 38e)、式(4 - 38f)可以忽略。求解得到变量 a_{mn}、b_{mn}、c_{mn},进而得到相应的 VR、NR。从图 4 - 6(c)可以看出,剪切波在低频段(0 ~ 1 500 Hz)内对结构的振级落差有很小的影响,忽略剪切波会导致波谷点的偏移。从图 4 - 6(d)中可以看出,剪切波在低频段时对结构噪声衰减有一定的影响,但是并不改变结构在整个频带内的变换趋势。

2. 损耗因子的影响

阻尼层的损耗因子是影响去耦损失大小的重要参数,去耦材料损耗因子一般为 0.1 ~ 1。为了便于分析损耗因子对加筋板结构噪声降低的影响,图 4 - 7 为阻尼层的损耗因子分别为 0.3,0.5,0.8 三种情况时所引起的振级落差、辐射声压插入损失的变化曲线。从图 4 - 7(c)中可以看出,阻尼层的振级落差随损耗因子的增加而增加,同时低频区存在振级落差的失效区,该失效区的频带宽度随着损耗因子的增加而减小,并且随着阻尼损耗因子的增加,振级落差曲线的峰值被压平,波动更平缓。从图 4-7(d)的去耦损失曲线可以看出,在 200 Hz 以下频带时,三条曲线形状非常接近,随着激励频率的增加,其去耦损失值随着损耗因子的增加而增加。同时可以在图 4-7 中看到,去耦损失具有明显的峰值点,这是由于敷设阻尼层后,加筋板声辐射曲线上大的峰值被压低,小的峰值则消失了,曲线变得比较平缓,进而导致去耦损失产生峰值。

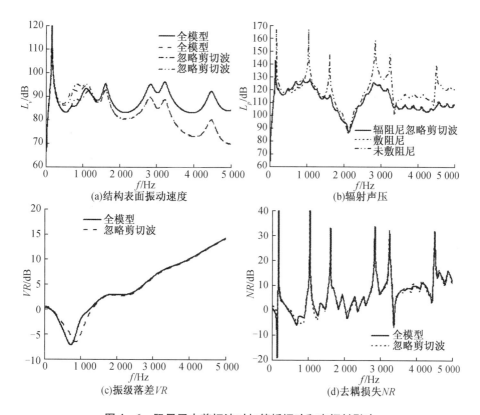

(a)结构表面振动速度
(b)辐射声压
(c)振级落差 VR
(d)去耦损失 NR

图 4-6　阻尼层中剪切波对加筋板振动和声辐射影响

3. 阻尼厚度的影响

图 4-8 为阻尼层的厚度不同时所引起的振级落差变化图,图 4-8(f)为阻尼层厚度不同时,引起的去耦损失变化。阻尼层的厚度分别取:5 cm、7.5 cm、10 cm。由振级落差及去耦损失曲线可知:阻尼层厚度的变化会改变其共振周期,并且随着层厚的增加,更多的能量在阻尼层内衰减了,因此相应的振级落差及去耦损失提高很多。

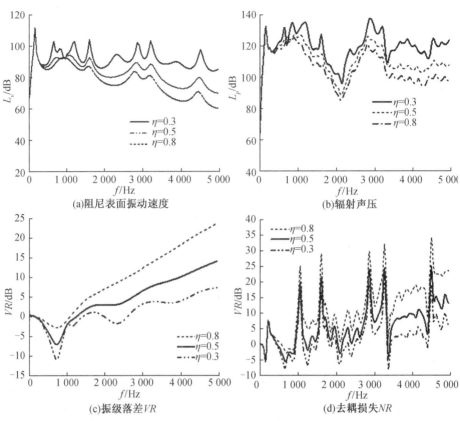

(a)阻尼表面振动速度

(b)辐射声压

(c)振级落差VR

(d)去耦损失NR

图4-7　阻尼层损耗因子对加筋板振动和声辐射的影响

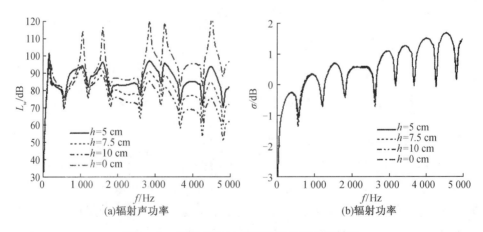

(a)辐射声功率

(b)辐射功率

图4-8　阻尼厚度对加筋板振动和声辐射影响

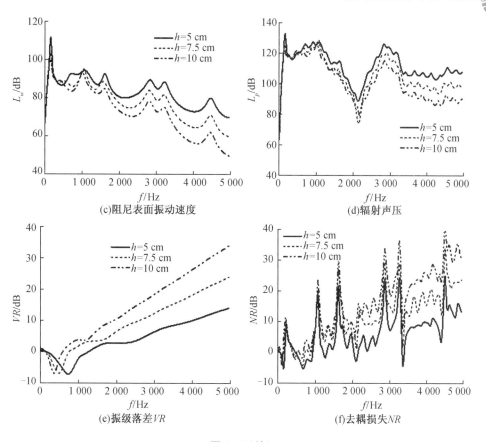

(c)阻尼表面振动速度

(d)辐射声压

(e)振级落差*VR*

(f)去耦损失*NR*

图 4 - 8(续)

4. 加强筋的影响

从图 4 - 9 中可以看出,布置加强筋后敷阻尼加筋板的辐射声功率明显比未布置加强筋的情况要小,改变结构的加强筋间距会导致敷阻尼加筋板的板表面和阻尼湿表面振动的偏移,同时声辐射曲线峰值也随加筋间距的改变而发生偏移,但从整体来看,加筋板的振动速度和辐射声功率的变化不大。从振级落差曲线可以看出,加筋前后和改变加筋板间距对振级落差的影响较小,但可以明显看出,未加筋时阻尼能够更好地发挥其减振效果。从去耦损失曲线可以看出,未布置加强筋时的去耦损失效果明显要好于布置加强筋的情况,而且加筋间距越小,敷阻尼加筋板的"失效区"也越严重。

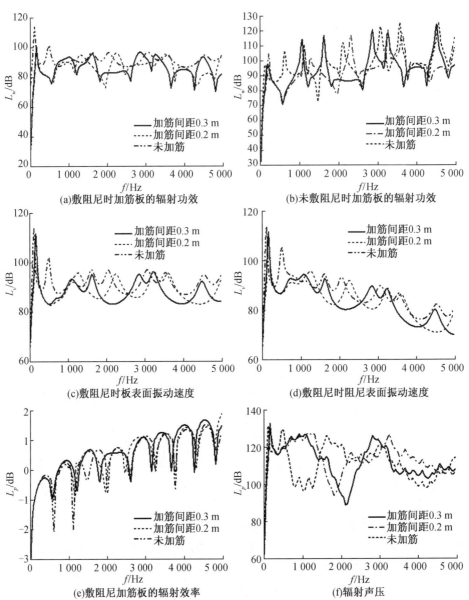

(a)敷阻尼时加筋板的辐射功效

(b)未敷阻尼时加筋板的辐射功效

(c)敷阻尼时板表面振动速度

(d)敷阻尼时阻尼表面振动速度

(e)敷阻尼加筋板的辐射效率

(f)辐射声压

图4-9 加强筋对加筋板振动和声辐射影响

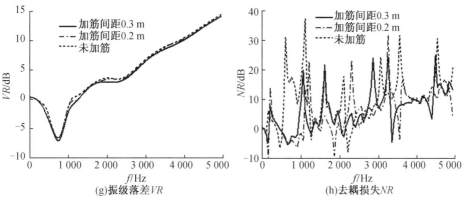

图 4-9（续）

4.3　有限长敷阻尼加筋板的试验

本节以敷阻尼加筋板为试验模型开展模型试验。其中有阻尼加筋板试验模型示意图,如图 4-10 所示,加筋板的长度为 1.2 m,宽度为 1.2 m,基板厚度为 4 mm,弹性模量为 2.1×10^{11} N/m²,密度为 7 850 kg/m³,损耗因子为 0.005,加强筋间距为 30 cm,加强筋尺寸为 4 mm×33 mm,表面敷设了一层均匀等厚度的黏弹性等厚度阻尼材料(经耐腐蚀处理)。通常情况下,阻尼层与钢板的质量比取 0.2~0.3,且剪切杨氏模量损耗因子越大越好。在给定质量下,阻尼材料覆盖在托板的一边比覆盖在两边更有效。据此,本书阻尼材料的参数选取为:阻尼层为 50 mm,弹性模量为 7.2×10^{6} N/m²,密度为 1 336 kg/m³,损耗因子为 0.5,泊松比为 0.45。两种材料胶合在一起,其边界条件均为边缘简支,激励力作用位置为加筋板中心处。

加筋板由边长为 1.2 m,厚度为 4 mm 的方形加筋钢板组成,方形加筋板架增加了隔声防水护围结构,通过对加筋板架敷设阻尼层前后的振动加速度、水下声辐射进行对比测量,既可以验证本书理论分析方法的正确性,又可以得到阻尼材料的抑振降噪效果。

4.3.1 试验内容、模型及测试系统

本试验主要的测试原理及数据采集如图 4 - 11 所示,试验场地选在水域尺寸为 50 m×30 m×10 m 的某大型水池。试验前多次对该大型水池进行背景噪声测试,在 20 ~ 4 000 Hz 频段,信噪比均在 12 ~ 30 dB,试验场地基本满足要求。

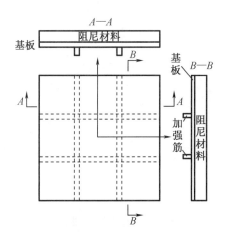

图 4 - 10　有阻尼加筋板的试验模型示意图

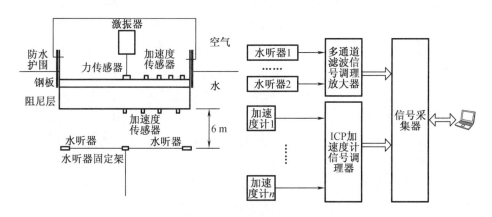

图 4 - 11　模型振动试验测量系统及数据采集原理图

首先,将激振器及模型采用钢丝绳弹性吊装于水面附近,使阻尼材料浸没于水平面以下,在距离阻尼层的水中正下方 6 m 处正对模型布放水听器,用于测量敷阻尼前后加筋板结构的水下辐射声压水平。然后,分别在加筋板结构干面(与

空气接触面)及阻尼湿表面(阻尼与水的接触面处)分别对称布置加速度传感器,用于测量模型各处的振动加速度。最后,通过激振器对模型结构施加单频激励及白噪声激励,测量各加速度计与水听器信号,可测得考核部位振动及水下声压,如图 4 - 12 所示为试验模型的吊装及连调图。

(a)试验模型吊装　　　　　　　　　　　(b)试验连调

图 4 - 12　试验模型的吊装图

本试验的测试内容包括两方面:(1)结构振动测试:通过布置在结构不同部位的若干加速度传感器来测量模型结构在不同试验工况、不同激励方式下结构的振动响应。其中振动的测点布置示意图如图 4 - 13 所示。(2)结构声辐射测试:通过布置在模型结构周围的水听器来测量模型结构在不同实验工况、不同激励方式下的声辐射情况。

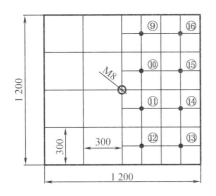
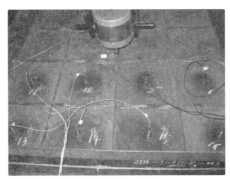

图 4 - 13　振动的测点布置示意(单位:mm)

4.3.2 试验结果及分析

由于单频激励试验时,各激励频点下力传感器的出力大小均存在一定差异。为便于对比,本书将各试验结果进行了归一化及平均化处理,归一化处理方法是将试验各考核量转化成单位激扰力下的振动响应;平均化处理是指将相同考核量(振动加速度、水下声压等参数)采用两次试验平均及空间平均的方法进行处理。

1. 单频激励

从图 4-14 中可以看出,敷设阻尼前后,模型结构振动与水下声辐射发生较大改变。敷设阻尼前,随着频率的升高,模型结构的振动与声辐射会逐渐增加,直到保持一个较高的振动速度级;敷设阻尼后,低频段时加筋板的振动和声辐射并未发生较大变化,但在局部频点或者狭窄的频带内阻尼的湿表面振速要大于加筋板表面振速,敷设阻尼会导致声辐射变大,这时阻尼的抑振降噪效果较差。而在中高频段,敷设阻尼后加筋板和阻尼的振速均较敷设前有较大衰减,特别是阻尼湿表面振速呈现急速衰减趋势。测点处的声压在敷设阻尼后整体下降很多,但是局部频点声压值叠加交错在一起。高频时,敷设阻尼前后的辐射声压差异很大。

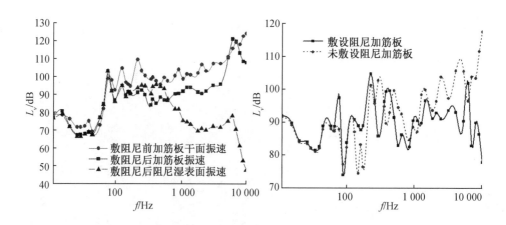

图 4-14　水中时,对敷阻尼前、后加筋板的振动和声辐射测试结果曲线

从图 4-15 中可以看出,在空气中测试,不敷设阻尼时,随着频率的升高,模型结构振动表现为持续增加的趋势;敷设阻尼后,加筋板在整个频带内要比敷设

前的振速减小很多,特别是在中高频段。但在 200～800 Hz 频段内,阻尼湿表面振速要高于加筋板振速,这说明阻尼在该刚度控制区没有减振效果,从而进一步验证了水中试验的结论。

从图 4－16 中可以看出敷设阻尼层时加筋板计算值与试验值的对比结果。其中图 4－16(a)为敷设阻尼层后加筋板的振级落差,图 4－16(b)为敷设阻尼层后加筋板结构的去耦损失。从计算值与模型试验测试结果来看,本书计算方法与试验值在局部频点会存在一定差异,但整体趋势基本一致。使两者产生偏差的主要原因是:模型试验所在的消声水池的截止频率为 4 kHz,试验模型无法忽略池壁的反射及水面对加筋板水下辐射声的干扰,其系统测试结果就必然会存在测量系统误差;而在理论分析计算时,则认为加筋板周围为无限大刚性障板,不能向水中辐射声。在模型试验时,实际阻尼材料的物理性能是随频率变化的,无法精确获得;而在本书中时其物理性能均为定值。本书中加强筋模拟为欧拉梁,其作用力是等效为线力参与计算的,这与实际情况也有所差异。尽管如此,本书计算值与模型测试结果整体吻合较好,说明该计算方法具有较高的可信度,可以用于阻尼层的降噪机理分析和宏观降噪效果预报。

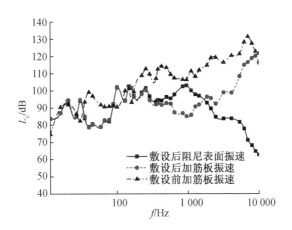

图 4－15　空气中时,敷设阻尼前、后结构振速对比曲线

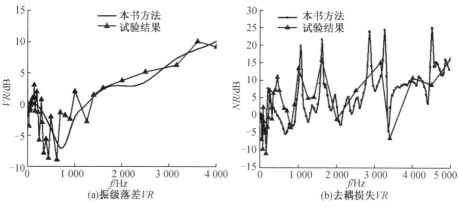

图 4-16 敷阻尼加筋板的声学性能对比

2. 白噪声激励

从图 4-17 中可以看出,白噪声激励下,在 10~100 Hz 频段,敷设阻尼前后加筋板振速及辐射声压曲线基本重合,其中敷设阻尼后,阻尼湿表面振速最小;在 100~500 Hz 频段,敷设阻尼前加筋板振速最大,敷设阻尼加筋板与阻尼湿表面振速交叉重叠在一起,某些窄带中敷设阻尼后辐射声压反而变大,这与单频激励时的情况较为吻合;在 500~5 000 Hz 频段,敷设阻尼后,加筋板和阻尼表面振速急剧衰减,而在 4 000 Hz 左右有一个共振峰。

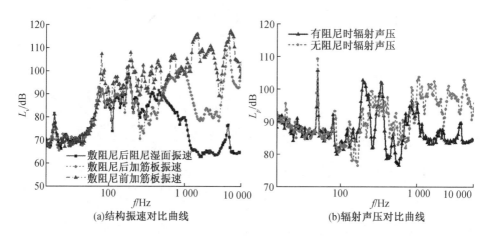

图 4-17 水中时,对敷阻尼前、后加筋板的振动和声辐射测试结果曲线

从以上各个曲线还可以看出,100 Hz 以内各曲线还存在一些小的峰值突起,造成该现象的原因可能是水池周围有一定的声波反射。总之,从上面的分析可

以得出,随着白噪声激振频率范围的不同,加之加筋板本身具有的各阶固有频率,曲线的峰值点也不相同,但总体来说,敷设阻尼材料后对降低加筋板模型近场声压最有效。

对比白噪声激励及单频激励结果可以看出,白噪声激励下阻尼层的振动与声辐射曲线同单频激励结果略有差异,特别是在 $f \geq 3.2$ kHz 后,白噪声激励结果同单频激励的试验结果差异较大。这主要是由于白噪声激励时试验模型的信噪比较小,而单频激励时的信噪比则相对较大,从而导致白噪声试验结果失真。但从上述各图表可以看出,无论是白噪声试验结果还是单频激励试验结果,阻尼层均具有良好的抑振降噪性能。

4.4　任意角度连接板的振动响应

本书任意角度连接的耦合板结构模型及其整体坐标如图 4 - 18 所示,该结构模型由两弹性板(板 IJ 和板 JK)以角度 γ 进行耦合连接。本书假设所有弹性板为各向同性且均匀的材料,板 IJ 和板 JK 具有相同的宽度 L_y,与 y 向垂直的两平行边界假定为简支边界条件。板 IJ 和板 JK 是以任意给定角度进行连接的,故计算时需考虑板的面内和面外运动,且两者是解耦的。其中 L_{x1}、L_{x2} 分别为板 IJ 和板 JK 的长度,h_1、h_2 分别为板 IJ 和板 JK 的厚度。假设激励力作用在板上,在整体坐标系下的位置为 (x_0, y_0)。

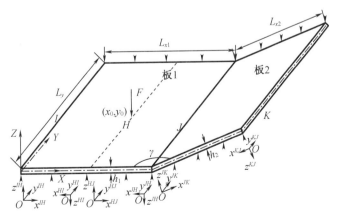

图 4 - 18　任意角度连接的耦合板结构模型及其整体坐标

4.4.1　板的弯曲和面内振动

基于 Mindlin 厚板理论,均匀各向同性的弹性板弯曲振动微分方程可表示为

$$\kappa Gh\left(\nabla^2 w + \frac{\partial \varphi_x}{\partial x} + \frac{\partial \varphi_y}{\partial y}\right) + q = \rho h \frac{\partial^2 w}{\partial t^2} \tag{4-47}$$

$$\frac{D}{2}\left[(1-v)\nabla^2\varphi_x + (1+v)\frac{\partial}{\partial x}\left(\frac{\partial \varphi_x}{\partial x} + \frac{\partial \varphi_y}{\partial y}\right)\right] - \kappa Gh\left(\varphi_x + \frac{\partial w}{\partial x}\right) = \frac{\rho h^3}{12}\frac{\partial^2 \varphi_x}{\partial t^2} \tag{4-48}$$

$$\frac{D}{2}\left[(1-v)\nabla^2\varphi_y + (1+v)\frac{\partial}{\partial y}\left(\frac{\partial \varphi_x}{\partial x} + \frac{\partial \varphi_y}{\partial y}\right)\right] - \kappa Gh\left(\varphi_y + \frac{\partial w}{\partial y}\right) = \frac{\rho h^3}{12}\frac{\partial^2 \varphi_y}{\partial t^2} \tag{4-49}$$

式中　w——横向位移;

　　　φ_x 和 φ_y——板的 x,y 方向的转角;

　　　κ 和 G——剪切修正系数和剪切模量;

　　　ρ,h,E 和 v——结构的密度、弹性模量、厚度和泊松比;

　　　D——结构的弯曲刚度,$D = E^* h^3/12(1-v^2)$,其中 $E^* = E(1+i\eta)$;

　　　η——结构阻尼损耗因子;

　　　$q(x,y,t)$——作用在结构上的外激励。

对于 $y=0$ 和 $y=L_y$ 满足简支边界的弹性板来说,位移和转角可以表示为波动解的形式:

$$w = \sum_{n=1}^{\infty}\left(a_{1n}e^{\lambda_1 x} + d_{1n}e^{-\lambda_1 x} + a_{2n}e^{\lambda_2 x} + d_{2n}e^{-\lambda_2 x}\right)\sin(k_y y) \tag{4-50}$$

$$\varphi_x = \sum_{n=1}^{\infty}\left[(\sigma_1 - 1)\lambda_1(a_{1n}e^{\lambda_1 x} - d_{1n}e^{-\lambda_1 x}) + (\sigma_2 - 1)\lambda_2(a_{2n}e^{\lambda_2 x} - d_{2n}e^{-\lambda_2 x}) - k_y(a_{3n}e^{\lambda_3 x} + d_{3n}e^{-\lambda_3 x})\right]\sin(k_y y) \tag{4-51}$$

$$\varphi_y = \sum_{n=1}^{\infty}\left[(\sigma_1 - 1)k_y(a_{1n}e^{\lambda_1 x} + d_{1n}e^{-\mathrm{i}_1 x}) + (\sigma_2 - 1)k_y(a_{2n}e^{\mathrm{i}_2 x} + d_{2n}e^{-\mathrm{i}_2 x}) - \lambda_3(a_{3n}e^{\lambda_3 x} - d_{3n}e^{-\lambda_3 x})\right]\cos(k_y y) \tag{4-52}$$

式中　a_{in} 和 $d_{in}(i=1,2)$——对应于第 n 节模态的到达波和离开波的波幅系数;

　　　σ_1 和 σ_2——转角系数,满足 $\sigma_{1,2} = \omega^2 \rho/\kappa Gk_{1,2}^2$;

　　　$\lambda_i(i=1,2,3)$——x 方向的波数,$\lambda_1 = \sqrt{k_y^2 - k_1^2},\lambda_2 = \sqrt{k_y^2 - k_2^2},\lambda_3 = \sqrt{k_y^2 - k_3^2}$;

　　　k_y——满足 y 方向两端边界条件的模态数,$k_y = n\pi/L_y$。

表 4-2 给出了对应于不同边界条件的模态数 k_y。

表 4 - 2 不同边界条件下的模态数

边界条件	模态数 k_y
自由 - 自由	$k_y = (2n + 1)\pi/2L_y$
自由 - 滑移	$k_y = (4n - 1)\pi/4L_y$
固支 - 自由	$k_y = (2n - 1)\pi/2L_y$
自由 - 简支	$k_y = (4n + 1)\pi/4L_y$
简支 - 简支	$k_y = n\pi/L_y$

波数 k_1, k_2 和 k_3 的表达式为

$$k_{1,2}^2 = \frac{\omega^2}{2D}\left[\left(\frac{\rho D}{\kappa G} + \frac{\rho h^3}{12}\right) \pm \sqrt{\left(\frac{\rho h^3}{12} - \frac{\rho D}{\kappa G}\right)^2 + 4D\frac{\rho h}{\omega^2}}\right]$$

$$k_3^2 = \frac{\rho h^3 \omega^2 - 12\kappa Gh}{6(1 - v)D} \tag{4-53}$$

由于板 IJ 和板 JK 中的弯曲波会在连接处发生波形变换,故对任意角度连接板的面内波,弹性板面内运动微分方程为

$$\frac{Eh}{1 - v^2}\left(\frac{\partial^2 u}{\partial x^2} + \frac{1 - v}{2}\frac{\partial^2 u}{\partial y^2} + \frac{1 + v}{2}\frac{\partial^2 v}{\partial x \partial y}\right) = \rho h \frac{\partial^2 u}{\partial t^2} \tag{4-54}$$

$$\frac{Eh}{1 - v^2}\left(\frac{\partial^2 v}{\partial x^2} + \frac{1 - v}{2}\frac{\partial^2 v}{\partial y^2} + \frac{1 + v}{2}\frac{\partial^2 u}{\partial x \partial y}\right) = \rho h \frac{\partial^2 v}{\partial t^2} \tag{4-55}$$

式中,u 和 v 为面内纵向位移和面内剪切位移。面内的位移表达式可表示为

$$u = \sum_{n=1}^{\infty} (\lambda_4 a_{4n}e^{\lambda_4 x} - \lambda_4 d_{4n}e^{-\lambda_4 x} + k_y a_{5n}e^{\lambda_5 x} + k_y d_{5n}e^{-\lambda_5 x})\sin(k_y y) \tag{4-56}$$

$$v = \sum_{n=1}^{\infty} (k_y a_{4n}e^{\lambda_4 x} + k_y d_{4n}e^{-\lambda_4 x} + \lambda_5 a_{5n}e^{\lambda_5 x} - \lambda_5 d_{5n}e^{-\lambda_5 x})\cos(k_y y) \tag{4-57}$$

式中 λ_4、λ_5——面内纵向位移和面内切向位移沿 x 方向的波数,$\lambda_4 = \sqrt{k_y^2 - k_L^2}$,

$\lambda_5 = \sqrt{k_y^2 - k_s^2}$;

k_L、k_s——面内纵波波数和面内剪切波波数,$k_L = \omega\sqrt{\rho(1 - v^2)/E}$,$k_s = \omega\sqrt{2\rho(1 + 2v)/E}$;

a_{4n}, a_{5n}, d_{4n} 和 d_{5n}——对应于第 n 阶面内波的到达波和离开波波幅系数。

通过联立式(4 - 50)、式(4 - 51)、式(4 - 52)、式(4 - 56)及式(4 - 57)可将结构位移向量表示为矩阵的形式:

$$W = \sum_{n=1}^{\infty} W_n = \sum_{n=1}^{\infty} \mathbf{Y}_n \mathbf{A}_{n\delta} \mathbf{P}_n(-x)\mathbf{a}_n + \mathbf{Y}_n \mathbf{D}_{n\delta} \mathbf{P}_n(x)\mathbf{d}_n \tag{4-58}$$

式中　W_n——对应于第 n 节模态下的位移向量，$W_n = \{ \varphi_{xn}\quad \varphi_{yn}\quad w_n\quad u_n\quad v_n \}^{\mathrm{T}}$；

　　　P_n——相位矩阵，$P_n(x) = \mathrm{diag}\{ \mathrm{e}^{-\lambda_1 x}\quad \mathrm{e}^{-\lambda_2 x}\quad \mathrm{e}^{-\lambda_3 x}\quad \mathrm{e}^{-\lambda_4 x}\quad \mathrm{e}^{-\lambda_5 x} \}$；

　　　P_n——对角矩阵；

　　　Y_n——沿 y 方向的模态，为对角矩阵，$Y_n = \mathrm{diag}\{ \sin k_y y\quad \cos k_y y\quad \sin k_y y$
　　　　$\sin k_y y\quad \cos k_y y \}$。

　　　a_n、d_n——到达波波幅系数和离开波波幅系数 $a_n = \{ a_{1n}\quad a_{2n}\quad a_{3n}\quad a_{4n}\quad a_{5n} \}^{\mathrm{T}}$
　　　$d_n = \{ d_{1n}\quad d_{2n}\quad d_{3n}\quad d_{4n}\quad d_{5n} \}^{\mathrm{T}}$ 为对应第 n 节模态下的波幅系数向量。

　　　$A_{n\delta}$，$D_{n\delta}$——对应于到达波和离开波的位移系数矩阵。

对于振动的稳态响应分析来说，根据横截面单位长度的弯矩 M_{xx}、等效剪力 V_x、面内纵向力 N_x、面内剪切力 N_{xy} 及扭矩 M_{xy} 的表达式，将式（4 – 58）代入内力表达式中，结构内力向量表示为矩阵的形式：

$$F = \sum_{n=1}^{\infty} F_n = \sum_{n=1}^{\infty} Y_n A_{nf} P_n(-x) a_n + Y_n D_{nf} P_n(x) d_n \tag{4 – 59}$$

式中　F_n——对应于第 n 节模态的内力向量，$F_n = \{ M_{xxn}\quad M_{xyn}\quad V_{xn}\quad N_{xn}\quad N_{xyn} \}^{\mathrm{T}} A$；

　　　A_{nf}、D_{nf}——到达波和离开波的内力系数矩阵。

4.4.2　板振动问题的求解

在板的连接处和沿 y 方向的边界上用字母 I、J、$K\cdots$ 进行编号，这样每块矩形板就可以用边界字母进行表示。在每块板上建立对偶坐标系，保证对偶坐标系的 y 向一致，x 向相对，z 向满足右手定则，如图 4 – 18 所示。对于每一块弹性板来说，其状态向量可分别在对偶坐标系下进行描述。需要说明的是，对偶坐标系是为了避免计算传递矩阵带来的数值不稳定性。以板 IH 为例，对于给定波数 n，位移向量和内力向量可以在局部坐标系中表示。假定板 IH 的边界为自由边界，则内力向量在局部坐标系中满足：

$$F_n^{IH} \big|_{x^{IH}=0} = 0 \tag{4 – 60}$$

将式（4 – 59）带入式（4 – 60）中，可得

$$d_n^{IH} = -D_{nf}^{-1} A_{nj} a_n^{IH} \tag{4 – 61}$$

式中，$S_n^I = -D_{nf}^{-1} A_{nf} \mid$ 为板 IH 左边界的局部散射矩阵，同理可得到其他边界条件下的散射矩阵。

考虑到一个外激励作用在 H 边界上，如图 4 – 18 所示，其可表示为狄拉克函数的形式：

$$F = f_0 \delta(x - x_0) \delta(y - y_0) \tag{4-62}$$

通过沿 y 方向进行正交化积分,外激励可表示为级数求和的形式:

$$F = \delta(x_0) \sum_{n=1}^{\infty} f_{0n} \sin k_y y \tag{4-63}$$

式中, $f_{0n} = 2f_0 \sin k_y y_0 / L_y$。板 IJ 沿着 y 方向通过外激励被分割为板 IH 和板 HJ。考虑板 IH 和板 HJ 存在外激励的作用,在局部坐标系中引入变形协调条件和力平衡条件:

$$
\begin{aligned}
w_n^{HI} + w_n^{HJ} &= 0 \\
u_n^{HI} + u_n^{HJ} &= 0 \\
v_n^{HI} &= v_n^{HJ} \\
\varphi_{xn}^{HI} &= \varphi_{xn}^{HJ} \\
\varphi_{yn}^{HI} &= -\varphi_{yn}^{H} \\
\Gamma_{xyn}^{HI} &= -\Gamma_{xyn}^{HJ} \\
M_{xn}^{HI} &= -M_{xn}^{HJ} \\
F_{xyn}^{HI} &= -F_{xyn}^{HJ} \\
Q_n^{HI} + f_{0n} &= Q_{xn}^{HJ} \\
F_{xn}^{HI} &= F_{xn}^{HJ}
\end{aligned}
\tag{4-64}
$$

将式 $(4-58)$ 和式 $(4-59)$ 带入式 $(4-64)$ 中,可得

$$d_n^H = S_n^H a_n^H + s_n^H \tag{4-65}$$

同理,如图 $4-19$ 所示,在板 HJ 和板 JK 的连接处,需要满足连续变形协调条件和力平衡条件:

$$
\begin{aligned}
\varphi_{xn}^{JH} &= \varphi_{xn}^{JK} \\
\varphi_{yn}^{JH} &= \varphi_{yn}^{JK} \cos \gamma + \Gamma_{xyn}^{JK} \sin \gamma \\
w_n^{JH} &= w_n^{JK} \cos \gamma - u_n^{JK} \sin \gamma \\
v_n^{JH} &= v_n^{JK} \\
M_{xn}^{JH} &= -M_{xn}^{JK} \\
\Gamma_{xyn}^{JH} &= -\varphi_{yn}^{JK} \sin \gamma + \Gamma_{xyn}^{JK} \cos \gamma \\
V_{xn}^{JI} &= -V_{xn}^{JK} \cos \gamma + N_{xn}^{JK} \sin \gamma \\
N_{xyn}^{JH} &= -N_{xyn}^{JK} \\
N_{xn}^{JI} &= -V_{xn}^{JK} \sin \gamma - N_{xn}^{JK} \cos \gamma \\
u_n^{JH} &= w_n^{JK} \sin \gamma + u_n^{JK}
\end{aligned}
\tag{4-66}
$$

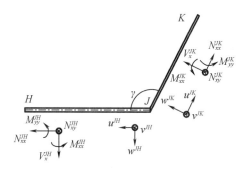

图 4 − 19　连接处 J 的位移和内力坐标定义

将式(4 − 58)和(4 − 59)带入式(4 − 66)中,可得

$$d^J = S^J a^J \tag{4 − 67}$$

式中,$d^J = [d^{JH}, d^{JK}]^{\mathrm{T}}$,$a^J = [a^{JH}, a^{JK}]^{\mathrm{T}}$ 分别代表离开波和到达波的未知波幅向量;S^J 为局部散射矩阵,表示波幅向量在连接处的转换关系。

将所有散射矩阵整合到一起,最后可得耦合板结构的整体散射转换关系为

$$d = Sa + S \tag{4 − 68}$$

式中:$d = \{d^I \quad d^H \quad d^J \quad d^K\}^{\mathrm{T}}$,$a = \{a^I \quad a^H \quad a^J \quad a^K\}^{\mathrm{T}}$ 分别表示耦合板结构中所有的离开波和到达波的未知波幅向量;$S = \mathrm{diag}\{S^I \quad S^H \quad S^J \quad S^K\}$ 为耦合板结构的整体散射矩阵;s 为由于外激励的存在产生的波源矢量。

每块板上的位移向量和内力向量均可在这两套局部坐标系中表示。以板 IH 为例,基于变形协调条件可确定板上到达波和离开波之间的相位关系为

$$a_n^{IH} = P_{Ln}^{IH}(x_0) d_n^{HI} \tag{4 − 69}$$

式中,$P_{Ln}^{IH}(x_0)$ 为局部相位矩阵。同理,$a_n^{HI} = P_{Ln}^{HI}(x_0) d_n^{IH}$ 并且 $P_{Ln}^{HI}(x_0)$ 等于 $P_{Ln}^{IH}(x_0)$。

定义置换矩阵 $U_{\mathrm{cell}} = \begin{bmatrix} 0 & I \\ I & 0 \end{bmatrix}$,板 IH 中两坐标系中的到达波和离开波之间的相位关系可以写为

$$\left\{ \begin{matrix} a_n^{IH} \\ a_n^{HI} \end{matrix} \right\} = \begin{bmatrix} P_{Ln}^{IH}(x_0) & 0 \\ 0 & P_{Ln}^{HI}(x_0) \end{bmatrix} U_{celn} \left\{ \begin{matrix} d_n^{IH} \\ d_n^{HI} \end{matrix} \right\} \tag{4 − 70}$$

通过整合所有板之间的相位矩阵,可得整个耦合连接板结构的相位关系为

$$a_n = P_{Ln} U d_n \tag{4 − 71}$$

式中,P_{Ln} 为耦合板结构的整体相位矩阵;U 为耦合板结构的整体置换矩阵。

将式(4 − 71)和式(4 − 68)联立后可得耦合连接板结构的整体控制方程:

$$d_n = (I - SP_{Ln}U)^{-1}s \qquad (4-72)$$

$$a_n = P_{Ln}Ud_n \qquad (4-73)$$

将求解得到的 d_n 和 a_n 代入式(4-58)和式(4-59)中,即可得到耦合连接板结构的状态向量。

4.4.3 连接板的振动特性

任意角度连接的耦合板的结构及其材料参数为:长度 $L_{x1} = 0.76$ m, $L_{x2} = 0.76$ m,宽度 $L_y = 0.6$ m,厚度 $h = 10$ mm。各板材料参数值保持一致:杨氏模量 $E = 2.0 \times 10^{11}$ Pa,泊松比 $\mu = 0.3$,密度 $\rho = 7\,800$ kg/m^3,阻尼损耗因子 $\eta = 0.01$。激励力在整体坐标系下的位置为(0.38 m,0.3 m,0 m),幅值为单位力,如图 4-18 所示。激励频率范围为 0~500 Hz,频率步长 1 Hz。满足分析频率的振动模态数 $N = 40$。2 个板纵向对边均为简支边界,I 和 K 边界为自由边界。

图 4-20 和图 4-21 给出了耦合板结构的连接角度 $\gamma = \pi, \pi/2$ 时,对应于前三节固有频率时的位移分布,将回传射线矩阵法计算结果与有限元结果(ABAQUS)进行对比。通过对比可以发现两者位移分布基本一致,证明了该方法的可行性。

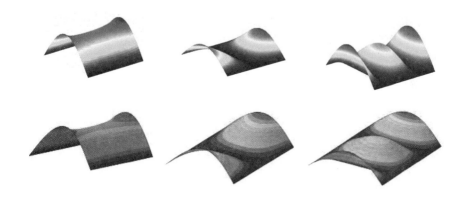

图 4-20 耦合板结构的位移分布($\gamma = \pi$)

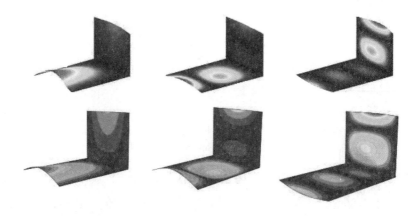

图 4 - 21　耦合板结构的位移分布($\gamma = \pi/2$)

当耦合板结构的连接角度 $\gamma = 0$ 时,将板 IJ 上 a 点(0.42 m,0.41 m,0 m)位置处的动响应作为考核点来验证本书方法的正确性。将回传射线矩阵法计算结果与有限元结果进行对比,内力和位移对比曲线如图 4 - 22 所示。然后取耦合板结构的连接角度 $\gamma = \pi/2$ 时,将板 JK 上 b 点(0.76 m,0.3 m,0.25 m)位置作为考核点来验证本书方法的正确性。本书方法与有限元计算结果的对比曲线如图 4 - 23 所示。

从图 4 - 22 和图 4 - 23 中可以看出,两者的计算结果不管是剪力、弯矩还是位移、转角均吻合良好。最大误差存在于曲线的峰值处,最大误差不超过 0.6% 。用回传射线矩阵方法求解耦合板结构的动响应与有限元结果吻合很好,计算精度能够得到保证,从表 4 - 3 中还可以看出,该方法解决耦合板结构动响应问题时具有计算效率高的优势。

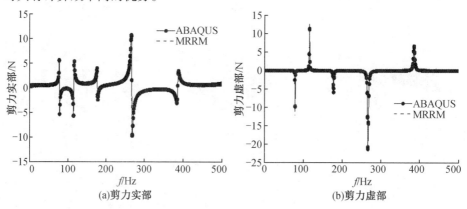

(a)剪力实部　　　　　　　　　(b)剪力虚部

图 4 - 22　 $\gamma = \pi/2$ 时内力和位移对比曲线

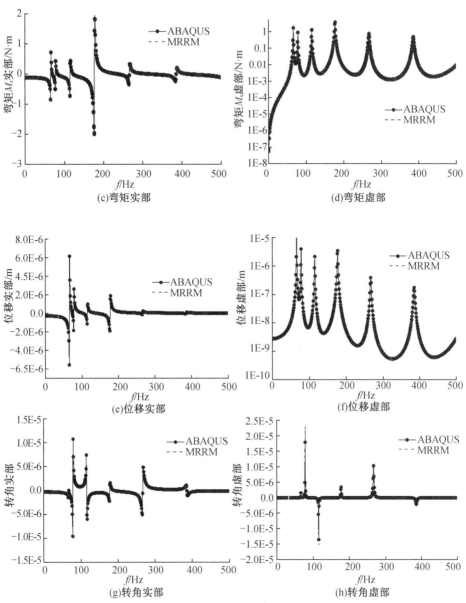

图 4 - 22(续)

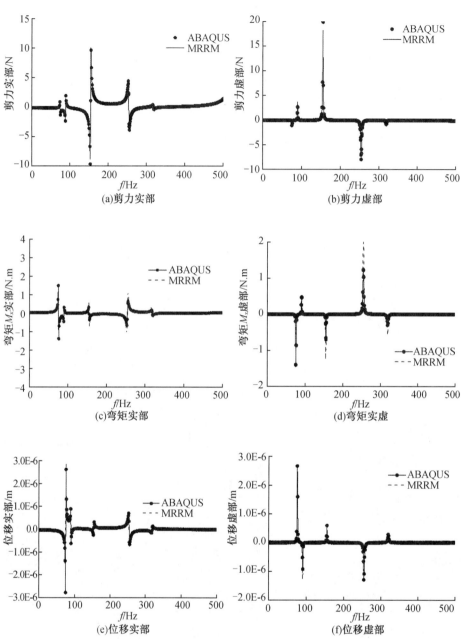

图 4 – 23 $\gamma = \pi/2$ 时耦合板结构与有限元计算结果对比曲线

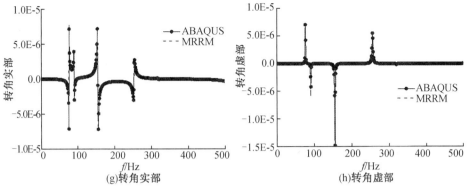

(g)转角实部　　　　　　　　　　(h)转角虚部

图 **4 - 23**(续)

表 **4 - 3**　　**MRRM** 方法与有限元法的计算时间对比

	MRRM/s	ABAQUS/s
耦合板($\gamma = \pi$)	26. 4	4 868
耦合板($\gamma = \pi/2$)	22. 7	4 260

　　为了进一步验证本书方法的有效性和适用性,本书选取一个由三块板组成的 T 型结构模型进行计算,并与有限元结果(来自 ABAQUS)进行对比,如图 4 - 24所示。

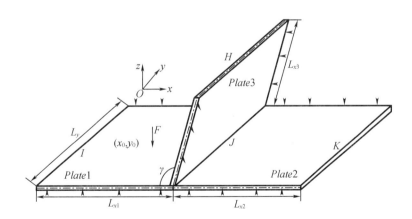

图 **4 - 24**　　任意角度连接的 **T** 型连接板结构计算模型

　　T 型结构的几何和物理参数如下:$L_{x1} = 0. 76$ m, $L_{x2} = 0. 5$ m,$L_{x3} = 0. 5$ m, $L_y = 0. 6$ m,$h = 10$ mm,$\gamma = \pi/2$,$E = 2. 0 \times 10^{11}$ Pa,$\mu = 0. 3$,$\eta = 0. 01$ 和 $\rho =$

$7\ 800\ kg/m^3$。外激励力假设作用在 $I-J$ 板位置为 $(0.38\ m, 0.3\ m, 0\ m)$,力幅值为单位力。观察点的位置取为 $(0.38\ m, 0.3\ m, 0\ m)$。面内和面外的模态数 n 截取到 60,收敛性已经得到保证。图 4-25 给出了本书方法计算的位移向量和力向量与有限元结果的对比曲线,吻合非常好,相对误差在 0.5% 以内,验证了本书方法在计算 T 型板结构时的有效性。

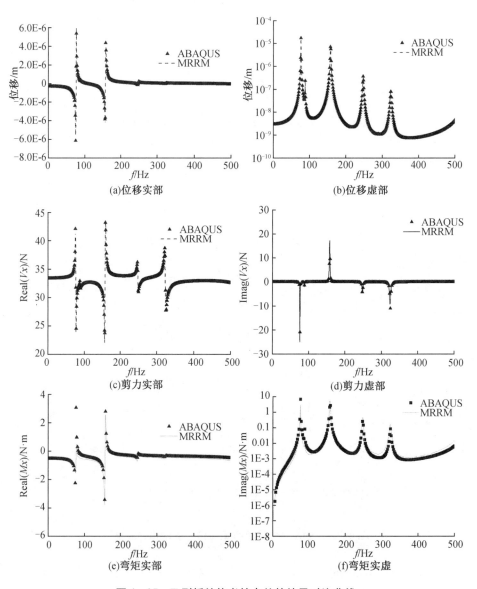

图 4-25 T 型板结构考核点处的结果对比曲线

同样,本书还选取一个箱型结构来验证本书方法的适用性,该箱型结构是由四块板组成的一个封闭结构,并与有限元结果(来自 ABAQUS)进行对比,如图 4-26所示为任意角度连接的箱型连接板结构计算模型。

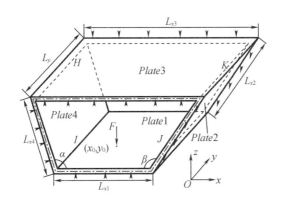

图 4-26　任意角度连接的箱型连接板结构计算模型

箱型结构的几何和物理参数如下:$L_{x1}=0.76$ m, $L_{x2}=0.5$ m,$L_{x3}=0.5$ m, $L_y=0.6$ m,$h=10$ mm,$\alpha=\beta=\pi/2$,$E=2.0\times10^{11}$ Pa,$\mu=0.3$,$\eta=0.01$ 和 $\rho=7\,800$ kg/m³。外激励力假设作用在 $I-J$ 板位置(0.38 m, 0.3 m, 0 m)上,力幅值为单位力。观察点的位置取为(0.38 m, 0.3 m, 0 m)。面内和面外的模态数 n 截取到60,收敛性已经得到保证,有限元模型划分网格数为60 480,用来和本书方法进行对比。图 4-27 给出了本书方法计算的位移向量和力向量与有限元结果的对比曲线,吻合非常好,相对误差在0.8%以内,验证了本书方法在计算箱型板结构上的有效性。由此可以看出,本书方法在计算多结构模型的动力学响应时具有很好的适用性。

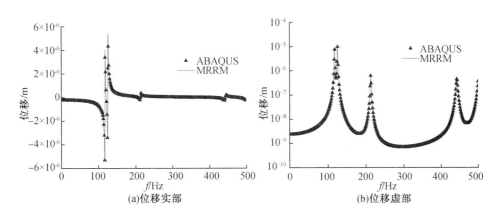

图 4-27　两种方法在箱型板结构考核点处的结果对比曲线

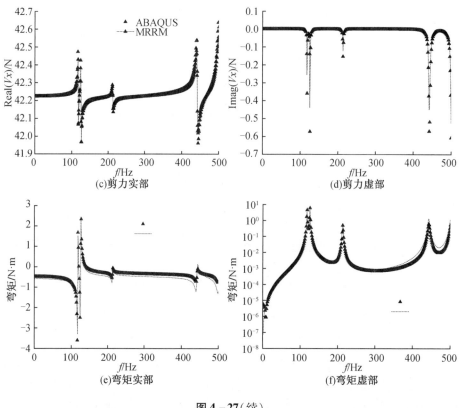

图 4 - 27(续)

4.5 本章小结

    本书研究了敷设阻尼层对有限长加筋板在半无限水域的振动和声辐射影响。基于弹性力学和模态迭加理论建立了覆阻尼层加筋板的理论计算模型,利用交界面连续条件,求解出覆盖阻尼层的加筋板的声辐射近似解析解。分析数值计算模型中阻尼层参数对加筋板的噪声水平的影响,本书方法可适用于阻尼层的初步设计阶段,能够准确预报阻尼层的实际降噪水平。在此基础上,本书从模型试验方面对阻尼层的声振性能进行试验测试,通过开展敷设阻尼层的加筋板架的模型试验,对阻尼的加筋板抑振降噪效果进行了测试。通过上述试验及理论分析可以得到如下结论。

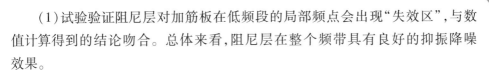

（1）试验验证阻尼层对加筋板在低频段的局部频点会出现"失效区"，与数值计算得到的结论吻合。总体来看，阻尼层在整个频带具有良好的抑振降噪效果。

（2）在低频段内剪切波对结构的振级落差有很小的影响，忽略剪切波会减少振级落差，同时剪切波对结构噪声衰减有较大的影响，但是并不改变结构在整个频带内的变换趋势。

（3）阻尼层的损耗因子对于加筋板振级落差及去耦损失影响很大，损耗越大，插入损失提高越多，同时低频区存在一个振级落差失效区，该失效的频带宽度随着损耗因子的增加而减小。

（4）阻尼层的厚度对插入损失有一定的影响，阻尼层厚度的变化会改变其共振周期，并且随着层厚的增加，更多的能量会在阻尼层内衰减，因此相应的振级落差及去耦损失提高更多。

（5）不敷设阻尼时，加筋板振动速度峰值对应的频率在 200 Hz 左右，而敷设阻尼后，峰值左移。敷设阻尼前，结构振动与声辐射震荡剧烈，敷设阻尼后，加筋板的振动与声辐射的峰值明显被削减。

（6）低频段敷设阻尼前后，加筋板振速及辐射声压曲线基本重合，某些窄带中敷设阻尼后辐射声压反而变大，高频段敷设阻尼后，加筋板和阻尼表面振速急剧衰减，这与单频激励时的情况较为吻合。

（7）从试验曲线还可以看出，100 Hz 以内各曲线还存在一些小的峰值突起，造成这种现象的原因可能是水池周围有一定的声波反射。但总体来说，敷设阻尼材料后对降低加筋板模型近场声压最有效。

｜参考文献｜

［1］　BOISSON C ，GUYADER J L，MILLOT P，et al. Energy transmission in finite coupled plates，part Ⅱ：Application to an L shaped structure ［J］. Journal of Sound and Vibration，1982，1（8）：93-105.

［2］　CUSCHIERI J M，MCCOLLUM M D. In-plane and out-of-plane waves' power transmission through an L-plate junction using the mobility power flow approach ［J］. J. Acoust. Soc. Am，1996，100（2）：857-870.

［3］ NICOLE J. KESSISSOGLOU. Power transmission in L-shaped plates including flexural and in-plane vibration［J］. J. Acoust. Soc. Am, 2004：115（3）：1157-1169.

［4］ 李天匀,张维衡,张小铭.L形加筋板结构的导纳功率流研究［J］.振动工程学报, 1997, 10(1)：112-117.

［5］ 姚熊亮,计方,钱德进,等.典型船舶结构中振动波传递特性研究［J］.振动与冲击, 2009, 28(8)：20-24.

［6］ 赵芝梅,盛美萍.激励特性对L型板振动功率流的影响［J］.兵工学报, 2013, 34(8):986-993.

［7］ 马永彬,张亚辉,曾耀祥.板列弯曲振动及功率流分析的辛空间波传播方法［J］.应用数学和力学, 2014, 35(8):838-847.

［8］ CHEN Y H, JIN G Y, ZHU M G, et al. Vibration behaviors of a box-type structure built up by plates and energy transmission through the structure［J］. Journal of Sound and Vibration, 2012, 331(4)：849-867.

［9］ HOWARD S M, PAO Y H. Analysis and experiments on stress waves in planar trusses［J］. J Eng Mech, 1998, 124(8)：884-891.

第5章
水下壳体结构的振动与声辐射特性

5.1　圆柱壳结构的振动理论基础

5.1.1　圆柱壳段的场传递矩阵

对于以潜艇为代表的水下航行器,有限长加筋圆柱壳模型是最符合实际结构的简化模型。本节主要内容是以浸没在无限流场介质中的有限长加筋圆柱壳为基本模型展开的。假设圆柱壳两端为无限大刚性障板,如图 5 - 1 所示。弹性圆柱薄壳壳体的中面半径为 R,厚度为 h,壳体长度为 L。

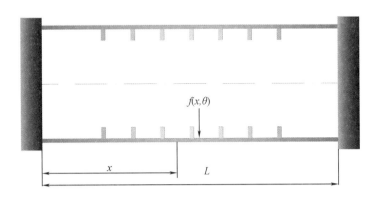

$f(x,\theta)$

x　　L

图 5 - 1　加筋圆柱壳的模型示意图

对圆柱壳的振动与声辐射进行分析时,满足以下薄壳理论的基本假定:

(1)直法线假设,即变形前中性面任一根法线在变形后仍为直线且垂直于变形后的中性面。

（2）假设法向应力很小，即认为平行于中面的所有面上的法向应力远小于其他应力分量。

（3）小位移，即与中性面的曲率半径相比可以忽略，它们的一阶导数和 1 相比可以忽略。

一般认为，当厚径比 h/R 小于 5% 时，薄壳理论的精度是足够的。

根据不同的使用情况，圆柱形的有矩理论有多种不同的简化方法，简化主要体现在几何方程和物理方程中省略某些项。根据 Flügge 壳体理论，对圆柱壳的微元进行受力分析，可得到力的平衡方程式（5-1）~式（5-5）：

$$\frac{\partial N_x}{\partial x} + \frac{1}{R}\frac{\partial N_{\varphi x}}{\partial \varphi} + \rho h \omega^2 u = 0 \tag{5-1}$$

$$\frac{1}{R}\frac{\partial N_\varphi}{\partial \varphi} + \frac{\partial N_{x\varphi}}{\partial x} - \frac{Q_\varphi}{R} + \rho h \omega^2 v = 0 \tag{5-2}$$

$$\frac{N_\varphi}{R} + \frac{\partial Q_x}{\partial x} + \frac{1}{R}\frac{\partial Q_\varphi}{\partial \varphi} - \rho h \omega^2 w = 0 \tag{5-3}$$

$$Q_\varphi = \frac{1}{R}\frac{\partial M_\varphi}{\partial \varphi} + \frac{\partial M_{x\varphi}}{\partial x} \tag{5-4}$$

$$Q_x = \frac{\partial M_x}{\partial x} + \frac{1}{R}\frac{\partial M_{\varphi x}}{\partial \varphi} \tag{5-5}$$

式中的 Kevin - Kirchhoff 膜力、剪力及所有内力可参考文献（NASA - SP - 288）。通过消去 8 个未知量 N_φ、$N_{\varphi x}$、$N_{x\varphi}$、$M_{x\varphi}$、$M_{\varphi x}$、M_φ、Q_x、Q_φ，保留 u、v、w、φ、N_x、M_x、V_x、S_x 8 个未知状态分向量。

通过将位移和内力进行无量钢化，未知量沿周向展开成三角函数的形式：

$$(N_x, N_\varphi, Q_x, V_x) = \frac{K}{R^2}\sum_{\alpha=0}^{1}\sum_n (\widetilde{N}_x, \widetilde{N}_\varphi, \widetilde{Q}_x, \widetilde{V}_x)\sin\left(n\varphi + \frac{\alpha\pi}{2}\right) \tag{5-6}$$

$$(M_x, M_\varphi) = \frac{K}{R}\sum_{\alpha=0}^{1}\sum_n (\widetilde{M}_x, \widetilde{M}_\varphi)\sin\left(n\varphi + \frac{\alpha\pi}{2}\right) \tag{5-8}$$

$$(M_{x\varphi}, M_{\varphi x}) = \frac{K}{R}\sum_{\alpha=0}^{1}\sum_n (\widetilde{M}_{x\varphi}, \widetilde{M}_{\varphi x})\cos\left(n\varphi + \frac{\alpha\pi}{2}\right) \tag{5-9}$$

$$(N_{x\varphi}, N_{\varphi x}, Q_\varphi, S_x) = \frac{K}{R^2}\sum_{\alpha=0}^{1}\sum_n (\widetilde{N}_{x\varphi}, \widetilde{N}_{\varphi x}, \widetilde{Q}_\varphi, \widetilde{S}_x)\cos\left(n\varphi + \frac{\alpha\pi}{2}\right) \tag{5-10}$$

$$(u, w) = h\sum_{\alpha=0}^{1}\sum_n (\widetilde{u}, \widetilde{w})\sin\left(n\varphi + \frac{\alpha\pi}{2}\right) \tag{5-11}$$

$$v = h\sum_{\alpha=0}^{1}\sum_n \widetilde{v}\cos\left(n\varphi + \frac{\alpha\pi}{2}\right)$$

$$\psi = \frac{h}{R} \sum_{\alpha=0}^{1} \sum_{n} \widetilde{\psi} \sin\left(n\varphi + \frac{\alpha\pi}{2} \right) \tag{5-12}$$

式中　n——周向波数；

α——1 或者 0 分别代表对称模态或者反对称模态，并引入以下无量纲长度参数和频率因子：

$$\xi = \frac{x}{l},\ \tilde{l} = \frac{l}{R},\ \tilde{h} = \frac{h}{R},\ \lambda^2 = \frac{\rho h R^2 \omega^2}{D} \tag{5-13}$$

经过复杂的化简和对 8 个未知量消去后，可得一阶矩阵微分方程形式为

$$\frac{\mathrm{d}\{Z(\xi)\}}{\mathrm{d}\xi} = \tilde{l}\boldsymbol{U}(\xi)\{Z(\xi)\} + \{F(\xi)\} - \{p(\xi)\} \tag{5-14}$$

式中　$Z(\xi) = \{\tilde{u}\ \ \tilde{v}\ \ \tilde{w}\ \ \tilde{\psi}\ \ \widetilde{M}_x\ \ \widetilde{V}_x\ \ \widetilde{S}_{x\varphi}\ \ \widetilde{N}_x\}^{\mathrm{T}}$；

$\tilde{u}, \tilde{v}, \tilde{w}$——轴向、周向及径向方向的无量纲位移值；

$\tilde{\psi}$——转角的无量纲角度值；

$\widetilde{M}_x$——弯矩的无量纲值；

$\widetilde{V}_x, \widetilde{S}_{x\varphi}$——无量纲化的 Kelvin – Kirchhoff 等效剪力和切向力；

$\widetilde{N}_x$——无量纲化的等效膜力；

$\boldsymbol{U}(\xi)$——结构状态向量的场传递矩阵。

5.1.2　环肋处的点传递矩阵

环肋对圆柱壳的作用主要体现在状态向量的变化上，通过壳体面板与环肋连接处的位移连续性条件，导出环肋截面质心的位移分量 u、v、w、φ 与壳体中面位移分量 $\tilde{u}$、$\tilde{v}$、$\tilde{w}$、φ_r 之间的关系：

$$u = \tilde{u} - e\frac{\partial \tilde{w}}{\partial x} \tag{5-15}$$

$$v = \tilde{v}\frac{R_1}{R} - \frac{e}{R}\frac{\partial \tilde{w}}{\partial \theta} \tag{5-16}$$

$$w = \tilde{w} \tag{5-17}$$

$$\varphi = \widetilde{\varphi}_r \tag{5-18}$$

式中，e 为偏心距，内肋取负号，外肋取正号。

环肋对圆柱壳壳体的反作用力、反力矩与圆柱壳振动的位移有关。当圆柱壳振动时，与壳体连接在一起的环肋会做四种形式的振动，其中两种是面内运动即面内的弯曲和拉伸振动，另外两种是面外运动即面外的弯曲和扭转振动。令 F_u、F_v、F_w 和 M_φ 分别表示圆柱壳对环肋的纵向、切向、径向的反作用力及力矩。$\widetilde{F}_u$、$\widetilde{F}_v$、$\widetilde{F}_w$ 和 $\widetilde{M}_\varphi$ 分别表示环肋对圆柱壳的纵向、切向、径向的反作用力及力矩。则两者满足相应的关系，即

$$F_u = -\widetilde{F}_u \tag{5-19}$$

$$F_v = -\widetilde{F}_v \tag{5-20}$$

$$F_w = -\widetilde{F}_w \tag{5-21}$$

$$M_\varphi = -\widetilde{M}_\varphi + e\widetilde{F}_u \tag{5-22}$$

将方程组中的状态向量无量纲化可得

$$\left[\frac{EI_1}{R_b^4}\frac{R_b}{R}n^4 + \frac{EA}{R_b^2}\left(1+\frac{e}{R}n^2\right) - \rho A\omega^2\right]h\,\widetilde{w}_r + \left[\frac{EI_1}{R_b^4}\frac{R_b}{R}n^3 + \frac{EA}{R_b^2}\frac{R_b}{R}\right]h\,\widetilde{v}_r = -\frac{K}{R^2}\widetilde{F}_w \tag{5-23}$$

$$\left[\frac{EI_1}{R_b^4}\frac{R_b}{R}n^3 + \frac{EA}{R_b^2}n\frac{R-e}{R} - \rho A\omega^2 n\frac{e}{R}\right]h\,\widetilde{w}_r + \left[\frac{EI_1}{R_b^4}\frac{R_b}{R}n^2 + \frac{EA}{R_b^2}\frac{R_b}{R}n^2 - \rho A\omega^2\frac{R_b}{R}\right]h\,\widetilde{v}_r$$
$$= -\frac{K}{R^2}\widetilde{F}_v \tag{5-24}$$

$$\left[\frac{EI_2}{R_b^4}n^4 + \frac{GJ}{R_b^4}n^2 - \rho A\omega^2\right]h\,\widetilde{u}_r + \left[-\frac{EI_2}{R_b^4}en^4 + \frac{EI_2}{R_b^4}R_1n^2 - \frac{GJ}{R_b^4}en^2 + \frac{GJ}{R_b^4}R_1n^2 - \rho A\omega^2 e\right]\frac{h}{R}\widetilde{\varphi}_r$$
$$= -\frac{K}{R^2}\widetilde{F}_u \tag{5-25}$$

$$\left[\frac{EI_2}{R_b^3}n^2 + \frac{GJ}{R_b^3}n^2\right]h\,\widetilde{u}_r + \left[\frac{EI_2}{R_b^3}R_b - \frac{EI_2}{R_b^3}en^2 - \frac{GJ}{R_b^3}en^2 + \frac{GJ}{R_b^3}R_bn^2 - \rho I_p\omega^2\right]\frac{h}{R}\widetilde{\varphi}_r$$
$$= -\frac{K}{R}\widetilde{M}_\varphi + \frac{K}{R^2}e\widetilde{F}_{ui} \tag{5-26}$$

式中，R_b 为肋骨形心半径，$R_b = R + e$。

由上式可得在某一环肋位置 ξ_k 处，环肋左端 ξ_k^L、右端 ξ_k^R 由于环肋的存在导致两个面内力和两个面外力发生变化，满足下式：

$$Z(\xi_k^R) = \boldsymbol{R}_k Z(\xi_k^L) \tag{5-27}$$

式中，$Z(\xi_k^L)$、$Z(\xi_k^R)$ 分别代表环肋左、右端处的状态向量。$\boldsymbol{R}_k$ 是 8×8 的点传递矩阵。

5.1.3　加筋圆柱壳振动特性计算的传递矩阵法求解

采用 Riccati 传递矩阵法计算圆柱壳结构的振动特性,以第 $j \sim j+1$ 结构段为例进行分析可知,左端状态矢量 $\boldsymbol{Z}(\xi_j^R)$ 通过该段场传递矩阵 $\boldsymbol{U}(\xi_j)$ 过渡至右端状态矢量 $\boldsymbol{Z}(\xi_{j+1}^L)$,即 $\boldsymbol{Z}(\xi_{j+1}^L) = \boldsymbol{U}(\xi_j)\boldsymbol{Z}(\xi_j^R)$。第 $j+1$ 个截面(如环肋)处,左端状态矢量 $\boldsymbol{Z}(\xi_{j+1}^L)$ 通过该截面处点传递矩阵 $\boldsymbol{Z}(\xi_{j+1}^R) = \boldsymbol{U}(\xi_j)\boldsymbol{Z}(\xi_j^R)$。

由式(5 – 11)可以看出,当不考虑外激励的情况时,方程就变为求解圆柱壳振动特性的线性方程,进而可以得到圆柱壳结构的场传递矩阵以及环肋的点传递矩阵,可将场传递矩阵和点传递矩阵组合成整个圆柱壳结构的传递矩阵。设圆柱壳结构共有 n 个分段,则圆柱壳结构的总传递矩阵可以表示为

$$\boldsymbol{Z}_n^R = \boldsymbol{U}_{\text{total}}\boldsymbol{Z}_1^L \tag{5 – 28}$$

式中　$\boldsymbol{Z}_1^L$——左端截面状态矢量;

$\quad\quad\boldsymbol{Z}_n^R$——右端截面状态向量;

$\quad\quad\boldsymbol{U}_{\text{total}}$——圆柱壳整体传递矩阵,

$$\boldsymbol{U}_{\text{total}} = \prod_{i=1}^{n} \boldsymbol{U}_i \boldsymbol{R}_{ri} \tag{5 – 29}$$

由上式可以看出,圆柱壳的传递矩阵为一系列点传递矩阵和场传递矩阵的连乘。对于圆柱壳结构来说,该矩阵为 8×8 阶,矩阵的阶数不随管段数目的增加而增大。但是随着计算频率增加,分段数过多时,误差累积会造成计算精度下降,进而会导致数值计算出现不稳定现象,这种连乘形成得到的传递矩阵为普罗尔(Prohl)传递矩阵。王正等通过 Riccati 变换进行求解,把微分方程的两点边值问题变换为一点初值问题,提出了 Riccati 传递矩阵法,提高了传递矩阵法的数值稳定性。

对于圆柱壳结构来说,Riccati 传递矩阵把状态向量中的 8 个元素分为两组,令 $\boldsymbol{Z}_i = \{e \quad f\}^{\mathrm{T}}$,其中 f 由左端截面状态向量 $\boldsymbol{Z}_1^L$ 中具有零值的 4 个元素组成;e 由其余 4 个互补元素组成。则根据所选的 f、e 向量,对式(5 – 29)中 $\boldsymbol{U}_{\text{total}}$ 各元素的位置做相应的变换,得到相邻截面状态向量之间的关系为

$$\begin{Bmatrix} e \\ f \end{Bmatrix}_{i+1} = \begin{bmatrix} U_{11} & U_{12} \\ U_{21} & U_{22} \end{bmatrix} \begin{Bmatrix} e \\ f \end{Bmatrix}_i \tag{5 – 30}$$

式中,U_{11}、U_{12}、U_{21}、U_{22} 为与变换后 $\boldsymbol{U}_{\text{total}}$ 位置对应的分块矩阵,均为 4×4 阶。

将上式展开,得

$$\begin{cases} e_{i+1} = U_{11}e_i + U_{12}f_i \\ f_{i+1} = U_{21}e_i + U_{22}f_i \end{cases} \qquad (5-31)$$

引入 Riccati 变换:$f_i = S_i e_i$。其中,S_i 即为 Riccati 传递矩阵,它是一个 4×4 阶的待定矩阵,将其代入式(5-31)得

$$e_i = \left[U_{11} + U_{12}S \right]_i^{-1} e_{i+1} \qquad (5-32)$$

$$f_{i+1} = \left[U_{21} + U_{22}S \right]_i \left[U_{11} + U_{12}S \right]_i^{-1} e_{i+1} \qquad (5-33)$$

根据引入的 Riccati 变换及式(5-33),得到递推关系式为

$$S_{i+1} = \left[U_{21} + U_{22}S \right]_i \left[U_{11} + U_{12}S \right]_i^{-1} \qquad (5-34)$$

根据初始条件,$f=0$,$e \neq 0$,可得初值 $S_1 = 0$。在已知 U_{11}、U_{12}、U_{21}、U_{22} 的条件下,反复利用式(5-34)计算出各截面处的 Riccati 传递矩阵 $S_2, S_3, \cdots, S_n$,对末端截面有

$$f_n = S_n e_n \qquad (5-35)$$

式(5-35)即为圆柱壳结构的整体 Riccati 传递矩阵。进而,可根据右端截面的边界条件,假设 $f_n = 0$,可得

$$S_n e_n = 0 \qquad (5-36)$$

得到频率方程

$$D(\omega) = |S_n| = 0 \qquad (5-37)$$

式中,$D(\omega)$ 是随 ω 变化的特征行列式。求解时可参照插值法和二分法等办法进行求解得到方程的根 ω。将求解得到的根代入式(5-30)中可依次得到各截面处状态向量的比例关系,进而可得到圆柱壳结构在给定边界条件下的振型。

5.2 圆柱壳结构的声辐射理论基础

5.2.1 声压作用下传递矩阵的精细积分方法

外流场用亥姆霍兹(Helmholtz)方程表示为

$$\nabla^2 p + k_0^2 p = 0 \qquad (5-38)$$

声压同时还满足的边界条件为

$$\lim_{r \to \infty} \sqrt{r} \left(\frac{\partial p}{\partial r} + ik_0 p \right) = 0 \qquad (5-39)$$

$$\left.\frac{\partial p}{\partial x}\right|_{x=0} = \left.\frac{\partial p}{\partial x}\right|_{x=L} = 0 \tag{5-40}$$

对于声压场,用分离变量法求解 Helmholtz 方程,并考虑辐射条件及壳壁处的耦合边界条件,则圆柱壳外部声场中的声压展开式有如下形式的解:

$$p = \sum_{\alpha=0}^{1} \sum_{n=0}^{\infty} \sum_{m=0}^{\infty} p_{mn} H_n^{(1)}(k_r r) \cos(k_m x) \sin\left(n\theta + \frac{\alpha\pi}{2}\right) \tag{5-41}$$

式中,$k_m = \dfrac{m\pi}{L}, m = 0,1,\cdots,N$; $k_r = \sqrt{k_0^2 - k_m^2}$。

当自变量为实数时

$$H_n^{(1)}(x) = J_n(x) + iY_n(x) \tag{5-42}$$

当自变量为虚数时

$$H_n^{(1)}(ix) = (-i)^{n+1} \frac{2}{\pi} K_n(x) \tag{5-43}$$

对于线性的非齐次微分方程(5-14),其一般解可表示为

$$Z(\xi) = e^{U\Delta\xi} Z(\xi_0) + \int_{\xi_0}^{\xi} e^{U(\xi-\tau)} r(\tau)d\tau, Z(\xi_0) = Z_0 \tag{5-44}$$

式中,$r(\tau) = \{F(\xi)\} - \{p(\xi)\}$,为非其次项引起的状态响应。

数值计算时,将结构模型分为一系列分段,其节点坐标为 $\xi_k, k = 1,2,3,\cdots,$ $N-1$,任意相邻的位置为 ξ_k、ξ_{k+1},其中 $\xi_{k+1} = \xi_k + \Delta\xi$。则可以得到其关系为

$$Z(\xi_{k+1}) = e^{U(\xi-\tau)} Z(\xi_k) + \int_{\xi_k}^{\xi_{k+1}} e^{U(\xi_{k+1}-\tau)} r(\tau)d\tau$$

$$= \boldsymbol{\Phi}(\Delta\xi) Z(\xi_k) + \int_0^{\Delta\xi} e^{U\tau} r(\xi_{k+1} - \tau)d\tau \tag{5-45}$$

式中,$\boldsymbol{\Phi}_0(\Delta\xi) = e^{U\Delta\xi}$,对于 $\boldsymbol{\Phi}_0(\Delta\xi)$ 来说,可以采用钟万勰的精细积分法进行求得。具体求解步骤如下:

$$\boldsymbol{\Phi}_0(\Delta\xi) = e^{U\Delta\xi} = \exp(\boldsymbol{H})^{2^s} \tag{5-46}$$

式中,$\boldsymbol{H} = U \dfrac{\Delta\xi}{2^s}$。

对 $\exp(\boldsymbol{H})$ 进行泰勒展开:

$$\exp(\boldsymbol{H}) = \boldsymbol{I}_8 + \sum_{k=1}^{\infty} \frac{\boldsymbol{H}^k}{k!} = \boldsymbol{I}_8 + \boldsymbol{T}_a \tag{5-47}$$

式中,$\boldsymbol{I}_8$ 为八阶精度单元,由于 $\boldsymbol{T}_a$ 的非零元素为小量,$\boldsymbol{I}_8$ 直接与 $\boldsymbol{T}_a$ 相加时,数值计算时尾数会因为舍入误差而导致精度丧失,因此在实际计算时,仅先考虑对 $\boldsymbol{T}_a$ 采用加法定理进行计算:

$$\exp(\boldsymbol{H}) = \left[(\boldsymbol{I}_8 + \boldsymbol{T}_a)(\boldsymbol{I}_8 + \boldsymbol{T}_a)\right]^{2^{s-1}} = \left[\boldsymbol{I}_8 + 2\boldsymbol{T}_a + \boldsymbol{T}_a^2\right]^{2^{s-1}} \tag{5-48}$$

所以可以执行下列相关语句：

$$\text{For}（\text{iter}=0；\text{iter}<\text{N}；\text{iter}++）\quad \boldsymbol{T}_a \Leftarrow 2\boldsymbol{T}_a + \boldsymbol{T}_a^2 \tag{5-49}$$

经过 S 次循环赋值，可直接求解得到

$$\boldsymbol{\Phi}_0(\Delta\xi) = \mathrm{e}^{U\Delta\xi} = \boldsymbol{I}_8 + \boldsymbol{T}_a \tag{5-50}$$

如果外界激励力 $\boldsymbol{r}(\tau)$ 为连续激励，则 $r(\tau) = H_n^{(1)}(k_r R)\cos(k_m x)$ 对应 (m,n) 阶波数下的广义声压，代入上式(5-45)可得其响应项为

$$\int_0^{\Delta\xi} \mathrm{e}^{U\tau} \boldsymbol{r}(\xi_{k+1}-\tau)\mathrm{d}\tau$$

$$= \int_0^{\Delta\xi} \mathrm{e}^{U\tau} \cos[k_m l(\xi_{k+1}-\tau)]\boldsymbol{e}\mathrm{d}\tau$$

$$= \boldsymbol{e}\cos(k_m l\xi_{k+1})\int_0^{\Delta\xi} \mathrm{e}^{U\tau}\cos(k_m l\tau)\mathrm{d}\tau + \boldsymbol{e}\sin(k_m l\xi_{k+1})\int_0^{\Delta\xi} \mathrm{e}^{U\tau}\sin(k_m l\tau)\mathrm{d}\tau$$

$$\tag{5-51}$$

其中，$\boldsymbol{e} = H_n^{(1)}(k_r R)\begin{bmatrix} 0 & 0 & 0 & 0 & 0 & 1 & 0 & 0 \end{bmatrix}^{\mathrm{T}}$，令 $\alpha = ik_m l$，$\boldsymbol{pp} = \boldsymbol{e}\cos(k_m l\xi_{k+1})$，$\boldsymbol{qq} = \boldsymbol{e}\sin(k_m l\xi_{k+1})$，则

$$\int_0^{\Delta\xi} \mathrm{e}^{U\tau}\boldsymbol{r}(\xi_{k+1}-\tau)\mathrm{d}\tau = \mathrm{Re}\left(\int_0^{\Delta\xi} \mathrm{e}^{U\tau}\mathrm{e}^{\alpha\tau}\mathrm{d}\tau\right)\boldsymbol{pp} + \mathrm{Im}\left(\int_0^{\Delta\xi} \mathrm{e}^{U\tau}\mathrm{e}^{\alpha\tau}\mathrm{d}\tau\right)\boldsymbol{qq} \tag{5-52}$$

所以关键是求 $\int_0^{\Delta\xi} \mathrm{e}^{U\tau}\mathrm{e}^{\alpha\tau}\mathrm{d}\tau$，令

$$\boldsymbol{E}(\Delta\xi) = \int_0^{\Delta\xi} \mathrm{e}^{U\tau}\mathrm{e}^{\alpha\tau}\mathrm{d}\tau \tag{5-53}$$

$$\varphi_0(l) = \mathrm{e}^{\alpha l} \tag{5-54}$$

由加法定理可得

$$\boldsymbol{E}(2\Delta\xi) = \int_0^{2\Delta\xi} \mathrm{e}^{U\tau}\mathrm{e}^{\alpha\tau}\mathrm{d}\tau = \boldsymbol{E}(\Delta\xi) + \varphi_0(\Delta\xi)\boldsymbol{\Phi}_0(\Delta\xi)\boldsymbol{E}(\Delta\xi) \tag{5-55}$$

$$\boldsymbol{\Phi}_0(2\Delta\xi) = \boldsymbol{\Phi}_0(\Delta\xi)\boldsymbol{\Phi}_0(\Delta\xi) \tag{5-56}$$

$$\varphi_0(2\Delta\xi) = \varphi_0(\Delta\xi)\varphi_0(\Delta\xi) \tag{5-57}$$

当精细区段 τ 非常小时，$\boldsymbol{E}(\tau)$、$\boldsymbol{\Phi}_0(\tau)$、$\varphi_0(\tau)$ 可采用泰勒级数展开有限项进行近似，如下：

$$\boldsymbol{E}(\tau) = \sum_{k=0}^{\infty}\sum_{m=0}^{\infty}\int_0^{\Delta\xi} \frac{\boldsymbol{U}^k\alpha^m t^{k+m}}{k!m!}\mathrm{d}t = \sum_{k=0}^{\infty}\sum_{m=0}^{\infty}\frac{\boldsymbol{U}^k\alpha^m \tau^{k+m+1}}{k!m!(k+m+1)} \tag{5-58}$$

$$\boldsymbol{\Phi}_0(\tau) = \mathrm{e}^{U\tau} = \sum_{k=0}^{\infty}\frac{\boldsymbol{U}^k\tau^k}{k!} \tag{5-59}$$

$$\varphi_0(\tau) = \mathrm{e}^{\alpha\tau} = \sum_{k=0}^{\infty}\frac{\alpha^k\tau^k}{k!} \tag{5-60}$$

利用精细区段的加法定理能够求出非齐次项的精细结果。同时可将式(5 - 19)写成矩阵的形式为

$$\begin{bmatrix} Z(\xi_{k+1}) \\ 1 \end{bmatrix} = \begin{bmatrix} \boldsymbol{\Phi}_0(\Delta\xi) & \mathrm{Re}(\boldsymbol{E}(\Delta\xi))\boldsymbol{pp} + \mathrm{Im}(\boldsymbol{E}(\Delta\xi))\boldsymbol{qq} \\ 0 & 1 \end{bmatrix} \begin{bmatrix} Z(\xi_k) \\ 1 \end{bmatrix}$$

$$= \boldsymbol{M}_k \begin{bmatrix} Z(\xi_k) \\ 1 \end{bmatrix} \tag{5 - 61}$$

式中,$\boldsymbol{M}_k$ 为广义声压作用下的场传递矩阵。

从以上推导过程可知,由于没有假定结构的位移模式,而是直接从壳体振动微分方程出发,因此推导的传递矩阵是精细传递矩阵,误差只来自 $\boldsymbol{E}(l)$ 的求解不可能取无穷多项,实际计算时,一般取 4 项就满足要求。

5.2.2　集中力作用下的传递矩阵

圆柱壳受到的机械激励力设为集中力,力作用点为 (x_0,θ_0),故机械激励力表达式为

$$f(x,\theta) = f_0\delta(x - x_0)\delta(\theta - \theta_0)/R \tag{5 - 62}$$

将上式进行正交变换可得

$$f(x,\theta) = \delta(x_0)\sum_{\alpha=0}^{1}\sum_{n=0}^{\infty}f_n\sin\left(n\theta + \frac{\alpha\pi}{2}\right) \tag{5 - 63}$$

式中,$f_n = \sum\limits_{\alpha=0}^{1}f_0\dfrac{\varepsilon_n}{2\pi}\sin\left(n\theta_0 + \dfrac{\alpha\pi}{2}\right)$,其中,$\varepsilon_n = \begin{cases} 1, & n = 0 \\ 2, & n \neq 0 \end{cases}$。

集中力对圆柱壳的作用与环肋类似,仅仅是改变了集中力处的状态向量,故集中力左右两端满足类似式的式子:

$$\begin{bmatrix} Z(\xi_k^R) \\ 1 \end{bmatrix} = \begin{bmatrix} \boldsymbol{I} & \boldsymbol{F}_k \\ 0 & 1 \end{bmatrix} \begin{bmatrix} Z(\xi_k^L) \\ 1 \end{bmatrix} = \boldsymbol{IF}_k \begin{bmatrix} Z(\xi_k^L) \\ 1 \end{bmatrix} \tag{5 - 64}$$

式中,$\boldsymbol{I}$ 代表 8×8 的单位矩阵;$\boldsymbol{F}_k = RK^{-1}\begin{bmatrix} 0 & 0 & 0 & 0 & 0 & f_n & 0 & 0 \end{bmatrix}^{\mathrm{T}}$;$\boldsymbol{IF}_k$ 代表集中力的点传递矩阵。

5.2.3　求解环肋圆柱壳动响应的精细传递矩阵法

环肋圆柱壳的传递矩阵是一系列点阵和场阵的连乘。以上形成的传递矩阵称为 Prohl 传递矩阵,矩阵的阶数不随管段数目的增加而增大。但是随着计算频

率增加,管段数过多时容易出现误差累积,造成计算精度下降,最终导致数值不稳定现象。为此,通过 Riccati 传递变换,把微分方程的两点边值问题变换为一点初值问题,提出了一种新的求解办法——精细传递矩阵法,不但通过增量存储把外界激励(激励力或声压作用)考虑进来,还提高了传递矩阵法的数值稳定性。采用精细传递矩阵法计算环肋圆柱壳的水下声辐射特性。

1. 集中力作用下的状态向量

对第 $\xi_k \sim \xi_{k+1}$ 结构段,左端状态向量 $Z(\xi_k^R)$ 通过该段的场传递矩阵 $\boldsymbol{\Phi}_0(l)$ 过渡至 $Z(\xi_{k+1}^L)$,在 ξ_{k+1} 截面处存在集中力或加强筋,左端状态向量 $Z(\xi_{k+1}^L)$ 通过 $\boldsymbol{IF}_{k+1}$ 或者 $\boldsymbol{R}_{k+1}$ 过渡到右端状态向量 $Z(\xi_{k+1}^R)$,重复以上过程,可以得到环肋柱壳的左端状态向量 $Z(\xi_0^L)$ 与右端状态向量 $Z(\xi_N^R)$ 的关系:

$$Z(\xi_N^R) = \sum_{k=1}^{N} \boldsymbol{C}_{kP}\boldsymbol{C}_{kF} \cdot Z(\xi_0^L) \tag{5-65}$$

式中,$\boldsymbol{C}_{kP}$、$\boldsymbol{C}_{kF}$ 分别代表点传递矩阵和场传递矩阵。由结构输入点的边界条件,确定 Riccati 传递矩阵 $\boldsymbol{S}_1$,由输入点的初值可求出各截面处的 Riccati 传递矩阵 $\boldsymbol{S}_k$,利用输出点的边界条件确定 $\boldsymbol{S}_N$ 应满足的条件。求出输出点的状态矢量,然后代入式(5-65)就可以得到任意分段节点处的状态向量,进而可得到各阶周向波数 n 下,集中力作用下的径向位移 $w_f^n(x)$。

2. 声压作用下的状态向量

对 (m,n) 阶波数下的单项声压 $H_n^{(1)}(k_r R)\cos(k_m x)$ 来说,可以利用其作用下的状态向量,通过式(5-61)的精细传递矩阵法进行求解,得到场传递矩阵,进而得到总传递矩阵为

$$Z(\xi_N^R) = \sum_{k=1}^{N} \boldsymbol{C}_{kP}\boldsymbol{M}_k Z(\xi_0^L) \tag{5-66}$$

同理,利用精细传递矩阵法和两端的边界条件,可得到对应 (m,n) 阶波数下的声压激励作用下的径向位移 $w_m^n(x)$。

5.3　水中圆柱壳的振动和辐射噪声计算

5.3.1　环肋柱壳水下声辐射的求解

根据线性叠加原理,对应于任意阶周向波数 n 下的径向位移满足:

$$w^n(x) = w_f^n(x) + \sum_{m=0}^{\infty} p_{mn} w_m^n(x) \qquad (5-67)$$

式中　$w_f^n(x)$——n 阶波数下集中力作用下圆柱壳结构的径向位移;

$\quad\quad w_m^n(x)$——(m,n) 阶波数下声压作用下圆柱壳结构的径向位移。

根据连续性条件,在流体与结构的接触面上,流体径向速度必须等于结构的径向速度:

$$\frac{1}{i\omega\rho}\frac{\partial p}{\partial r} = \frac{\partial w}{\partial t}\Bigg|_{r=R} \qquad (5-68)$$

由于结构界面上的任意一点均满足连续条件,故采用切比雪夫 - 高斯(Chebyshev - Gauss)配置点在壳体母线上离散,即

$$r_j = \cos\frac{\pi j}{N}, \quad j=1,2,3,4,\cdots,N \qquad (5-69)$$

求解变量在 $[-1,1]$ 之间的规则区域,在实际求解区域往往不在标准区间中,因此就需要对计算区域进行坐标变换:

$$x_j = \frac{L}{2}(r_j+1), \quad x_j \in [-1,1] \qquad (5-70)$$

由此,通过在结构长度方向取 M 个点,其中 M 大于波数 m,而且满足 $M = 2\pi\lambda^{-1}$。然后代入到式(5-57)中,并将式(5-41)和式(5-56)代入式(5-57)中,则可转化为求解各波数对应的声压系数的方程:

$$\sum_{m=0}^{\infty} p_{mn}\left[\frac{\partial H_n^{(1)}(k_r R)}{\partial r}\cos(k_m x_j) - \rho_0\omega^2 w_m^n(x_j)\right] = w_f^n(x_j), j=1,2,3,\cdots,M$$

$$(5-71)$$

可通过 Moore - Penrose 广义求逆法进行求解 p_{mn}。具体求解思路为

令 $[U_{jm}]_n = \dfrac{\partial H_n^{(1)}(k_r R)}{\partial r}\cos(k_m x_j) - \rho_0\omega^2 w_m^n(x_j)$,$\{p_{m1}\}_n = p_{mn}$,$\{Q_j\}_n = $

$w_f^n(x_j)$，则

$$[U]_n\{p\}_n = \{Q\}_n \qquad (5-72)$$

根据 Moore – Penrose 广义求逆法，首先将$[U]$进行奇异值分解，可得

$$[U] = [A][D][V]^{\mathrm{T}} \qquad (5-73)$$

式中　$[A]$——M 阶正交矩阵；

　　　　$[V]$——m 阶正交方阵；

　　　　$[D]$——对角阵，$[D] = \begin{bmatrix} \Sigma & 0 \\ 0 & 0 \end{bmatrix}$，$\Sigma = \mathrm{diag}(\sigma_1,\cdots,\sigma_m)$。

　　矩阵$[U]$进行 Moore – Penrose 逆，可得

$$[U]^{-1} = [V][D]^{-1}[A]^{\mathrm{T}} \qquad (5-74)$$

将其代入式（5 – 75），可得

$$\{p\}_n = [V][D]^{-1}[A]_n^{\mathrm{T}}\{Q\}_n \qquad (5-75)$$

将求得的$\{p\}$代入到式（5 – 41）中即可得到流场中的辐射声压。根据式（5 – 41）求解得到的水下辐射声压可得对应的辐射声压级：$L_p = 20\lg\left(\dfrac{p}{p_0}\right)$，参考基准声压值为：$1\ \mu\mathrm{Pa}$。

5.3.2　环肋柱壳的辐射声功率和辐射效率

　　假设圆柱壳两端有无限大固壁，(q,n)阶振动模态引起的产生的(m,n)阶声压满足：

$$P_{mn}H_n^{(1)}(k_r r) = -i\omega\sum_q Z_{qmn}W_{mn} \qquad (5-76)$$

$$Z_{qmn} = \frac{2}{\pi L}\int_0^\infty \frac{k_q k_m (-1)^{q+m}\cos^2 KL}{(k_q^2 - K^2)(k_m^2 - K^2)}\frac{i\omega\rho_0 H_n^{(1)}(\sqrt{k_0^2 - K^2}R)}{H_n^{(1)\prime}(\sqrt{k_0^2 - K^2}R)}\mathrm{d}K \qquad (5-77)$$

式中　W_{mn}——对应径向位移的系数，满足 $w = \sum_{mn} W_{mn}\cos(k_m x)\cos(n\theta)$；

　　　　Z_{qmn}——(q,n)阶和(m,n)阶模态的互辐射阻抗。

　　通过上面的表达式可以看出，当$m = q$时，$K = K_q = K_m$是被积函数分母的"重根"，当$q \neq m$时，其值为被积函数分母的"单根"。同时可以看出当圆柱壳结构为无限长情况，即$k_m L$为无穷大时，互辐射阻抗为 0。综合分析可以得出自辐射阻抗$(q = m)$要大于互阻抗$(q \neq m)$，如果忽略互辐射阻抗，就可以简化互辐射阻抗表达式为

$$Z_{mmn} = \frac{2}{\pi L}\int_0^\infty \frac{k_m^2\cos^2 KL}{(k_m^2-K^2)^2}\,\frac{i\omega\rho_0 H_n^{(1)}(\sqrt{k_0^2-K^2}\,R)}{H_n^{(1)'}(\sqrt{k_0^2-K^2}\,R)}\mathrm{d}K \qquad (5-78)$$

按照定义,辐射声功率为

$$P(\omega) = \frac{1}{2}\int_0^{2\pi} R\mathrm{d}\theta\int_0^L \mathrm{d}x\mathrm{Re}\{p(R,\theta,x)\dot{w}^*(R,\theta,x)\} \qquad (5-79)$$

$$P(\omega) = \frac{S}{4}\mathrm{Re}\left\{\sum_m\sum_n\frac{1}{\varepsilon_n}\dot{W}_{mn}Z_{mmn}\dot{W}_{mn}^*\right\} \qquad (5-80)$$

结构表面的平均振速为

$$\langle\dot{w}(R,\theta,x)\dot{w}^*(R,\theta,x)\rangle = \frac{1}{4}\sum_m\sum_n\frac{1}{\varepsilon_n}\dot{W}_{mn}\dot{W}_{mn}^* \qquad (5-81)$$

得到的辐射效率为

$$\sigma(\omega) = \frac{\mathrm{Re}\left\{\sum_m\sum_n\dfrac{1}{\varepsilon_n}\dot{W}_{mn}Z_{mmn}\dot{W}_{mn}^*\right\}}{\rho_0 c_0\sum_m\sum_n\dfrac{1}{\varepsilon_n}\dot{W}_{mn}\dot{W}_{mn}^*} \qquad (5-82)$$

声功率级、径向均方速度级和辐射效率级分别定义为

$$L_w = 10\lg\frac{P}{P_o} \qquad (5-83\mathrm{a})$$

$$L_v = 10\lg\frac{\langle\dot{w}\dot{w}^*\rangle}{\dot{w}_o^2} \qquad (5-83\mathrm{b})$$

$$L_\sigma = \lg\sigma \qquad (5-83\mathrm{c})$$

式(5-83)中,声功率级和速度级的基准为

$$P_o = 0.67\mathrm{e}^{-18}(\mathrm{W}),\ \dot{w}_o = 5\times10^{-8}(\mathrm{m/s})$$

根据式(5-83)求解得到加筋圆柱壳的水下辐射声功率级、均方振速级及辐射效率级。

5.3.3　收敛性分析

计算结果的收敛性涉及模态截取的问题,计算的环肋圆柱壳取圆柱壳长 $L=0.6$ m,半径 $r=0.2$ m,厚度 $H=3$ mm,柱壳的内肋为 2 mm×30 mm,肋间距为 0.2 m,初始加强筋的位置 0.2 m,径向激励力作用在内壳($L/2,0$)处,幅值为 1 N,测量点为($L/2,0,1.2$ m)。计算模型壳体、环肋材料相同,其弹性模量 $E=206$ GPa,泊松比 $\mu=0.3$,密度 $\rho=7\,850$ kg/m³,损耗因子 $\eta=0.01$,流体的密度 $\rho_0=1\,000$ kg/m³,声速 $c_0=1\,500$ m/s。边界条件为两端简支,计算频率为

40 Hz ~ 4 kHz,结果如图 5 - 2 所示。

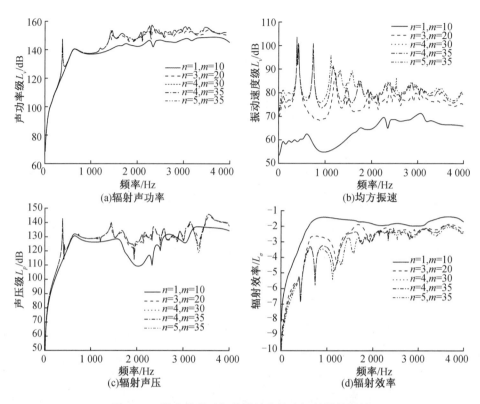

图 5 - 2　模态截断对加筋圆柱壳的声振特性的影响

图 5 - 2 为取周向波数 $n = 0 \sim 1$,轴向波数 $m = 1 \sim 10$; $n = 0 \sim 3, m = 1 \sim 20$; $n = 0 \sim 4, m = 1 \sim 30$; $n = 0 \sim 4, m = 1 \sim 35$; $n = 0 \sim 5, m = 1 \sim 35$ 共五种情况下的辐射声压、辐射声功率级、振动速度级和辐射效率。本书所取的计算频率范围为 $0 \sim 4$ kHz,壳体环频率 $f_r = c/2\pi r$ 大于 4 kHz。当计算频率大于环频率时,壳体变形曲率较小,可以将计算模型简化为平板代替壳结构,如表 5 - 1 所示。

表 5 - 1　m、n 不同取值辐射声功率级的比较(单位:dB)

m、n	频率/Hz				
	10	100	1 000	2 000	4 000
$m = 1 \sim 10, n = 0 \sim 1$	- 8.099 24	- 5.757 37	- 1.425 74	- 1.859 56	- 1.694 15
$m = 1 \sim 20, n = 0 \sim 3$	- 9.718 15	- 7.398 33	- 2.806 1	- 2.511 52	- 2.131 1

表 5 – 1（续）

m、n	频率/Hz				
	10	100	1 000	2 000	4 000
$m=1\sim30,n=0\sim4$	– 9.931 67	– 7.637 96	– 3.376 5	– 2.596 9	– 2.329 12
$m=1\sim35,n=0\sim4$	– 9.931 62	– 7.637 92	– 3.376 5	– 2.596 9	– 2.329 16
$m=1\sim35,n=0\sim5$	– 9.931 65	– 7.894 51	– 3.376 5	– 2.596 9	– 2.329 16

由表 5 – 1 中可以看出，图 5 – 2（a）~ 5 – 2（d）四个图的趋势比较相似。以辐射声压曲线为例，0 ~ 300 Hz 范围内五条曲线基本吻合在一起，因此可以认为低频时较少的模态就已经收敛。随着频率的升高，m、n 小的曲线逐渐分离出来，为保证求解精度，所需要的模态会越来越多，才能保证计算的精度和收敛性，但计算的工作量也会随之增加。因此，在实际计算时合理地选取 m、n 是很有必要的。从表 5 – 1 中可以看出，周向波数 $n=0\sim4$，轴向波数 $m=1\sim30$ 就可以保证数值计算的计算精度。为了保险起见，本书取 m、n 的范围分别为 $m=1\sim35,n=0\sim5$。

5.3.4　方法验证

为了考察所提出的精细传递矩阵法的有效性，分析圆柱壳的固有频率及水下辐射声压分别与有限元法、理论分析方法及实测测试结果的对比，进而验证本书方法的有效性。

1. 圆柱壳的固有振动验证

圆柱壳长 $L=0.2$ m，半径 $r=0.1$ m，厚度 $h=2$ mm，弹性模量 $E=211$ GPa，泊松比 $\mu=0.3$，$\rho=7\,850$ kg/m³。对两端简支的不加肋圆柱壳，可得到各阶固有频率，并将各阶固有频率与有限元计算结果进行对比，如表 5 – 2 所示。

表 5 – 2　两端简支圆柱壳固有频率传递矩阵法计算结果与有限元结果（单位：Hz）

	$n=0$			$n=1$		
	本书	FEM	误差/%	本书	FEM	误差/%
$m=1$	8 150.9	7 937	2.62	4 884.2	4 908	0.49
$m=2$	8 272.4	8 103	2.05	7 262.6	7 245	0.24
$m=3$	8 510.6	8 145	4.30	7 838.7	7 803	0.46

表 5 - 2（续）

	n = 2			n = 3		
	本书	FEM	误差/%	本书	FEM	误差/%
m = 1	2 721.7	2 821.7	3.67	1 760.5	1741	1.11
m = 2	5 579.9	5 650	1.26	4 036.1	4 259	5.52
m = 3	6 967.4	6 965	0.03	5 835.6	5 985	2.56

从表 5 - 2 中可以发现，对于两端简支的柱壳计算模型，用基于弗吕格（Flügge）壳体理论的传递矩阵法求得的固有频率与基于有限元计算的固有频率基本吻合，误差小于 5%，表明壳模型采用精细传递矩阵法进行求解结构动响应是准确和有效的。

对于给定边界条件下的圆柱壳结构来说，固有频率通过求解方程的根得到。对于给定周向波数 n 的圆柱壳，圆柱壳的固有频率以无量纲频率的形式给出，即定义无量纲频率为 $\Omega = R\omega \sqrt{\dfrac{\rho h}{D}}$。图 5 - 3 为对应无量纲频率下的简支边界条件下圆柱壳的振型图。

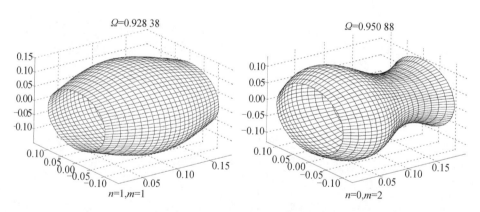

图 5 - 3 对应给定波数下的简支圆柱壳的振型图

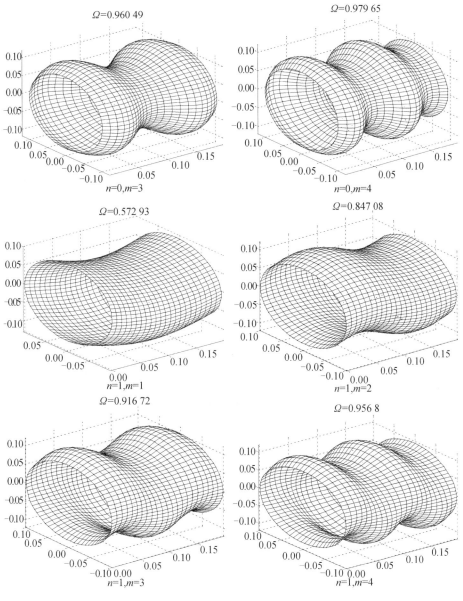

图 5-3（续1）

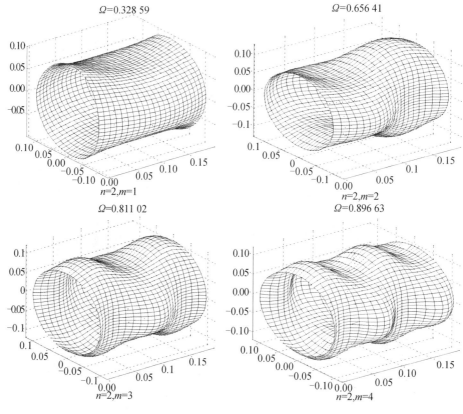

图 5－3(续 2)

2. 圆柱壳的水下辐射声压验证

圆柱壳长 $L = 0.6$ m,半径 $r = 0.175$ m,厚度 $H = 2$ mm,径向激励力作用在内壳($L/2$,0)处,幅值为 1 N,水听器安装在据壳体外面 1 m 处,测量频率 $f = 4$ kHz,模型为加两根外肋的圆柱壳,模型的材料都相同,肋骨等间距布置。

壳体计算模型、环肋材料相同,其弹性模量 $E = 211$ GPa,泊松比 $\mu = 0.3$,密度 $\rho = 7\ 850$ kg/m³,损耗因子 $\eta = 0.01$。流体的密度 $\rho_0 = 1\ 000$ kg/m³,声速度 $c_0 = 1\ 500$ m/s。边界条件为两端简支。分别采用本书提出的精细传递矩阵法和 B. 劳格内特(B. Laulgnet)求解该圆柱壳模型的水下声辐射声压,并将计算结果与文献中给出的测试结果进行对比,计算结果见表 5－3。

表 5 − 3　环肋圆柱壳精细传递矩阵法的计算结果($f=4$ kHz)

周向角度/°	本书方法计算值/dB	实验实测值/dB	B. Laulgnet 计算值/dB
0	139.70	140.88	140.45
15	139.30	140.36	138.99
30	138.11	139.2	134.19
45	136.05	137.86	129.58
60	132.63	135.36	132.73
75	125.59	131.84	131.78
90	119.01	135.36	119.7
105	128.49	135.36	132.04
120	131.33	133.18	137.15
135	131.52	130.25	136.94
150	130.57	128.31	131.77
165	129.50	128.31	126.08
180	129.05	128.31	129.76

从表 5 − 3 中数据可知:本书采用精细传递矩阵法计算得到各周向角度的辐射声压与 B. 劳格内特(B. Laulgnet)的方法计算结果基本吻合。本书方法计算值与实验测量值虽然局部角度存在一定差异,但整体上基本吻合。这说明本书提出的精细传递矩阵法在求解环肋柱壳时具有很好的计算精确度,并且能够应用到有限长加筋圆柱壳的水下声辐射预测。

本节分别讨论了壳体尺寸、环肋、边界条件、流体介质及结构损耗因子等因素变化对水下声辐射的影响。数值计算模型主要参数如下:圆柱壳长 $L=0.6$ m,半径 $r=0.2$ m,厚度 $H=3$ mm,柱壳的内肋为 2 mm × 30 mm,肋间距为 0.20 m,径向激励力作用在内壳($L/2,0$)处,幅值为 1 N。测量点为($L/2,0,r+1$),测量频率 $f=4$ kHz。计算模型壳体、环肋材料相同,其密度 $\rho=7\,850$ kg/m^3,损耗因子 $\eta=0.01$,弹性模量 $E=200$ GPa,泊松比 $\mu=0.3$。流体的密度 $\rho_0=1\,000$ kg/m^3,声速度 $c_0=1\,500$ m/s。边界条件为两端简支。

5.3.5　壳体厚度对声振特性的影响

图 5 − 4 比较了圆柱壳厚度对振动和声辐射的影响。图中实线表示壳厚

149

3 mm,虚线表示壳厚度为 5 mm 的情况。壳厚度的增加提高了圆柱壳的固有频率,使声功率和表面振动均方速度曲线稍微右移,两条声功率级曲线第一个峰值分别出现在频率 390 Hz 和 460 Hz 处,在大部分频段,薄圆柱壳的声功率级稍微高些;从振动速度级曲线上看,薄壳的振动速度级相对较大,在 2 130 Hz 处差值达到 6.37 dB,这是因为壳厚度增加,导致结构的刚度也随之增加造成的;通过对比可以发现,壳厚度变化对振动速度级的影响要大于其对辐射声功率的作用,故在中高频段,圆柱壳较厚时声辐射效率比较高。

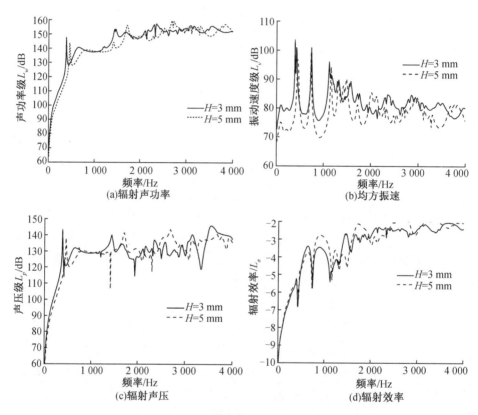

图 5 – 4　壳体厚度对加筋圆柱壳振动和声辐射的影响

5.3.6　壳体长度对声振特性的影响

图 5 – 5 比较了壳体长度分别为 0.6 m 和 1.0 m 时,声功率级和表面振动均方速度级的曲线。随着壳体长度增加,刚度降低,声功率曲线左移。在 0 ~

370 Hz频段,壳体长度为1.0 m时,声功率值总体上要比短壳的高;当频率增加到370 Hz 以上时,除了个别峰值,短壳的声辐射均要比长壳的大。从圆柱壳振动速度级的曲线看,壳体刚度不同对振动速度级影响较大,长度为 0.6 m 的壳体比1.0 m的高,随频率的增加,两条曲线均不断下降,当激励频率大于960 Hz时,两条曲线差别增大。在2 kHz 以上频段,长度为0.6 m 的壳体辐射效率要大于长度为1.0 m 的辐射效率。

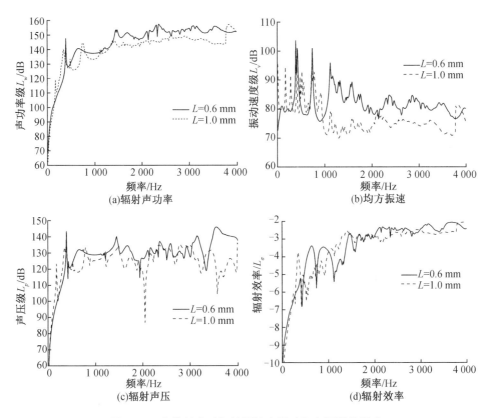

图 5-5　壳体长度对加筋圆柱壳振动和声辐射的影响

5.3.7　结构损耗因子对声振特性的影响

从图 5-6 中可以看出,结构阻尼损耗因子对圆柱壳水下声辐射有很大的影响,在 0～300 Hz 的低频段,损耗因子的影响很小,三条辐射声压曲线基本吻合在一起;而在中高频段,随着损耗因子的增加,辐射声压曲线整体下降,同时曲线峰值被压平,曲线更平缓。但是结构阻尼损耗因子对非峰值区域的影响不大。

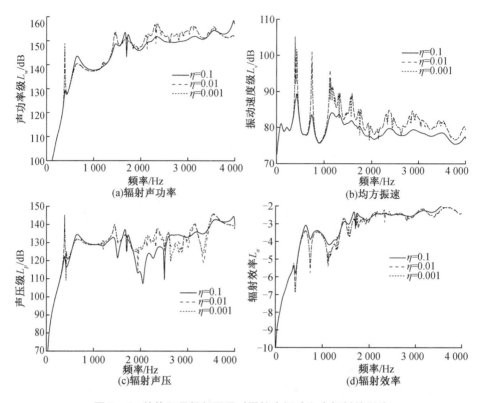

图5-6 结构阻尼损耗因子对圆柱壳振动和声辐射的影响

5.3.8 环肋对声振特性的影响

从图5-7中曲线可以看出,整体来看,环肋对圆柱壳辐射声功率的影响不大,但是对辐射声压有一定的影响,特别是在中高频段,加肋圆柱壳的辐射声压值较小,而在低频段,圆柱壳辐射声压没有发生太大的变化,这是因为环肋以点传递矩阵 R_k 形式参与计算,低频段的声辐射主要来自于低阶模态,而低阶模态时 R_k 的元素值较小,远小于基本壳体的场传递矩阵元素值。因此环肋的存在对低频段的声辐射影响不大。而在中高频段,环肋的 R_k 元素值变大,与壳体的场传递矩阵元素值相当,这时环肋对辐射声压会有一定程度的影响。再从阻抗的角度进行分析,这是由于环肋的存在增加了圆柱壳的刚度,导致加筋圆柱壳系统增加了一个附加机械阻抗,低频时低阶模态的附加机械阻抗对声辐射影响较小,但对结构的振动特性却有一定的影响,改变了圆柱壳体的共振特性,造成尖峰位置和高度的改变。

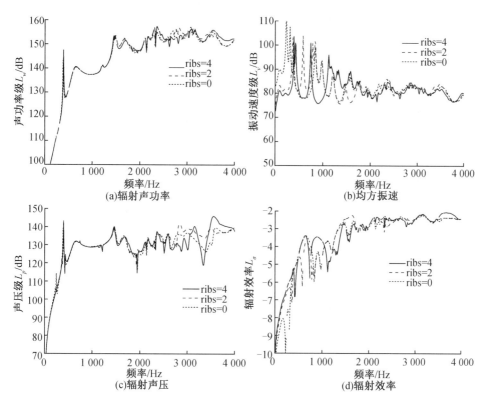

图 5 - 7　环肋对圆柱壳结构振动和声辐射的影响

5.3.9　边界条件对声振特性的影响

图 5 - 8 中分别给出了简支(SS - SS)、固支(C - C)及自由(F - F)边界条件对圆柱壳声振特性的影响。从图 5 - 8 中可以看出,边界条件对圆柱壳的水下辐射有较大的影响。整体来说,在 0 ~ 360 Hz 简支和固支两种边界条件下的声辐射曲线基本吻合在一起,而对于自由边界条件下的圆柱壳,不管是振动还是辐射声均要比其他两种条件的值大很多。在 300 ~ 800 Hz 频段,两端自由情况时的声辐射功率较小,这是不同边界条件改变了圆柱壳结构的固有频率,导致声辐射曲线发生偏移造成的;而在中高频段,刚性简支边界条件与固定和自由端相比,不管

是振动还是声辐射,前者的频响曲线与后两者相比波动最小。

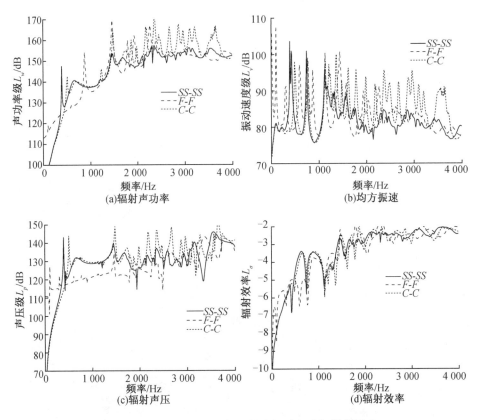

图5-8 不同边界条件对圆柱壳振动和声辐射的影响

5.3.10 激励力方向对声振特性的影响

图5-9比较了加筋圆柱壳在水中受到单位径向激励力、单位轴向激励力及单位周向激励力作用于圆柱壳内表面上同一位置的振动与声辐射对比曲线。受到不同的激励力,加筋圆柱壳的振动与声辐射曲线差异较大。从图中曲线可以看出,受到径向激励时声功率级和振动速度级最高,其次是周向激励力,受轴向激励力时声功率级和振动速度级最小。这是由于径向激励能够很好的激励结构产生弯曲振动,进而辐射声。而轴向激励仅激励结构产生纵向振动,纵向振动往往通过"泊松效应"引起结构水下声辐射。对于同样单位力的情况,轴向激励的振动与声辐射均要小于其他两种激励。

154

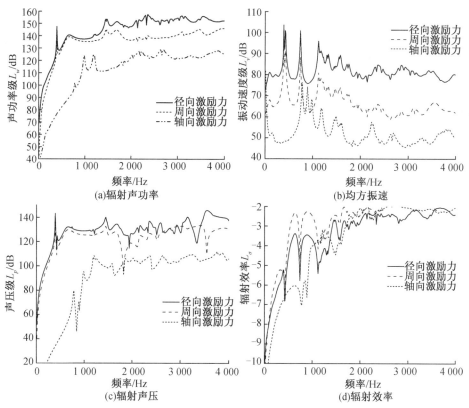

图 5 - 9　激励力方向对圆柱壳振动和声辐射的影响

5.3.11　流体介质对声振特性的影响

图 5 - 10 表示不同流体介质时的加筋圆柱壳振动与声辐射曲线。由图 5 - 10 中看出,水中辐射声功率曲线首个峰值对应的频率要小于空气中对应的频率。在 500 Hz 以上时,辐射声功率曲线在水中随着激励频率的变化都较空气中平缓,空气中波动比较剧烈,并且有明显的峰值。这是因为流体介质的阻抗不同改变了流体与结构相互耦合的辐射阻抗值,进而改变了圆柱壳体的共振及声辐射特性。从辐射声功率曲线也可以很明显地看出,重流体介质可以很好地抑制结构的共振峰值。同时还可以看出,整体来看,在水中的辐射声功率要明显大于在空气中的情况,而表面均方振速级规律却相反,圆柱壳在水中的振动反而比空气中的要小(570 Hz 以上频段),进而会导致圆柱壳在水中的整体辐射效率要比在空气中的小。

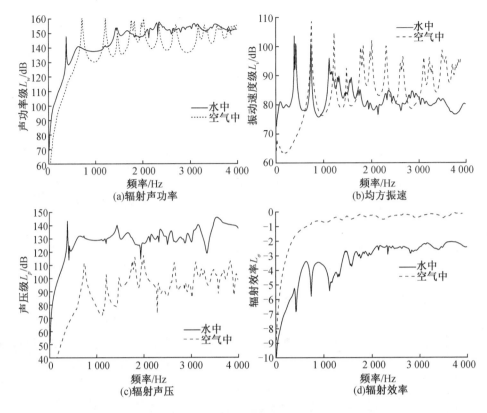

图 5 – 10　流体介质对圆柱壳振动和声辐射的影响

5.4　水中圆柱壳结构的声传递特性计算

　　在国防和工业领域,弹性圆柱壳表面覆盖阻尼材料有着重要的应用。阻尼负载是抑制圆柱壳振动与声辐射的有效手段。有阻尼负载的圆柱壳在航空、船舶、化工以及其他行业常可见到。有阻尼负载的圆柱壳是流 – 固耦合声学系统,对此耦合系统的声传播问题已有大量的研究。香川(Kagawa)和克罗克斯塔德(Krokstad)首先针对圆柱薄壳一面敷设阻尼材料的情况,进行对称和非对称模态分析,马库斯(Markus)应用经典薄壳理论研究了有限长圆柱壳的阻尼特性,分别讨论了阻尼层敷设在壳体不同位置的情况。艾耶(Iyer)用模态分析法和壳体理论研究了圆柱壳在具有与正则模态相同分布的线激励作用下的声振响应。张小铭采用复模量形式计及壳体和黏弹性阻尼材料的损耗因子,用迁移矩阵法研究了周期黏弹性复合圆柱壳的波传播和功率流。这些文献主要注重采用各种理论分析方法来处理圆柱壳表面阻尼,但是对于敷设阻尼层的圆柱壳的声传递问题则很少涉及。

由于结构中的声波传递特性是噪声控制中要求的基本指标,因而使得开展有阻尼负载的圆柱壳声传递特性研究具有广泛的工程背景和重要的现实意义。史密斯开展了斜入射平面波入射到弹性圆柱壳上的声波传递能量的理论研究。丹尼绍等主要针对各项异性复合材料圆柱壳的声波传递特性进行研究。本书主要对浸没在流体介质中阻尼负载圆柱壳受到斜入射时的声传递特性进行研究,着重讨论分析了声波入射角度、阻尼厚度、壳体厚度等对声传递损失的影响。

5.4.1　声传递特性理论分析

考虑有阻尼负载的圆柱壳,假设圆柱壳为无限长薄壳,外界环境为均匀流动的理想流体。根据图 5 – 11 示意图,浸没在流体中无限长薄壁圆柱壳的振动方程可由板壳理论的圆柱壳平衡方程描述:

$$RA_1 \frac{\partial^2 u}{\partial x^2} - A_{1v} \frac{\partial w}{\partial x} + \frac{1}{2R}(A_1 - A_{1v}) \frac{\partial^2 u}{\partial \varphi^2} + \frac{1}{2}(A_1 + A_{1v}) \frac{\partial^2 v}{\partial x \partial \varphi} - Rm \frac{\partial^2 u}{\partial t^2} = -Rq_x$$

$$(5-84)$$

$$\left[\frac{D_{1v}}{4R} + \frac{1}{2}(A_1 + A_{1v}) \right] \frac{\partial^2 u}{\partial x \partial \varphi} + RP \frac{\partial^2 v}{\partial x^2} + \left(\frac{A_1}{R} + \frac{B_1}{R^3} \right) \frac{\partial^2 v}{\partial \varphi^2} - \frac{A_1}{R} \frac{\partial w}{\partial \varphi} +$$

$$B_1 \left(\frac{1}{R} \frac{\partial^3 w}{\partial x^2 \partial \varphi} + \frac{1}{R^3} \frac{\partial^3 w}{\partial \varphi^3} \right) - Rm \frac{\partial^2 v}{\partial t^2} = -Rq_\varphi \qquad (5-85)$$

$$A_{1v} \frac{\partial v}{\partial x} + \frac{A_1}{R} \frac{\partial v}{\partial \varphi} - \frac{A_1}{R} w + D_{1v} \frac{\partial^2 w}{\partial x^2} - RB_1 \left(\frac{\partial^4 w}{\partial x^4} + \frac{1}{R^4} \frac{\partial^4 w}{\partial \varphi^2} + \frac{2}{R^2} \frac{\partial^4 w}{\partial x^2 \partial \varphi^2} \right) +$$

$$\left[\frac{B_1}{R} \frac{\partial^3 v}{\partial \varphi^3} + \frac{1}{R}(2B_1 - B_{1v}) \frac{\partial^3 v}{\partial \varphi \partial x^2} \right] - Rm \frac{\partial^2 w}{\partial t^2} = -Rq_w \qquad (5-86)$$

式中　x, φ 和 r——壳体的轴向、周向和径向;

$\quad\quad u, v$ 和 w——壳体的轴向、周向和径向位移;

$\quad\quad m$——有阻尼负载圆柱壳单位面积的质量;

$\quad\quad R$——壳体的平均半径;

$\quad\quad A_{1v} = S_1 h_1 + S_2 h_2,$

$$A_1 = S_1 h_1 v_1 + S_2 h_2 v_2,$$

$$B_1 = \frac{1}{3}(S_1 h_1^3 + S_2 h_2^3) - d(S_1 h_1^2 - S_2 h_2^2) + d(S_1 h_1 + S_2 h_2),$$

$$d = \frac{S_1 h_1^2 - S_2 h_2^2}{2(S_1 h_1 + S_2 h_2)},$$

$$S_i = \frac{E_i}{1 - v_i^2},$$

$$B_{1v} = \frac{1}{3}(S_1 h_1^3 v_1 + S_2 h_2^3 v_2) - d(S_1 h_1^2 v_1 - S_2 h_2^2 v_2) + d(S_1 h_1 v_1 + S_2 h_2 v_2),$$

$$D_{1v} = (S_1 h_1^2 v_1 - S_2 h_2^2 v_2) - 2d(S_1 h_1 v_1 + S_2 h_2 v_2),$$

$$P = \frac{1}{2}(A_1 - A_{1v}) - \frac{3D_{1v}}{4R} + \frac{B_1 - B_{1v}}{R^2}。$$

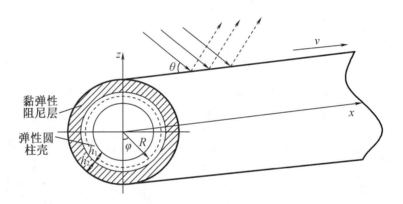

图 5-11　有阻尼负载圆柱壳的结构模型示意图

假设与壳体有关的轴向波数 k_{1x} 有关的壳壁位移的简正波模式为

$$u(z,\varphi,t) = \sum_{n=0}^{\infty} u_n \cos(n\varphi) \exp[\mathrm{j}(\omega t - k_{1x} x)] \qquad (5-87)$$

$$v(z,\varphi,t) = \sum_{n=0}^{\infty} v_n \sin(n\varphi) \exp[\mathrm{j}(\omega t - k_{1x} x)] \qquad (5-88)$$

$$w(z,\varphi,t) = \sum_{n=0}^{\infty} w_n \cos(n\varphi) \exp[\mathrm{j}(\omega t - k_{1x} x)] \qquad (5-89)$$

将式(5-87)、式(5-88)、式(5-89)带入式(5-84)、式(5-85)、式(5-86)中可得

$$\begin{bmatrix} L_{11} & L_{12} & L_{13} \\ L_{21} & L_{22} & L_{23} \\ L_{31} & L_{32} & L_{33} \end{bmatrix} \begin{bmatrix} u_n \\ v_n \\ w_n \end{bmatrix} = \{ \boldsymbol{q} \} \tag{5-90}$$

声波在均匀流动流场中传播,因而声压 P 必须满足流场中的波动方程,由此可得

$$\left[\nabla^2 - \left(\frac{1}{c_{\mathrm{f}}} \frac{\partial}{\partial t} + M \frac{\partial}{\partial x} \right)^2 \right] p = 0 \tag{5-91}$$

式中　M——马赫(Mach)数;

　　　c_{f}——流体中的波速。

柱坐标系下的简谐入射波 P^I 可以表示为[⑪]

$$P^I(r, x, \varphi, t) = P_0 \sum_{n=0}^{\infty} \varepsilon_n (-i)^n J_n(k_{1r} r) \exp[i(\omega t - k_{1x} x - n\varphi)] \tag{5-92}$$

式中　ε_n——诺依曼(Neuman) n 因子,即 $\varepsilon_n = \begin{cases} 1 & (n=0) \\ 2 & (n \geqslant 1) \end{cases}$;

$k_1 = \omega / c_1 (1 + M\cos\theta), k_{1x} = k_1 \cos\theta, k_{1r} = k_1 \sin\theta$;

其中　M——马赫数;

　　　θ——入射角度。

依据汉克尔(Hankel)函数性质,有阻尼负载圆柱壳体上的反射波和透射波分别表示为

$$P^R(r, x, \varphi, t) = \sum_{n=0}^{\infty} P_n^R H_n^2(k_{1r} r) \exp[i(\omega t - k_{1x} x - n\varphi)] \tag{5-93}$$

$$P^T(r, x, \varphi, t) = \sum_{n=0}^{\infty} P_n^R H_n^1(k_{2r} r) \exp[i(\omega t - k_{2x} x - n\varphi)] \tag{5-94}$$

在流体与壳体的接触面上,外(内)部流体的径向位移必须等于有阻尼负载圆柱壳体的径向位移,即

$$\frac{\partial(P^I + P^R)}{\partial r} \bigg|_{r = R + \frac{h_1 + h_2}{2}} = -\rho_1 \left(\frac{\partial}{\partial t} + v \cdot \nabla \right)^2 w \tag{5-95}$$

$$\frac{\partial P^T}{\partial r} \bigg|_{r = R - \frac{h_1 + h_2}{2}} = -\rho_2 \frac{\partial^2 w}{\partial t^2} \tag{5-96}$$

声波在有阻尼负载圆柱壳中的传递损失可以定义为自由阻尼层外界流体中的入射声功率与透射到壳体内部流体介质中透射声功率之比:

$$TL = 10\log_{10}\left(\frac{I_1}{I_0} \right) \tag{5-97}$$

其中,入射声功率及透射声功率为

$$I_1 = \frac{P_0^2 R\cos(\theta)}{\rho_1 c_1} \tag{5-98}$$

$$I_0 = \frac{1}{2}\int_0^{2\pi} \mathrm{Re}(P^{\mathrm{T}}w_n'^*)R\mathrm{d}\varphi \tag{5-99}$$

将式(5-98)、式(5-99)代入到式(5-97)中可以得到

$$TL = -10\log_{10}\sum_{n=0}^{\infty} \frac{\mathrm{Re}[P_n^{\mathrm{T}}H_n^1(k_{2r}R)\mathrm{i}\omega w_n^*]}{P_0^2\varepsilon_n\cos(\theta)}\rho_1 c_1\pi \tag{5-100}$$

5.4.2 声传递特性分析

本书以浸没在水中的有阻尼负载圆柱壳为例,计算了声波在其中的传递特性,计算中取:弹性材料取钢板,弹性模量 $E = 2.1\mathrm{e}^{11}\ \mathrm{N/m^2}$,泊松比 $\mu = 0.3$,密度 $\rho = 7\ 800\ \mathrm{kg/m^3}$,厚度 $h_1 = 0.001\ \mathrm{m}$;黏弹性阻尼材料,弹性模量 $E = 1\mathrm{e}^8\ \mathrm{N/m^2}$,泊松比 $\mu = 0.5$,密度 $\rho = 1\ 100\ \mathrm{kg/m^3}$,厚度 $h_1 = 0.002\ \mathrm{m}$;损耗因子 $\eta = 0.4$,壳体平均半径 $R = 0.1\ \mathrm{m}$。水的密度 $\rho = 1\ 000\ \mathrm{kg/m^3}$,水中声速 $c = 1\ 500\ \mathrm{m/s}$。

图5-12表示有阻尼负载时圆柱壳中的声波传递特性。从图中可以发现,圆柱壳结构的传递损失与结构的固有频率和激励频率密切相关。当激励频率与其固有频率相等时,结构的声传递损失急剧下降,出现声传递损失的"失效频率点"。传递损失曲线具有明显的环频率点 f_r 和吻合频率点 f_c,从$(0\sim f_r)$频带内,声波的传递受到刚度调整,$(f_r\sim f_c)$频带内,声波的传递受到质量控制,$(f>f_c)$则位于吻合控制区。

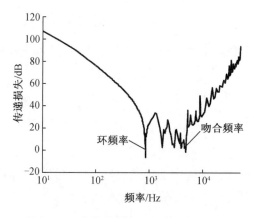

图5-12 声传递损失随频率的变化曲线

图 5 - 13 表示入射角度分别为 30°、45°、60°时声波的传递损失情形。从图中可以发现,随着角度的增加,在 $(0-f_r)$、$(f>f_c)$ 频带内的传递损失曲线也随之降低,而在 (f_r-f_c) 频带内,变化趋势比较复杂,交错在一起。整体来说,随着角度的增加,圆柱壳声传递损失随着减少。

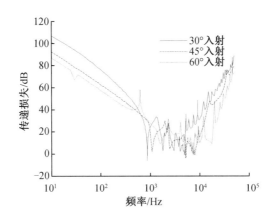

图 5 - 13　入射声波对声波传递损失的影响曲线

图 5 - 14 表示阻尼层厚度 h_2 分别为 2 mm、5 mm 和 10 mm 时声波的传递损失情形。从图中可以发现,在低频段有一个区域,随着阻尼层厚度的增加其对应的传递损失反而急剧下降,这个区域是阻尼层的失效区,阻尼层越厚,降噪失效区的频率范围越宽,数值越小。在中高频带内的传递损失随着阻尼层厚度的增加而增加。

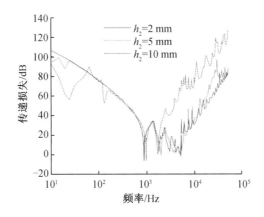

图 5 - 14　阻尼层厚度对声传递损失的影响曲线

图 5 – 15 是阻尼层覆盖在不同厚度(h_1 分别为 1 mm、2 mm、10 mm)时圆柱壳壳体上的传递损失。从图中可以很明显地看出,阻尼层覆盖在厚壳体钢板上的效果比较好,由分析可知壳体钢板增厚,其对应的阻抗也随之增加,与阻尼层的差别明显。从另一方面考虑也可知,壳体钢板厚度的增加会使阻尼负载圆柱壳的总刚度增加,进而导致传递损失增加。

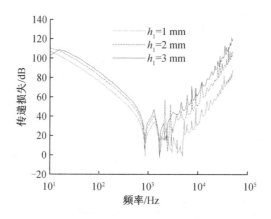

图 5 – 15   壳体厚度对声传递损失的影响曲线

图 5 – 16 是圆柱壳壳体平均半径(R 分别为 0.1 m、1 m、10 m)时对声波传递损失的情形。从图中可以很明显看出,在低频段,半径越小,其传递损失越大,这是由于当半径变小时,同样的壳体厚度,其圆柱壳壳体总刚度变大,进而导致传递损失增加。当处于中高频带时,半径越大其对应的传递损失反而越大,但其声波传递损失不会随着频率的增加而无限增加,由于波长变短,传递损失会趋于稳定。

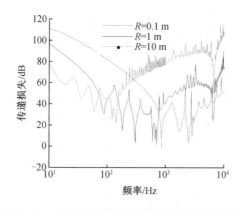

图 5 – 16   壳体平均半径对声传递损失的影响曲线

从图 5 – 15 和图 5 – 16 可以看出,圆柱壳的固有频率可能会导致隔声失效,因此提高圆柱壳的声传递特性,就要避免共振。改变板厚和壳体半径后,结构固有频率的改变会使得圆柱壳声传递损失曲线的隔声失效频率发生改变。

5.5　水中圆锥壳结构的振动和辐射噪声特性

　　本节基于精细传递矩阵法,构造了求解加筋圆锥壳声振的半解析方法。该方法的主要思想:基于结构振动微分方程,得到加筋圆柱壳的场传递矩阵和点传递矩阵。然后通过增维存储的办法考虑集中激励力的作用,声压表达式由满足亥姆霍兹(Helmholz)方程的基本解组成,结合非其次项的精细积分方法和增维存储的办法考虑广义声压激励的作用。加强筋以点传递矩阵的形式对场传递矩阵方程进行修正,将传递矩阵组装成一个整体矩阵方程,根据两端的边界条件分别求出集中力及声压作用下的响应。最后根据流固耦合交界面处的运动连续条件从而实现声压系数的求解。本节还计算了该数值算法的收敛性,并将数值计算结果与模型试验进行对比,验证方法的有效性,同时分析了加肋、边界条件及结构损耗因子对声辐射的影响。

5.5.1　水下加筋圆锥壳的理论分析模型

　　在柱坐标系下,取锥壳的母线方向及径向为柱坐标系的两个坐标方向,锥壳体上任一点的位置可用(s,θ)表示。S为从锥顶端到母线上点的沿母线方向的长度,θ为该点在柱坐标系中沿周向坐标的角度值,如图 5 – 17 所示。

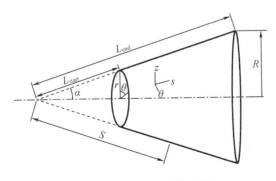

图 5 – 17　截顶锥壳模型图

1. 加筋圆锥壳的力学模型

根据对壳微元进行受力可得,锥壳微元的力平衡表达式为

$$\frac{1}{s}\frac{\partial(sN_s)}{\partial s} + \frac{1}{s\sin\alpha}\frac{\partial N_{\theta s}}{\partial\theta} + \frac{N_\theta}{s} + \rho h\omega^2 u = 0 \qquad (5-101\text{a})$$

$$\frac{1}{s\sin\alpha}\frac{\partial N_\theta}{\partial\theta} + \frac{1}{s}\frac{\partial N_{s\theta}}{\partial s} + \frac{N_{s\theta}}{s} + \frac{Q_\theta}{s\tan\alpha} + \rho h\omega^2 v = 0 \qquad (5-101\text{b})$$

$$-\frac{N_\theta}{s\tan\alpha} + \frac{1}{s}\frac{\partial(sQ_s)}{\partial s} + \frac{1}{s\sin\alpha}\frac{\partial Q_\theta}{\partial\theta} + \rho h\omega^2 w = 0 \qquad (5-101\text{c})$$

上式中的内力表达式为

$$N_s = \frac{Eh}{1-\nu^2}\left[\frac{\partial u}{\partial s} + \frac{v}{s}\left(\frac{1}{\sin\alpha}\frac{\partial v}{\partial\theta} + u + \frac{w}{\tan\alpha}\right)\right] \qquad (5-102\text{a})$$

$$N_\theta = \frac{Eh}{1-\nu^2}\left[\frac{1}{s}\left(\frac{1}{\sin\alpha}\frac{\partial v}{\partial\theta} + u + \frac{w}{\tan\alpha}\right) + v\frac{\partial u}{\partial s}\right] \qquad (5-102\text{b})$$

$$N_{s\theta} = N_{\theta s} = \frac{Eh}{2(1+\nu)}\left[\frac{\partial v}{\partial s} + \frac{1}{s}\left(\frac{1}{\sin\alpha}\frac{\partial u}{\partial\theta} - v\right)\right] \qquad (5-102\text{c})$$

$$M_\theta = \frac{Eh^3}{12(1-\nu^2)}\left[\frac{1}{s}\left(-\frac{1}{s\sin^2\alpha}\frac{\partial^2 w}{\partial\theta^2} - v\frac{\partial^2 w}{\partial s^2}\right) - v\frac{\partial^2 w}{\partial s^2}\right] \qquad (5-102\text{d})$$

$$M_{s\theta} = M_{\theta s} = \frac{Eh^3}{12(1+\nu)}\frac{1}{s\sin\alpha}\left[\frac{1}{s}\frac{\partial w}{\partial\theta} - \frac{\partial^2 w}{\partial s\partial\theta}\right] \qquad (5-102\text{e})$$

$$Q_s = \frac{1}{s}\left(M_s + s\frac{\partial M_s}{\partial s}\right) + \frac{1}{s\sin\alpha}\frac{\partial M_{\theta x}}{\partial\theta} - \frac{M_\theta}{s} \qquad (5-102\text{f})$$

$$Q_\varphi = \frac{1}{s\sin\alpha}\frac{\partial M_\theta}{\partial\theta} + \frac{1}{s}\left(M_{s\theta} + s\frac{\partial M_{s\theta}}{\partial s}\right) + \frac{M_{\theta s}}{s} \qquad (5-102\text{g})$$

开尔文·基尔霍夫(Kelvin-Kirchhoff)横向合剪力 V_s 和薄膜合剪力 $S_{s\theta}$ 为

$$V_s = Q_s + \frac{1}{s\sin\alpha}\frac{\partial M_{\theta x}}{\partial\theta} \qquad (5-103\text{a})$$

$$S_{s\theta} = N_{s\theta} + \frac{M_{\theta_x}}{s\tan\alpha} \qquad (5-103\text{b})$$

截面径向位移 w 与转角 φ 的关系可表示为

$$\varphi = \frac{\partial w}{\partial s} \qquad (5-104)$$

对上面的内力及位移展开为级数求和的形式,并对其进行无量纲化

$$(u, w) = h\sum_{\alpha=0}^{1}\sum_n (\tilde{u}, \tilde{w})\sin\left(n\theta + \frac{\alpha\pi}{2}\right) \qquad (5-105\text{a})$$

$$v = h\sum_{\alpha=0}^{1}\sum_n \tilde{v}\cos\left(n\theta + \frac{\alpha\pi}{2}\right) \qquad (5-105\text{b})$$

$$\varphi = \frac{h}{R} \sum_{\alpha=0}^{1} \sum_{n} \overset{\sim}{\varphi} \sin\left(n\theta + \frac{\alpha\pi}{2}\right) \tag{5-105c}$$

$$(M_s, M_\theta) = \frac{K}{R} \sum_{\alpha=0}^{1} \sum_{n} (\widetilde{M}_s, \widetilde{M}_\theta) \sin\left(n\theta + \frac{\alpha\pi}{2}\right) \tag{5-105d}$$

$$(M_{s\theta}, M_{\theta s}) = \frac{K}{R} \sum_{\alpha=0}^{1} \sum_{n} (\widetilde{M}_{s\theta}, \widetilde{M}_{\theta s}) \cos\left(n\theta + \frac{\alpha\pi}{2}\right) \tag{5-105e}$$

$$(N_{s\theta}, N_{\theta s}, Q_\theta, S_{s\theta}) = \frac{K}{R^2} \sum_{\alpha=0}^{1} \sum_{n} (\widetilde{N}_{s\theta}, \widetilde{N}_{\theta s}, \widetilde{Q}_\theta, \widetilde{S}_{s\theta}) \cos\left(n\theta + \frac{\alpha\pi}{2}\right)$$
$$\tag{5-105f}$$

$$(N_s, N_\theta, Q_s, S_s) = \frac{K}{R^2} \sum_{\alpha=0}^{1} \sum_{n} (\widetilde{N}_s, \widetilde{N}_\theta, \widetilde{Q}_s, \widetilde{V}_s) \sin\left(n\theta + \frac{\alpha\pi}{2}\right) \tag{5-105g}$$

式中　$K = \dfrac{Eh^3}{12(1-\nu^2)}$——弯曲刚度；

E, ν——壳体杨氏模量和泊松比；

h, R——锥壳的厚度和大端半径值；

"～"——对参数进行无量纲化。

$$\xi = \frac{s}{R} \tag{5-106a}$$

$$\xi_1 = \frac{L_{\text{start}}}{R} \tag{5-106b}$$

$$\xi_2 = \frac{L_{\text{end}}}{R} \tag{5-106c}$$

$$\tilde{h} = \frac{h}{R} \tag{5-106d}$$

$$\lambda^2 = \frac{\rho h R^2 \omega^2}{D} \tag{5-106e}$$

式中　s——沿母线锥顶到锥壳上任一点的长度；

L_{start}——锥顶到小端的长度；

L_{end}——锥顶到锥壳大端的长度；

$D = \dfrac{Eh}{1-\nu^2}$——薄膜刚度；

ρ——锥壳的密度；

ω——圆频率；

λ——无量纲频率系数。

将式(5-102)、式(5-104)、式(5-105)联立代入到式(5-101)中可得对

应的一阶微分方程,得

$$\frac{\mathrm{d}\{Z(\xi)\}}{\mathrm{d}\xi} = U(\xi)\{Z(\xi)\} + \{F(\xi)\} - \{p(\xi)\} \qquad (5-107)$$

式中　状态向量 $\{Z(\xi)\} = \{\tilde{u} \quad \tilde{v} \quad \tilde{w} \quad \tilde{\varphi} \quad \tilde{M}_s \quad \tilde{V}_s \quad \tilde{N}_s \quad \tilde{S}_{s\theta}\}^T$;

　　　$U(\xi)$——与 ξ 有关的系数矩阵(8 × 8 矩阵);

　　　$\{F(\xi)\}, \{p(\xi)\}$——锥壳结构受到的外界激励力和声压向量。

2. 一阶非齐次变系数常微分方程的求解

由式(5-107)可以看出,锥壳的状态控制方程为具有变系数特征的非齐次常微分方程。分析时可首先求解其没有非其次项时的方程,即式(5-107)可变换为

$$\frac{\mathrm{d}\{Z(\xi)\}}{\mathrm{d}\xi} = U(\xi)\{Z(\xi)\} \qquad (5-108)$$

式(5-108)沿 ξ 方向进行积分可得满足式(5-108)的解 $\Phi(\xi)$:

$$\Phi(\xi) = \exp\left[\int_{\xi_1}^{\xi} U(\tau)\mathrm{d}\tau\right]Z(\xi_1) \qquad (5-109)$$

假设 $Z(\xi) = \Phi(\xi)c(\xi), f(\xi) = \{F(\xi)\} - \{p(\xi)\}$,为满足式(5-107)的解,并将其代入式(5-107)中可得

$$\frac{\mathrm{d}\Phi(\xi)}{\mathrm{d}\xi}c(\xi) + \frac{\mathrm{d}c(\xi)}{\mathrm{d}\xi}\Phi(\xi) = U(\xi)\Phi(\xi)c(\xi) + \{f(\xi)\} \qquad (5-110)$$

由 $\dfrac{\mathrm{d}\Phi(\xi)}{\mathrm{d}\xi} = U(\xi)\Phi(\xi)$ 可得

$$\frac{\mathrm{d}c(\xi)}{\mathrm{d}\xi} = \Phi^{-1}(\xi)\{f(\xi)\} \qquad (5-111)$$

将式(5-111)对 ξ 进行积分可得

$$c(\xi) = \int_{\xi_1}^{\xi} \Phi^{-1}(\tau)\{f(\tau)\}\mathrm{d}\tau \qquad (5-112)$$

将求解得到的式(5-110)的 $c(\xi)$ 代入到 $Z(\xi) = \Phi(\xi)c(\xi)$,可得方程(5-107)的特解为

$$Z(\xi) = \Phi(\xi)\int_{\xi_1}^{\xi} \Phi^{-1}(\tau)\{f(\tau)\}\mathrm{d}\tau \qquad (5-113)$$

$$Z(\xi) = \int_{\xi_1}^{\xi} \exp\left[\int_{\tau}^{\xi} U(s)\mathrm{d}s\right]\{f(\tau)\}\mathrm{d}\tau \qquad (5-114)$$

由此,锥壳的运动控制方程(5-107)的解可一般性表述为

$$Z(\xi) = \exp\left[\int_{\xi_1}^{\xi} U(\tau)\mathrm{d}\tau\right]Z(\xi_1) + \int_{\xi_1}^{\xi} \exp\left[\int_{\tau}^{\xi} U(s)\mathrm{d}s\right]f(\tau)\mathrm{d}\tau, \quad \xi_1 \leqslant \xi \leqslant \xi_2$$

$$(5-115)$$

3. 精细传递矩阵法的求解思想

由式(5－115)可知,为便于数值计算可将锥壳沿母线方向人为离散为 N 个分段,在 $L_{start} \sim L_{end}$ 范围内进行离散,其中离散点沿母线方向的坐标位置 $L_i(i=0\sim N)$ 可依次表示为:L_{start}　$L_{start+1}$　$L_{start+2}$　$\cdots$　L_{end-1}　L_{end}。将离散点沿母线方向坐标进行无量纲化,可表示为 ξ_0　ξ_1　ξ_2　$\cdots$　ξ_{n-1}　ξ_n。下面以第 j 分段 $\xi_j \sim \xi_{j+1}$ 为例,对该分段两端状态向量的传递关系进行讨论。首先对该分段分两种情况(分段内布置环肋与否)进行讨论。

情况 1:分段内未布置环肋

如果锥壳的第 j 分段内没有布置环肋,那么在该分段上满足

$$Z(\xi_2) = \exp\Big[\int_{\xi_1}^{\xi_2} U(\tau)\mathrm{d}\tau\Big]Z(\xi_1) + \int_{\xi_1}^{\xi_2}\exp\Big[\int_{\tau}^{\xi_2} U(s)\mathrm{d}s\Big]f(\tau)\mathrm{d}\tau$$

$$Z(\xi_3) = \exp\Big[\int_{\xi_2}^{\xi_3} U(\tau)\mathrm{d}\tau\Big]Z(\xi_2) + \int_{\xi_2}^{\xi_3}\exp\Big[\int_{\tau}^{\xi_3} U(s)\mathrm{d}s\Big]f(\tau)\mathrm{d}\tau$$

$$\vdots$$

$$Z(\xi_n) = \exp\Big[\int_{\xi_{n-1}}^{\xi_n} U(\tau)\mathrm{d}\tau\Big]Z(\xi_{n-1}) + \int_{\xi_{n-1}}^{\xi_n}\exp\Big[\int_{\tau}^{\xi_n} U(s)\mathrm{d}s\Big]f(\tau)\mathrm{d}\tau$$

$$(5-116)$$

令

$$T_{j+1} = \exp\Big[\int_{\xi_j}^{\xi_{j+1}} U(\tau)\mathrm{d}\tau\Big]$$

$$P_{j+1} = \int_{\xi_j}^{\xi_{j+1}}\exp\Big[\int_{\tau}^{\xi_{j+1}} U(s)\mathrm{d}s\Big]f(\tau)\mathrm{d}\tau, \quad j = 1,\cdots,n-1 \quad (5-117)$$

则式(5－118)可表示为

$$Z(\xi_2) = T_2 Z(\xi_1) + P_2$$

$$Z(\xi_3) = T_3 Z(\xi_2) + P_3$$

$$\vdots$$

$$Z(\xi_n) = T_n Z(\xi_{n-1}) + P_n \quad (5-118)$$

情况 2:分段内布置环肋

假设在 $\xi_j \sim \xi_{j+1}$ 的壳分段中存在一个 ξ_i 处的环肋($\xi_j < \xi_i < \xi_{j+1}$),则在锥壳上布置环肋的位置 $\xi = \xi_i$ 处,其所在截面的左端状态向量 $Z^L(\xi_i)$ 可以表示为

$$Z^L(\xi_i) = \exp\Big[\int_{\xi_j}^{\xi_i} U(\tau)\mathrm{d}\tau\Big]Z(\xi_j) + \int_{\xi_j}^{\xi_i}\exp\Big[\int_{\tau}^{\xi_i} U(s)\mathrm{d}s\Big]f(\tau)\mathrm{d}\tau$$

$$(5-119)$$

而布置环肋所在截面的左右端之间的状态向量满足

$$Z^R(\xi_i) = Tr_i Z^L(\xi_i) \tag{5-120}$$

式中 $Z^L(\xi_i)$——环肋左端的状态向量；

$Z^R(\xi_i)$——环肋右端的状态向量；

Tr_i——环肋处的点传递矩阵。

在 $\xi = \xi_{j+1}$ 处的状态向量可表示为

$$Z(\xi_{j+1}) = \exp\left[\int_{\xi_i}^{\xi_{j+1}} U(\tau)\mathrm{d}\tau\right]Z^R(\xi_i) + \int_{\xi_i}^{\xi_{j+1}} \exp\left[\int_{\tau}^{\xi_{j+1}} U(s)\mathrm{d}s\right]f(\tau)\mathrm{d}\tau$$

$$\tag{5-121}$$

将式(5-119)、式(5-120)代入到式(5-121)可得

$$Z(\xi_{j+1}) = \exp\left[\int_{\xi_i}^{\xi_{j+1}} U(\tau)\mathrm{d}\tau\right]Tr_i\left\{\exp\left[\int_{\xi_j}^{\xi_i} U(\tau)\mathrm{d}\tau\right]Z(\xi_j) + \int_{\xi_j}^{\xi_i} \exp\left[\int_{\tau}^{\xi_i} U(s)\mathrm{d}s\right]f(\tau)\mathrm{d}\tau\right\} +$$

$$\int_{\xi_i}^{\xi_{j+1}} \exp\left[\int_{\tau}^{\xi_{j+1}} U(s)\mathrm{d}s\right]f(\tau)\mathrm{d}\tau \tag{5-122}$$

令

$$T_{j+1} = -\exp\left[\int_{\xi_i}^{\xi_{j+1}} U(\tau)\mathrm{d}\tau\right]Tr_i\exp\left[\int_{\xi_j}^{\xi_i} U(\tau)\mathrm{d}\tau\right]$$

$$P_{j+1} = \exp\left[\int_{\xi_i}^{\xi_{j+1}} U(\tau)\mathrm{d}\tau\right]Tr_i\int_{\xi_j}^{\xi_i} \exp\left[\int_{\tau}^{\xi_i} U(s)\mathrm{d}s\right]f(\tau)\mathrm{d}\tau +$$

$$\int_{\xi_i}^{\xi_{j+1}} \exp\left[\int_{\tau}^{\xi_{j+1}} U(s)\mathrm{d}s\right]f(\tau)\mathrm{d}\tau \tag{5-123}$$

则将式(5-123)代入式(5-115)中,均得

$$Z(\xi_{j+1}) = T_{j+1}Z(\xi_j) + P_{j+1}, j = 1, \cdots, n-1 \tag{5-124}$$

即可借鉴有限元封装质量阵、刚度阵的思想,对式(5-106)(5-112)进行构造,进而整合后的方程组可变换为

$$\begin{bmatrix} -T_2 & I & 0 & 0 & 0 & 0 \\ 0 & -T_3 & I & 0 & 0 & 0 \\ 0 & 0 & -T_4 & I & 0 & 0 \\ 0 & 0 & 0 & \cdots & I & 0 \\ 0 & 0 & 0 & 0 & -T_n & I \end{bmatrix}_{(8n-8,8n)} \begin{bmatrix} Z(\xi_1) \\ Z(\xi_2) \\ Z(\xi_3) \\ \vdots \\ \vdots \\ Z(\xi_n) \end{bmatrix}_{(8n,1)} = \begin{bmatrix} P_2 \\ P_3 \\ P_4 \\ \vdots \\ P_n \end{bmatrix}_{(8n-8,1)}$$

$$\tag{5-125}$$

对于式(5-124)来说,需要根据两端边界条件找出 $Z(\xi_1)$、$Z(\xi_n)$ 中的状态向量以确定变量所在的行号,然后删除系数矩阵中对应的列号。进而考虑边界

条件的式(5-125)变换为

$$
\begin{bmatrix}
-\bar{T}_2 & I & 0 & 0 & 0 & 0 \\
0 & -T_3 & I & 0 & 0 & 0 \\
0 & 0 & -T_4 & I & 0 & 0 \\
0 & 0 & 0 & \cdots & I & 0 \\
0 & 0 & 0 & 0 & -T_n & \bar{I}
\end{bmatrix}_{(8n-8,8n-8)}
\begin{bmatrix}
\bar{Z}(\xi_1) \\
Z(\xi_2) \\
Z(\xi_3) \\
\vdots \\
\bar{Z}(\xi_n)
\end{bmatrix}_{(8n-8,1)}
=
\begin{bmatrix}
P_2 \\
P_3 \\
P_4 \\
\vdots \\
P_n
\end{bmatrix}_{(8n-8,1)}
$$

$$(5-126)$$

此时,只需要求解方程中的场传递矩阵 T_{j+1},及外激励项 P_{j+1},$j=1,\cdots,n-1$ 即可求解式(5-102)。在实际数值计算和编撰程序时,为方便处理环肋及外激励力的作用,亦可在离散分段时在环肋及外激励力作用位置处进行离散。

4.激励力的处理

锥壳上的外激励载荷包括锥壳受到的外激励力以及流场中介质的声压激励。由于锥壳可以模拟潜艇尾部结构,而潜艇尾部往往不仅承受潜艇内部推进电机、滑油泵、海水泵等机械设备的激振作用,而且还承受螺旋桨推进系统通过艉轴、推力轴承产生的脉动力作用。从而艉部的机械设备及螺旋桨推进系统均会激励艉部锥壳结构产生振动,进而形成水下声辐射。因此,对于锥壳来说,其要承受来自径向和轴向的激励力,如图5-18所示为水下加筋圆锥壳的实际受力示意图。

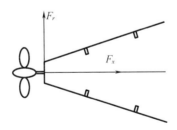

图 5-18　水下加筋圆锥壳的实际受力示意图

对于激励力作用下的状态向量可以表达为

$$f(x,\theta)=f_0\delta(s-s_0)\delta(\theta-\theta_0)/R \qquad (5-127a)$$

$$f(s,\theta)=f_0\delta(s-s_0) \qquad (5-127b)$$

式中　f_0——任意激励力的幅值;

s_0——激励力的纵向位置；

θ_0——激励力的周向位置。

将式(5-127a)沿轴向采用三角函数展开，可得

$$f(x,\theta) = \delta(s - s_0)\sum_{\alpha = 0}^{1}\sum_{n = 0}^{\infty}f_n\sin\left(n\theta + \frac{\alpha\pi}{2}\right) \qquad (5-128a)$$

式中，$f_n = \sum_{\alpha = 0}^{1}f_0\frac{\varepsilon_n}{2\pi}\sin\left(n\theta_0 + \frac{\alpha\pi}{2}\right)$，$\varepsilon_n = \begin{cases}1, & n = 0\\2, & n \neq 0\end{cases}$。

对于本书计算时施加的轴向分布力来说，$f_0 = \dfrac{D_0}{2\pi R}$，$D_0$ 为螺旋桨传递在推进轴系上的作用力，m_0 为偏心激励导致产生的作用在锥壳上的附加弯矩，s_0，θ_0 分别为激励作用位置在母线方向、周向的坐标。

将式(5-127b)沿轴向采用三角函数展开，可得

$$f(x,\theta) = \delta(x - x_0)\sum_{n = 0}^{\infty}f_n\sin\left(n\theta + \frac{\alpha\pi}{2}\right) \qquad (5-128b)$$

式中，对于轴向分布力来说，$f_n = f_0\kappa_n$，$\kappa_n = \begin{cases}1, & n = 0\\0, & n \neq 0\end{cases}$。

推进轴系产生作用在锥壳上的轴向力 f^a 通过轴系与推力轴承直接作用在锥壳上。该轴向激励力激励锥壳的轴向弯曲模态。而对应径向力分量 f^r 则主要激励锥壳的周向模态。

因此，作用在锥壳上的激励载荷可以表示为

$$\{F(\xi)\} = RK^{-1}\begin{bmatrix} 0 & 0 & 0 & 0 & 0 & f^r & 0 & Rf^a \end{bmatrix}^{\mathrm{T}} \qquad (5-129)$$

5. 辐射声压的推导

流场中声压 $Pe^{-i\omega t}$ 满足亥姆霍兹(Helmholtz)方程

$$\nabla^2 p + k_0^2 p = 0 \qquad (5-130)$$

式中　k_0——自由波数，$k_0 = \omega/c_0$；

其中　ω——频率；

c_0——流场介质中的声速。

为了保证声压在式(5-130)中的解具有唯一性，声压还应满足萨默菲尔德(Sommerfield)无穷远处辐射边界条件：

$$\lim_{r \to \infty}\sqrt{r}\left(\frac{\partial p}{\partial r} + ik_0 p\right) = 0 \qquad (5-131)$$

假设圆锥壳两端连接无限大刚性障板，则流场中声压的边界条件为

$$\left.\frac{\partial p}{\partial s}\right|_{s = L_{\text{start}}} = \left.\frac{\partial p}{\partial s}\right|_{s = L_{\text{end}}} = 0 \qquad (5-132)$$

因此满足上述边界条件的声压函数可假设为

$$p = \sum_{\alpha=0}^{1} \sum_{n=0}^{\infty} \sum_{m=0}^{\infty} p_{mn} H_n^{(1)}(k_r r) \cos(k_m s - k_m L_{\mathrm{start}}) \sin\left(n\theta + \frac{\alpha\pi}{2}\right) \quad (5-133)$$

式中，$k_m = \dfrac{m\pi}{(L_{\mathrm{end}} - L_{\mathrm{start}})}$ ($m = 0 \sim \infty$) 为纵向波数，k_r 径向波数与自由波数 k_0 满足关系式 $k_r = \sqrt{k_0^2 - k_m^2}$。将 $H_n^{(1)}(k_r r) \cos(k_m s - k_m L_{\mathrm{start}})$ 定义为单项广义声压力，对应 (m, n) 阶波数下的单项声压来说，其作用下的锥壳状态向量可通过式 (5-126) 求出。

在实际计算时，针对式 (5-126) 中的左端系数项 T_{j+1} 及右端外力项 P_{j+1} 可采用多个积分步数结合精细积分法进行计算。对于一个计算步内，$U(\tau)$ 可以认为是常系数矩阵，半径值 r 取相应的微段平均值即可。以 $\xi_j \sim \xi_{j+1}$ 壳分段为例，将积分步数设置为合适的数目 s，这样 $\zeta_k = \xi_j + k(\xi_{j+1} - \xi_j)/s = \xi_j + k\Delta\zeta$，$k = 0, 1, \cdots,$ s。其中 $\Delta\zeta = (\xi_{j+1} - \xi_j)/s$，对于 $\zeta_{k-1} \sim \zeta_k$ 微段来说，可令 $\tau = (\zeta_{k-1} + \zeta_k)/2$，即 $U(\tau)$ 可表示为常系数矩阵。这样式 (5-114) 中的左端系数项 T_{j+1} 及右端外力项 P_{j+1} 可得

$$T_{j+1}^{k+1} = \exp\left[\int_{\zeta_k}^{\zeta_{k+1}} U(\tau)\,\mathrm{d}\tau\right] = \exp\left[U(\tau)(\zeta_{k+1} - \zeta_k)\right]$$

$$P_{j+1}^{k+1} = \int_{\zeta_k}^{\zeta_{k+1}} \exp\left[\int_{\tau}^{\zeta_{k+1}} U(s)\,\mathrm{d}s\right] f(\tau)\,\mathrm{d}\tau = \int_{\zeta_k}^{\zeta_{k+1}} \exp\left[U(\tau)(\zeta_{k+1} - \tau)\right] f(\tau)\,\mathrm{d}\tau$$

$$(5-134)$$

式中，对于 $\exp U \Delta\zeta$ 及 $\int_{\zeta_k}^{\zeta_{k+1}} \exp\left[U(\tau)(\zeta_{k+1} - \tau)\right] f(\tau)\,\mathrm{d}\tau$ 的求解可参照圆柱壳章节的精细积分方法进行求解。其具体求解过程为

$$\int_{\zeta_k}^{\zeta_{k+1}} \exp\left[U(\tau)(\zeta_{k+1} - \tau)\right] f(\tau)\,\mathrm{d}\tau = \int_0^{\Delta\zeta} \mathrm{e}^{U(\zeta_{k+1})\tau} f(\zeta_{k+1} - \tau)\,\mathrm{d}\tau \quad (5-135)$$

其中，$f(\tau) = H_n^{(1)}(k_r r) \cos(k_m R\tau - k_m L_{\mathrm{start}})$。

由此可得

$$\int_0^{\Delta\zeta} \mathrm{e}^{U(\zeta_{k+1})\tau} f(\zeta_{k+1} - \tau)\,\mathrm{d}\tau$$

$$= \int_0^{\Delta\zeta} \mathrm{e}^{U(\zeta_{k+1})\tau} \cos\left[k_m R(\zeta_{k+1} - \tau) - k_m L_{\mathrm{start}}\right] e\,\mathrm{d}\tau$$

$$= \int_0^{\Delta\zeta} \mathrm{e}^{U(\zeta_{k+1})\tau} \left[\cos(k_m R\zeta_{k+1} - k_m L_{\mathrm{start}}) \cos(k_m R\tau) + \sin(k_m R\zeta_{k+1} - k_m L_{\mathrm{start}}) \sin(k_m R\tau)\right] e\,\mathrm{d}\tau$$

$$= e\cos(k_m R\zeta_{k+1} - k_m L_{\mathrm{start}}) \int_0^{\Delta\zeta} \mathrm{e}^{U(\zeta_{k+1})\tau} \cos(k_m R\tau)\,\mathrm{d}\tau +$$

$$e\sin(k_m R\zeta_{k+1} - k_m L_{\mathrm{start}}) \int_0^{\Delta\zeta} \mathrm{e}^{U(\zeta_{k+1})\tau} \sin(k_m R\tau)\,\mathrm{d}\tau \quad (5-136)$$

171

其中，$e = H_n^{(1)}(k_r r(\zeta_{k+1}))[0 \quad 0 \quad 0 \quad 0 \quad 0 \quad 1 \quad 0 \quad 0]^T$。

令常数 $\alpha = ik_m R$ 及向量 $pp = e\cos(k_m R\zeta_{k+1} - k_m l_1)$、$qq = e\sin(k_m R\zeta_{k+1} - k_m l_1)$，则式（5 – 134）可表示为

$$\int_0^{\Delta\xi} e^{U\tau} r(\xi_{k+1} - \tau)\mathrm{d}\tau = \mathrm{Re}\left(\int_0^{\Delta\xi} e^{U(\zeta_{k+1})\tau} e^{\alpha\tau}\mathrm{d}\tau\right)pp + \mathrm{Im}\left(\int_0^{\Delta\xi} e^{U(\zeta_{k+1})\tau} e^{\alpha\tau}\mathrm{d}\tau\right)qq$$

$$(5 - 137)$$

所以积分式子 $\int_0^{\Delta\xi} e^{U(\zeta_{k+1})\tau} e^{\alpha\tau}\mathrm{d}\tau$ 是准确求解式（5 – 135）的关键，该积分方程的求解思路可参照圆柱壳的精细积分方法，这里不再赘述。

根据上述思路求解 T_{j+1}^{k+1}、P_{j+1}^{k+1} 后，按照增维存储的求解思路将 $\zeta_{k-1} \sim \zeta_k$ 微段两端状态向量的关系表示为

$$\begin{bmatrix} Z(\xi_{j+1}^{k+1}) \\ 1 \end{bmatrix} = \begin{bmatrix} T_{j+1}^{k+1} & P_{j+1}^{k+1} \\ 0 & 1 \end{bmatrix}\begin{bmatrix} Z(\xi_{j+1}^k) \\ 1 \end{bmatrix} \quad (5 - 138)$$

将相应微段的系数矩阵进行连乘后，可得 $\xi_j \sim \xi_{j+1}$ 壳分段两端状态向量的转换关系为

$$\begin{bmatrix} Z(\xi_{j+1}) \\ 1 \end{bmatrix} = \begin{bmatrix} T_{j+1}^s & P_{j+1}^s \\ 0 & 1 \end{bmatrix}\cdots\begin{bmatrix} T_{j+1}^{k+1} & P_{j+1}^{k+1} \\ 0 & 1 \end{bmatrix}\cdots\begin{bmatrix} T_{j+1}^1 & P_{j+1}^1 \\ 0 & 1 \end{bmatrix}\begin{bmatrix} Z(\xi_j) \\ 1 \end{bmatrix}$$

$$= \begin{bmatrix} T_{j+1} & P_{j+1} \\ 0 & 1 \end{bmatrix}\begin{bmatrix} Z(\xi_j) \\ 1 \end{bmatrix} \quad (5 - 139)$$

由此可比较准确求出系数矩阵中的场传递矩阵 T_{j+1} 及外激励向量 P_{j+1}。

进而对式（5 – 126）进行求解，得到集中力和广义声压作用力下的锥壳上各离散节点上的状态向量。本求解方法是基于传递矩阵法和精细积分方法建立的一种半解析半数值的求解方法，既能够说明圆锥壳的声振耦合机理，又能够准确地描述锥壳结构的振动与声辐射特性。

6. 声振耦合方程的求解

根据线性叠加原理，对应于任意周向波数 n 下的径向位移满足

$$w_n(s) = w_n^f(s) + \sum_{m=0}^{\infty} p_{mn}w_{mn}^p(s) \quad (5 - 140)$$

式中　$w_n^f(s)$——给定周向波数 n 时外激励力作用下圆锥壳结构的径向位移；

　　　$w_{mn}^p(s)$——(m,n) 阶波数下声压作用下圆锥壳结构的径向位移。

根据连续性条件，在流体与结构的接触面上，流体径向速度必须等于结构的径向速度

$$\frac{1}{i\omega\rho}\frac{\partial p}{\partial r} = \frac{\partial w}{\partial t}\Bigg|_{r=R} \quad (5 - 141)$$

由式（5 – 140）可知,锥壳结构上在各阶周向波数 n 下均满足式（5 – 141）。因此,在锥壳结构上沿母线方向配点 M 个,其中 M 既要大于波数 m,又要满足 $M = 2\pi\lambda^{-1}$。取 M 个配点代入到式（5 – 141）中,并将式（5 – 129）、式（5 – 139）代入式（5 – 140）中,则可转化为求解各波数对应的声压系数的方程

$$\sum_{m=0}^{\infty} p_{mn}\left[\frac{\partial H_n^{(1)}(k_r R)}{\partial r}\cos(k_m x_j - k_m L_{\text{start}}) - \rho_0\omega^2 w_m^n(x_j)\right] = w_f^n(x_j)$$

$$j = 1,2,\cdots,M \qquad\qquad (5-142)$$

对于式（5 – 130）来说,该式是 M 个方程 m 个未知量 p_{mn} 的线行方程组。对此可以应用 Moore – Penrose 广义逆矩阵求解线性方程组得到任意给定周向波数 n 下的未知系数 p_{mn},将其求得的 p_{mn} 代入到式（5 – 132）中即可得到流场中的辐射声压。

7. 锥壳结构的辐射声功率

由式（5 – 105a）、式（5 – 132）可知,将锥壳结构表面声压和径向振速沿周向展开成级数求和形式为

$$\begin{bmatrix} p(s) \\ \dot{w}(s) \end{bmatrix} = \sum_{n=0}^{+\infty}\cos n\theta\left[\begin{array}{c}\displaystyle\sum_{m=0}^{\infty} p_{mn}H_n^{(1)}(k_r r)\cos(k_m s - k_m L_{\text{start}}) \\ -\,\mathrm{i}\omega w_n(s)\end{array}\right] \quad (5-143)$$

按照定义辐射声功率及表面的均方振速

$$P(\omega) = \frac{1}{2}\int_0^{2\pi} r\mathrm{d}\theta\int_{L_{\text{start}}}^{L_{\text{end}}}\mathrm{Re}[p(s)\dot{w}^*(s)]\mathrm{d}s \qquad (5-144)$$

$$\langle\dot{w}(\theta,s)\dot{w}(\theta,s)\rangle = \frac{1}{2S_c}\int_0^{2\pi} r\mathrm{d}\theta\int_{L_{\text{start}}}^{L_{\text{end}}}\dot{w}(s)\dot{w}^*(s)\mathrm{d}s \qquad (5-145)$$

式中,S_c 代表锥壳结构的面积,$S_c = \pi(r_1 + r_2)(L_{\text{end}} - L_{\text{start}})$,$r_1$,$r_2$ 分别代表了锥壳结构两端的半径。

利用正交性,有

$$\int_0^{2\pi}\cos n\theta\cos m\theta\mathrm{d}\theta = \frac{2\pi\delta_{mn}}{\varepsilon_n} \qquad (5-146)$$

式中,δ_{mn} 为狄拉克函数,$\varepsilon_n = \begin{cases} 1, & n = 0 \\ 2, & n \neq 0 \end{cases}$。

令 $p_n(s) = \displaystyle\sum_{m=0}^{\infty} p_{mn}H_n^{(1)}(k_r r)\cos(k_m s - k_m L_{\text{start}})$,将式（5 – 143）分别代入到式（5 – 144）、式（5 – 145）中并沿锥壳表面进行积分可以得到锥壳结构的辐射声功率和表面均方振速为

$$P(\omega) = \frac{\pi}{\varepsilon_n} \sum_{n=0}^{+\infty} \int_{L_{\text{start}}}^{L_{\text{end}}} \text{Re}\{i\omega p_n(s) w_n^*(s)\} r\mathrm{d}s \qquad (5-147)$$

$$\langle \dot{w}(\theta,s)^2 \rangle = \frac{\omega^2 \pi}{S_c \varepsilon_n} \sum_{n=0}^{+\infty} \int_{L_{\text{start}}}^{L_{\text{end}}} w_n(s) w_n^*(s) r\mathrm{d}s \qquad (5-148)$$

结构的辐射效率有定义可得

$$\sigma_c = \frac{P(\omega)}{\rho_0 c_0 S_c \langle \dot{w}(\theta,s)^2 \rangle} \qquad (5-149)$$

声功率级和均方振速级为

$$L_w = 10\log \frac{P(\omega)}{P_0}, \quad L_v = 10\log \frac{\langle \dot{w}^2 \rangle}{\dot{w}_0^2}, \quad L_\sigma = \lg \sigma_c \qquad (5-150)$$

其中,声功率和均方振速的参考值分别为

$$P_0 = 0.67 \times 10^{-18}(\text{W}), \dot{w}_0 = 5 \times 10^{-8}(\text{m/s}) \qquad (5-151)$$

5.5.2 水下加筋圆锥壳的声振特性研究

1. 加筋圆锥壳的振动特性

首先进行加筋圆锥壳自由振动的验证,采用精细传递矩阵法求解加筋圆锥壳的自由振动,当 $P_i = \{0\}$ 时,式(5-114)可变为

$$\begin{bmatrix} -\overline{T}_2 & I & 0 & 0 & 0 & 0 \\ 0 & -T_3 & I & 0 & 0 & 0 \\ 0 & 0 & -T_4 & I & 0 & 0 \\ 0 & 0 & 0 & \cdots & I & 0 \\ 0 & 0 & 0 & 0 & -T_n & \overline{I} \end{bmatrix}_{(8n-8,8n-8)} \begin{bmatrix} \overline{Z}(\xi_1) \\ Z(\xi_2) \\ Z(\xi_3) \\ \vdots \\ \overline{Z}(\xi_n) \end{bmatrix}_{(8n-8,1)} = \begin{bmatrix} 0 \\ 0 \\ \vdots \\ 0 \\ 0 \end{bmatrix}_{(8n-8,1)}$$

$$(5-152)$$

采用相应的搜根方法(如二分法等)求出系数矩阵行列式为零,找到无量纲频率的根,即可得到该结构的固有频率,将结果代入到式(5-152)可得该结构对应固有频率的振型。

为验证本书方法计算锥壳的固有振动的有效性,取锥壳模型如下:$L_{\text{start}} = 0.42\ \text{m}, L_{\text{end}} = 2\ \text{m}, \alpha = 30°, R = 1\ \text{m}, h = 0.01\ \text{m}$。对应的材料参数为:$\rho = 2\ 600\ \text{kg/m}^3, \upsilon = 0.33, E = 70\ \text{GPa}$。小端为自由边界条件,大端为固定边界条件。将采用精细传递矩阵法求解得到的 λ 与有限元数值计算结果进行对比,如表5-4所示。

表 5 - 4　圆锥壳振动本书结果与有限元结果的比较

类型	本书结果 λ	有限元结果 λ	相对误差
$n = 0$	0.957 6	0.967 1	0.98%
$n = 1$	0.619 2	0.628	1.40%
$n = 2$	0.296 8	0.295 7	0.37%
$n = 3$	0.245	0.246 6	0.65%
$n = 4$	0.244	0.252 2	3.25%
$n = 5$	0.255 7	0.267 8	4.52%

其次,开展不同边界条件下的加筋圆锥壳自由振动研究。选取圆锥壳的母线长 $L = 8.90$ m,锥壳小端半径为 $R_1 = 0.50$ m,大端半径为 $R = 3.25$ m,锥壳厚度为 $h = 0.014$ m,泊松比 $\mu = 0.3$,弹性模量 $E = 210$ GPa,密度 $\rho = 7\ 800$ kg/m^3。分别计算不同边界条件下的固有频率,结果分别如表 5 - 5、表 5 - 6、表 5 - 7 所示,图5 - 19为最低阶固有频率对比曲线。

表 5 - 5　自由 - 固支圆锥壳的自由振动

周向波数 n	无量纲频率参数 λ				
	1	2	3	4	5
1	0.131 774	0.231 636			
2	0.058 566	0.127 269	0.221 875		
3	0.053 686	0.111 125	0.175 323	0.245 527	
4	0.052 184	0.103 992	0.167 064	0.234 264	0.299 588
5	0.055 563	0.103 617	0.160 306	0.221 125	0.282 694
6	0.062 32	0.108 497	0.161 432	0.217 746	0.275 936
7	0.072 081	0.117 508	0.168 19	0.222 251	0.277 438
8	0.084 095	0.129 521	0.179 828	0.232 387	0.286 073
9	0.098 361	0.144 914	0.195 22	0.247 78	
10	0.114 88	0.162 934	0.214 367	0.266 926	

表 5 - 6　简支 - 简支圆锥壳的自由振动

| 周向波数 n | 无量纲频率参数 λ | | | | |
	1	2	3	4	5
0	0.021 775	0.263 547	0.296 209		
1	0.123 514	0.242 899			
2	0.044 3	0.180 954	0.270 305		
3	0.031 536	0.107 747	0.195 22	0.280 066	
4	0.034 914	0.094 982	0.162 558	0.233 513	
5	0.041 672	0.094 982	0.155 425	0.218 872	0.281 192
6	0.049 556	0.100 614	0.156 176	0.214 742	0.273 684
7	0.060 068	0.109 999	0.163 309	0.218 872	0.274 435
8	0.072 457	0.122 388	0.174 572	0.228 633	0.282 69
9	0.087 474	0.138 156	0.189 964	0.243 274	0.296 96
10	0.104 368	0.156 176	0.208 736	0.262 421	

表 5 - 7　固支 - 固支圆锥壳的自由振动

| 周向波数 n | 无量纲频率参数 λ | | | | |
	1	2	3	4	5
1	0.158 804	0.278 189			
2	0.084 846	0.175 323	0.277 438		
3	0.056 689	0.122 764	0.204 23	0.287 574	
4	0.052 184	0.104 743	0.168 565	0.238 394	
5	0.055 563	0.103 617	0.160 306	0.221 125	0.283 069
6	0.062 32	0.108 497	0.161 432	0.217 746	0.275 936
7	0.072 081	0.117 508	0.168 19	0.222 251	0.277 438
8	0.084 095	0.129 521	0.179 828	0.232 387	0.286 448
9	0.098 361	0.144 914	0.195 22	0.247 404	
10	0.114 88	0.162 934	0.214 367	0.266 926	

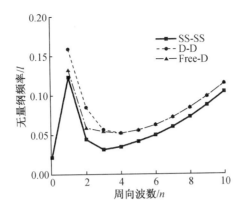

图 5 – 19　最低阶固有频率对比曲线

2. 加筋圆锥壳的收敛性验证

采取锥壳计算模型的几何参数为：$L_{start} = 1.0$ m，$L_{end} = 2.34$ m，$\alpha = 20°$，$R = 0.8$ m，$h = 0.003$ m。环肋的几何参数为：$b \times h = 2 \times 20$ mm^2，间距 $\Delta l = 0.5$ mm，锥壳等间距布置两根环肋。锥壳与环肋的材料参数一样。材料参数为：弹性模量 $E = 206$ GPa，泊松比 $\mu = 0.3$，密度 $\rho = 7\,850$ kg/m^3，损耗因子 $\eta = 0.01$。流体的密度 $\rho_0 = 1\,000$ kg/m^3，声速度 $c_0 = 1\,500$ m/s。边界条件为两端简支，计算频率为 $0 \sim 500$ Hz。外激励为径向激励力，力幅值为 1 N，作用在锥壳内表面 $s = 1.669\,0$ m，$\theta = 0°$。辐射声压为距锥壳内激励力作用点 50 m 处的声压值，计算结果见图 5 – 20。

图 5 – 20 为取周向波数 $n = 0 \sim 1$，轴向波数 $m = 1 \sim 10$；$n = 0 \sim 3$，$m = 1 \sim 20$；$n = 0 \sim 4$，$m = 1 \sim 30$；$n = 0 \sim 4$，$m = 0 \sim 35$；$n = 0 \sim 5$，$m = 1 \sim 35$ 共五种情况下的辐射声压、辐射声功率级、振动速度级和辐射效率，所取的计算频率范围为 $0 \sim 1$ kHz。图 5 – 20(a)(b)(c)(d) 四个图的变化趋势比较相似。以辐射声功率曲线为例，$0 \sim 50$ Hz 范围内五条曲线基本吻合在一起，因此可以认为低频时较少的模态就已经收敛。随着频率的升高，m、n 小的曲线逐渐分离出来，为保证求解精度，所需要的模态会越来越多，才能保证计算的精度和收敛性。因此，在实际计算时合理地选取 m、n 是很有必要的。从图 5 – 20 中可以看出，周向波数 $n = 0 \sim 5$，轴向波数 $m = 1 \sim 35$ 时可以保证数值计算的计算精度。

3. 半锥角对声振特性的影响

为了研究锥壳的半锥角影响，在上述模型的基础上，保证平均半径 R 和锥壳长度不变，分别选取不同的半锥角，计算分析水下加筋圆锥壳的声振特性。

图 5 – 21 为不同半锥角下的锥壳水下声振特性，其中半锥角分别取 20°，30°，45°。随着半锥角的增加，由图中振动均方速度曲线和辐射声功率曲线可以

看出,振动和声辐射峰值发生左移,这是对应各(m,n)阶的固有频率随着半锥角的增加而减少的缘故。同时还可以看出,锥角的变化并不会改变圆锥壳的整体振动和声辐射水平。从辐射声压曲线中可以看出,在中高频段,较小的半锥角的圆锥壳辐射声压要大于较大锥角的圆锥壳辐射声压。

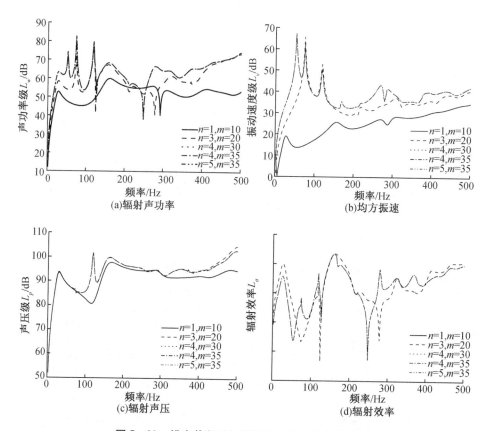

图5-20　模态截断对加筋圆锥壳的声振特性影响

4.结构厚度对声振特性的影响

图5-22是不同厚度下的锥壳水下声振特性,其中锥壳厚度分别取3 mm、5 mm、8 mm。改变锥壳厚度后,圆锥壳振动和声辐射曲线均发生了较为明显的偏移。锥壳厚度增加后,锥壳本身的固有频率增加,进而导致对应的振动和声辐射曲线发生变化。但是整体来看,锥壳厚度的增加在一定程度上减小了圆锥壳结构的振动和声辐射能力。

5.环肋加筋参数对声振特性的影响

图5-23比较了环肋加筋参数对圆锥壳振动和声辐射的影响。从图中曲线

可以看出,整体来看,环肋对圆锥壳辐射声功率的影响不大,环肋对圆锥壳较为
显著的影响主要体现在振动和声辐射曲线的峰值附近。

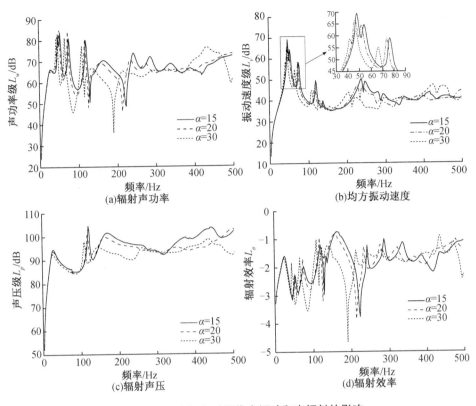

图 5 - 21　半倾角对圆锥壳振动和声辐射的影响

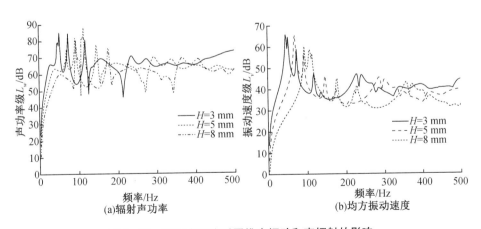

图 5 - 22　圆锥壳厚度对圆锥壳振动和声辐射的影响

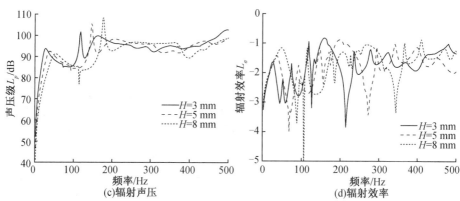

(c)辐射声压   (d)辐射效率

图 5-22(续)

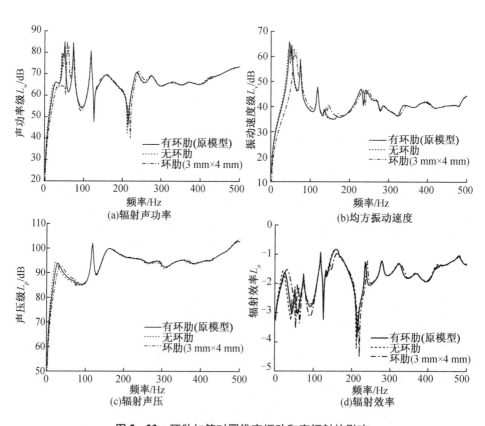

(a)辐射声功率   (b)均方振动速度

(c)辐射声压   (d)辐射效率

图 5-23 环肋加筋对圆锥壳振动和声辐射的影响

6. 不同激励力作用对声振特性的影响

图 5-24 比较了加筋圆锥壳在水中受到单位径向激励力、单位轴向激励力

及单位周向激励力作用于圆锥壳内表面上同一位置的振动与声辐射对比曲线。从图中可知,受到不同的激励力,加筋圆柱壳的振动与声辐射曲线差异较大。从图中曲线可以看出,受到径向激励时声功率级和振动速度级最高,其次是周向激励力,轴向激励力的值最小。该规律与圆柱壳分别受到三个方向单位激励力的变化规律基本一致。但差异是周向的激励与圆柱壳的情况相比,其声辐射能力明显减弱,而轴向的声辐射能力有显著的提高。这还可以通过观察圆锥壳的辐射效率看出,轴向激励的辐射效率较大。这说明纵向激励下圆锥壳纵向振动与径向振动的"泊松效应"对水下声辐射的贡献很大,这与圆柱壳情况时轴向激励贡献比较小的规律相反。

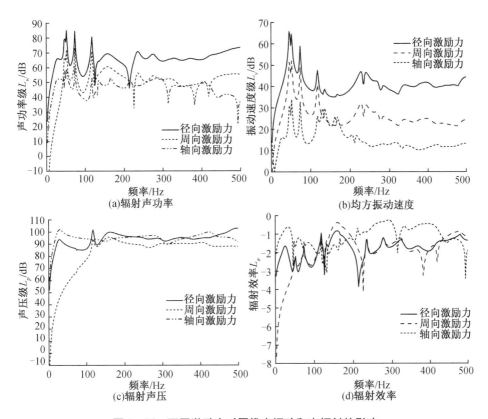

图 5 – 24　不同激励力对圆锥壳振动和声辐射的影响

7. 激励力偏心对声振特性的影响

(1)径向力偏心

图 5 – 25 比较了径向激励偏心与否对圆锥壳振动和声辐射的影响。实际计

算时径向力产生的偏心力可以分解为径向力和附加弯矩。在低频段 0 ~ 85 Hz 内,附加弯矩的影响较小,可以忽略。随着频率的升高,附加弯矩的影响比较大,有了附加弯矩的存在,圆锥壳的振动和声辐射在中高频段有了很明显的上升。从辐射效率曲线中看出,附加弯矩的存在导致圆锥壳的辐射效率降低,这说明附加弯矩的存在对圆锥壳结构振动的影响比圆锥壳声辐射的影响大。

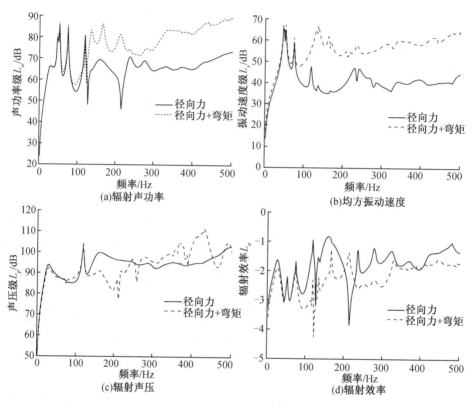

图 5 - 25　径向激励力偏心对圆锥壳振动和声辐射的影响

（2）轴向力偏心

图 5 - 26 比较了轴向激励偏心与否对圆锥壳振动和声辐射的影响。实际计算时轴向力产生的偏心力可以分解为轴向力和附加弯矩。在低频段 0 ~ 78 Hz 内,附加弯矩的影响较小,这时偏心激励中集中力分量在声辐射中起主要贡献。随着频率的升高,附加弯矩的贡献变大。偏心激励中附加弯矩分量在中高频段的圆锥壳的振动和声辐射中起主要贡献。从辐射效率曲线中看出,附加弯矩的存在导致圆锥壳的辐射效率降低,这一规律与径向激励的规律相吻合。

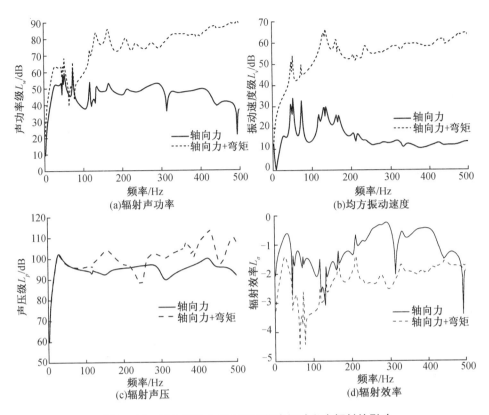

图 5 – 26　轴向激励力偏心对圆锥壳振动和声辐射的影响

8. 流体介质对声振特性的影响

图 5 – 27 表示不同流体介质时的加筋圆锥壳振动与声辐射曲线。由图中看出,当流体介质由水变为空气时,加筋圆锥壳的振动和声辐射曲线的峰值明显向右偏移。这是由于当外界流体载荷由重流体(水)变为轻流体(空气)时,有流体负载圆锥壳的圆锥壳的固有频率会变大。在 130 Hz 以上时,辐射声功率曲线在水中随着激励频率的变化都较空气中平缓,空气中波动比较剧烈,并且有明显的峰值。这是因为流体介质的阻抗不同改变了流体与结构相互耦合的辐射阻抗值,进而改变了圆锥壳体的共振及声辐射特性。从振动均方速度曲线和辐射声功率曲线也可以很明显地看出,重流体介质可以很好地抑制结构的共振峰值。同时还可以看出,整体来看,在水中的辐射声功率要明显大于在空气中的情况,而表面均方振速规律却相反,圆锥壳在水中的振动反而比空气中的要小(80 Hz以上频段),进而会导致圆锥壳在水中的整体辐射效率要比在空气中的小。

183

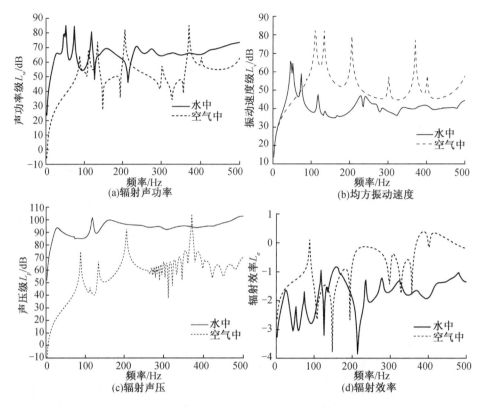

图 5 - 27　轴向激励力偏心对圆锥壳振动和声辐射的影响

9. 边界条件对声振特性的影响

图 5 - 28 中分别给出了简支($SS—SS$)、固支($C—C$)及自由($F—F$)边界条件对圆锥壳声振特性的影响。从图中可以看出,边界条件对圆柱壳的水下辐射有较大的影响。整体来说,在低频段,自有边界条件时圆锥壳振动和声辐射最大,其次是简支边界条件,最后是固支边界条件。在中频段,两端自由情况时的声辐射较小,这是不同边界条件改变了圆柱壳结构的固有频率,导致声辐射曲线发生偏移造成的。而在高频段,自由边界条件情况时圆锥壳依然保持在一个较高的振动和声辐射水平,波动也较其他两种情况要大。

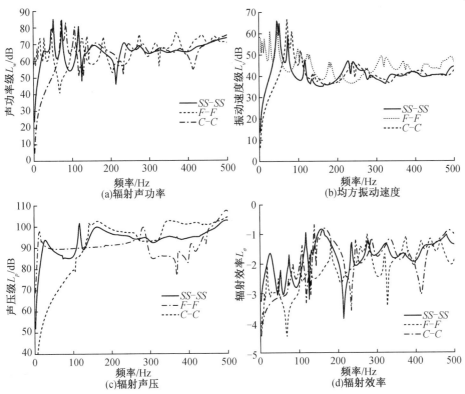

图 5-28　轴向激励力偏心对圆锥壳振动和声辐射的影响

5.6　本章小结

　　采用精细传递矩阵方法用于求解任意边界条件下的圆锥壳的振动和声辐射,锥壳的控制方程是具有变系数特征的非齐次常微分方程组。计算时采用多个积分步,方程系数常数化,并构造离散分段的大型方程组进行求解圆锥壳的振动和声学性能。得到的主要结论有:

　　(1)圆锥壳几何参数:半锥角、结构厚度等变化对圆锥壳结构振动和声辐射性能都有不同的影响。在中高频段,半锥角较小的圆锥壳辐射声压要大于较大锥角的情况。锥壳厚度增加后,锥壳本身的固有频率增加,并在一定程度上减小了圆锥壳结构的振动和声辐射能力。

（2）对于环肋来说，其对圆锥壳辐射声功率的影响不大，环肋对圆锥壳较为显著的影响主要体现在振动和声辐射曲线的峰值附近，如改变了壳体的共振特性，造成尖峰位置和高度的改变。

（3）从不同方向激励力来看，受到径向激励时声功率级和振动速度级最高，其次是周向激励力，轴向激励力的值最小。

（4）附加弯矩在中高频段对圆锥壳的振动和声辐射有较大的影响。从辐射效率曲线中看出，附加弯矩的存在导致圆锥壳的辐射效率降低。

（5）圆锥壳结构在水中的辐射声功率要比在空气中的值大，但振动速度却要小于在空气中的值。

（6）在低频段，自有边界条件时圆锥壳振动和声辐射最大，其次是简支边界条件，最后是固支边界条件。在高频段，自由边界条件情况时圆锥壳依然保持在一个较高的振动和声辐射水平，波动也较其他两种情况要大。

（7）当声波入射频率与圆柱壳固有频率相等时，其传递损失会急剧下降，出现"失效频率点"。

（8）随着入射角度的增加，整个频率带内的声传递损失随之降低。

（9）随着阻尼层厚度 h_2 的增加，在低频段存在一个失效区域，阻尼层厚度增加，传递损失不升反降。

（10）在低频段，圆柱壳壳体平均半径越小，其传递损失越大，在中高频段，半径越大其对应的传递损失反而越大。

参考文献

[1]　LEISSA A W. Vibration of Shells[R]. NASA SP – 288. Washington：U. S. Government Printing Office，1973.

[2]　KAGAWA Y，KROKSTAD A. On the damping of cylindrical shells coated with viscoelastic materials[J]. ASME Publication 69 – vibr. 1976（9）：1-9.

[3]　MARKU. Damping properties of layered cylindrical shells，vibrating in axially symmetric modes[J]. Journal of Sound and Vibration，1976，48（4）：511-524.

[4]　IYER K M. Modal response of a circular cylindrical shell with damping layers

[J]. The Ohio State University, Ph. D. Thesis, 1980.

[5]　ZHANG X M. Parametric studies of coupled vibration of cylindrical pipes conveying fluid with wave propagation approach[J]. Computer and Structure, 2002(80): 287-295.

[6]　张小铭, 张维衡. 周期粘弹性复合壳的功率流. 振动工程学报[J]. 1993, 6(1): 1-9.

[7]　DANESHJOU K, NOURI A, TALEBITOOTI R. Sound transmission through laminated composite cylindrical shells using analytical model[J]. Archive of Applied Mechanics, 2007, 77(6):363-379.

[8]　SMITH P W. Sound Transmission through Thin Cylindrical Shells[J]. Journal of the Acoustical Society of America, 1957, 27(5):1011-1011.

[9]　TIMOSHENKO S, WOINOWSKY - KRIEGER S. 板壳理论[M]. 北京:科学出版社,1977.

[10]　奚定平. 贝赛尔函数[M]. 北京:高等教育出版社. 1998.

[11]　骆东平, 徐治平. 环肋柱壳在流场中振动特性分析[J]. 中国造船, 1990 (2): 67-79.

[12]　蒋吉青. 非齐次弹性动力方程的回传射线分析及结构无损检测[D]. 杭州:浙江大学, 2008.

[13]　XIANG Y, LU J, HUANG Y Y. A fast wave superposition spectral method with complex radius vector combined with two - dimensional fast Fourier transform algorithm for acoustic radiation of axisymmetric bodies [J]. Journal of Sound and Vibration, 2012, 331(1): 1441-1454.

[14]　姚熊亮, 王献忠, 庞福振, 等. 敷去耦层有限加筋板声辐射近似解析解[J]固体力学学报. 2012, 33(06): 583-591.

[15]　汤渭霖, 何兵蓉. 水中有限长加肋圆柱壳体振动和声辐射近似解析解[J]. 声学学报, 2001, 26(1): 1-5.

[16]　陈美霞. 环肋柱壳振动和声辐射试验分析[J]. 华中科技大学学报(自然科学版), 2003, 31(4): 102-104.

[17]　LAULAGNET B, GUYADER J. Sound radiation by finite cylindrical ring stiffened cylinder [J]. Journal of Sound and Vibration, 1990, 138(2): 173-191.

第6章
组合壳体结构的辐射噪声计算分析

针对舰艇局部舱段计算模型,考虑舰艇多舱段结构振动的情况,将其简化为组合壳结构。本章以舰艇中尾部舱段为分析对象,并将其简化为圆锥壳 – 圆柱壳组合结构进行动力学特性分析,但考虑难以给出流场中声压解的具体形式,故仅采用前述的精细传递矩阵法求解其振动特性,通过求解边界积分方程得到流场中的声压。本章在传统边界元的基础上,采用一种虚拟边界积分方法来求解复杂锥 – 柱组合结构的声振响应。该方法与边界元方法不同:(1)采用傅里叶级数求和的形式代替积分方程的离散化;(2)将虚拟源到结构表面的距离进行复数化,避免了特征频率的唯一性。本章基于前面章节提出的精细传递矩阵法,结合波叠加法(Wave Superposition Method,WSM)[1][2][3],构造了求解加筋圆柱壳声振的半解析方法,即精细传递矩阵/波叠加法求解细长体结构的振动和声辐射。该方法的主要思想:根据 Flügge 壳体理论,分别针对柱壳和锥壳结构形式建立其对应的一阶矩阵微分方程,根据锥 – 柱壳体组合结构的状态连续条件,建立状态向量转换矩阵,根据精细传递矩阵法可求解水下加筋锥 – 柱壳组合结构的振动特性。通过波叠加法求解满足外流场 Helmholtz 方程的解,最后利用流固耦合交界面处的连续条件,实现一阶矩阵微分方程的求解,得到流场中辐射声压的解。

6.1 水下组合壳的振动分析模型

有限长加筋锥 – 柱组合结构是潜艇、鱼雷等水下航行器的典型结构形式。对于实际水下结构来说,其结构噪声主要来源于内部机械设备激励壳体振动并向外流场辐射噪声。本书采用浸没在无限流场中的有限长加筋锥 – 柱组合结构模拟潜艇尾部结构,分析模型如图 6 – 1 所示。图中 α 为锥壳的倾斜角,R 为锥壳大端和柱壳的端面半径,L_{start} 锥壳沿母线方向从锥顶到小端面处的长度,L_{end} 为锥壳沿母线方向从锥顶到大端面处的长度,L_{cyl} 为柱壳的长度。该计算模型主要包

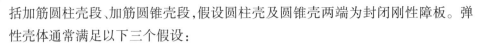

括加筋圆柱壳段、加筋圆锥壳段,假设圆柱壳及圆锥壳两端为封闭刚性障板。弹性壳体通常满足以下三个假设:

(1)直法线假设,变形前中性面任意法线在变形后仍为直线且垂直于变形后的中性面。

(2)沿中性面垂直方向的法向应力相对于其他应力分量可忽略不计。

(3)壳体的位移和变形足够小,二阶以上的高阶小量可以忽略。

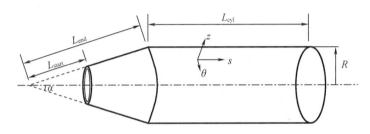

图 6 - 1   锥 - 柱组合壳结构示意图

6.1.1   锥壳运动控制方程

参考第 5 章的模型分析思路,根据壳体理论可得锥壳的一阶控制微分方程

$$\frac{\mathrm{d}\{Z(\xi)\}}{\mathrm{d}\xi} = U(\xi)\{Z(\xi)\} + \{F(\xi)\} - \{p(\xi)\} \qquad (6-1)$$

$$\{Z(\xi)\} = \{\tilde{u} \quad \tilde{v} \quad \tilde{w} \quad \tilde{\varphi} \quad \widetilde{M}_s \quad \widetilde{V}_s \quad \widetilde{S}_{s\theta} \quad \widetilde{N}_s\} \qquad (6-2)$$

式中　(u,w)——锥壳母线方向的位移及转角, $(u,w) = h \sum_n (\tilde{u},\tilde{w})\mathrm{e}^{in\theta}$;

v—— 锥壳周向的位移及转角,$v = h \sum_n \tilde{v}\mathrm{e}^{(n\theta + \frac{\pi}{2})}$;

φ—— 锥壳径向的位移及转角,$\varphi = \left(\frac{h}{R}\right) \sum_n \tilde{\varphi}\mathrm{e}^{in\theta}$;

$\tilde{u},\tilde{v},\tilde{w},\tilde{\varphi}$——三个方向的无量纲位移值及无量纲转角。

$$M_s = \frac{K}{R} \sum_n \widetilde{M}_s \mathrm{e}^{in\theta} \qquad (6-3)$$

$$(V_s,N_s,S_{s\theta}) = \frac{K}{R^2} \sum_n (\widetilde{V}_s,\widetilde{N}_s,\widetilde{S}_{s\theta}) \mathrm{e}^{in\theta} \qquad (6-4)$$

式中　$\widetilde{N}_s$——无量纲膜力;

190

$\widetilde{M}_s$——无量纲弯矩；

$\widetilde{V}_s$——Kelvin – Kirchhoff 剪力；

$\widetilde{S}_{s\theta}$——薄膜合剪力；

$K = \dfrac{Eh^3}{12(1-\nu^2)}$，其中，$E$、$h$、$\nu$ 分别代表锥壳段的弹性模量、厚度、泊松比。

为了简化分析过程，同样对下列参数进行无量纲化：

$$\xi = \frac{s}{R}, \xi_1 = \frac{L_{\text{start}}}{R}, \xi_2 = \frac{L_{\text{end}}}{R} \tilde{l} = \frac{l}{R}, \tilde{h} = \frac{h}{R}, \lambda^2 = \frac{\rho h R^2 \omega^2}{D} \tag{6-5}$$

式中　s——沿母线上任意一点的位置；

ρ——锥壳段的密度；

ω——外激励频率；

D——抗拉刚度，$D = \dfrac{Eh}{(1-\nu^2)}$。

6.1.2　柱壳运动控制方程

对于圆柱壳来说，圆柱壳的轴向长度为 L_{cyl}，中和面的曲率半径为 R，在柱坐标 (s,z) 下，圆柱壳通过取极限情况即 $\dfrac{1}{(s\sin\alpha)} \to \dfrac{1}{R}$、$\dfrac{1}{(s\tan\alpha)} \to \dfrac{1}{R}$、$\dfrac{1}{s} \to 0$，柱壳作为锥壳的特殊情况而得到，区别仅在于系数矩阵为常系数。其对应的一阶微分控制方程由式（6-1）和（6-2）简化得到。即

$$\frac{\mathrm{d}\{Z(\xi)\}}{\mathrm{d}\xi} = \boldsymbol{U}\{Z(\xi)\} + \{F(\xi)\} - \{p(\xi)\} \tag{6-6}$$

$$\{Z(\xi)\} = \{\tilde{u} \quad \tilde{v} \quad \tilde{w} \quad \tilde{\varphi} \quad \widetilde{M}_x \quad \widetilde{V}_x \quad \widetilde{S}_{s\theta} \quad \widetilde{N}_x\} \tag{6-7}$$

式中　$\tilde{u}, \tilde{v}, \tilde{w}, \tilde{\varphi}$——圆柱壳母线方向、周向、径向的无量纲位移值及无量纲转角；

$\widetilde{N}_x, \widetilde{M}_x, \widetilde{V}_x, \widetilde{S}_{x\theta}$——无量纲膜力、无量纲弯矩、Kelvin – Kirchhoff 剪力、薄膜合剪力。

引入以下无量纲长度参数和频率因子：

$$\xi = \frac{x}{l}, \tilde{l} = \frac{L_{\text{cyl}}}{R}, \tilde{h} = \frac{h}{R}, \lambda^2 = \frac{\rho h R^2 \omega^2}{D} \tag{6-8}$$

6.1.3 舱壁运动控制方程

由于实际水下航行器中艉部结构不仅仅会布置环肋结构来加强,还会在舱段之间均布置有舱壁结构。由于实际舱壁的运动状态比较复杂,可将舱壁简化为圆板进行受力。

为便于对舱壁运动情况进行分析,本书假设舱壁板内运动与板外运动是解耦的。当壳体振动时,可将舱壁面内伸缩振动和面外弯曲振动分开进行研究。壳体位移与舱壁位移在交界处保持连续,舱壁与壳体交界处的作用反力与作用频率及位移有关。舱壁对壳体的作用力包括:纵向、径向、切向及方向为切向的弯矩。舱壁的面内收缩运动导致了径向、切向的产生;舱壁的面外运动导致了纵向及方向为切向的弯矩。

如图6-2所示,对于实际的舱壁结构可以简化为圆形薄板,通过建在极坐标系上可分别对其面内和面外运动进行分析。

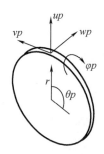

图 6-2　舱壁简化计算模型

1.舱壁的面内伸缩振动

由弹性理论可知,可采用位移向量建立描述舱壁面内运动的控制方程

$$\mu \nabla^2 \boldsymbol{u} + (\lambda + \mu)\nabla(\nabla \cdot \boldsymbol{u}) = \rho \frac{\partial^2 \boldsymbol{u}}{\partial t^2} \tag{6-9}$$

式中　λ、μ——拉梅常数,$\lambda = \dfrac{E\sigma}{(1+\sigma)(1-2\sigma)}$,$\mu = \dfrac{E}{2(1+\sigma)}$,其中,$E$ 为舱壁的弹性模量,σ 为舱壁的泊松比;

　　$\boldsymbol{u} = \overline{u}_p e_r + \overline{v}_p e_\theta$,$e_r$,$e_\theta$ 为舱壁径向、切向单位向量。

式(6-9)是一个向量波动方程,根据向量场理论可知,任一向量可表示为

$$\boldsymbol{u} = \nabla\varPhi + \nabla \times \boldsymbol{H} \tag{6-10}$$

式中　$\boldsymbol{\Phi}$——标量势,是无旋的;

　　　$\nabla \times \nabla \boldsymbol{\Phi} \equiv 0$,表示与转动无关的运动分量;

　　　$\boldsymbol{H}$——向量势,其散度值为 0,即 $\nabla \cdot (\nabla \times \boldsymbol{H}) \equiv 0$,表示纯转动。

　　通过分离变量可将式(6-10)分解为

$$\nabla^2 \boldsymbol{\Phi} = \frac{1}{c_l^2} \frac{\partial^2 \boldsymbol{\Phi}}{\partial t^2} \tag{6-11}$$

$$\nabla^2 \boldsymbol{H} = \frac{1}{c_l^2} \frac{\partial^2 \boldsymbol{H}}{\partial t^2} \tag{6-12}$$

其中,纵、横波(剪切波)速度分别为:$c_l = \sqrt{\dfrac{(\lambda + 2\mu)}{\rho}}$,$c_t = \sqrt{\dfrac{\mu}{\rho}}$。

　　式(6-11)(6-12)的通解可写为

$$\boldsymbol{\Phi} = \sum_n A_n \mathrm{J}_n(k_l r) \mathrm{e}^{\mathrm{i}n\theta} \tag{6-13}$$

$$\boldsymbol{H} = \sum_n B_n \mathrm{J}_n(k_l r) \mathrm{e}^{\mathrm{i}n\theta} \tag{6-14}$$

式中　k_l——纵向波数,$k_l = \dfrac{\omega}{c_l}$;

　　　k_t——横向波数,$k_t = \dfrac{\omega}{c_t}$;

　　　ω——激励频率;

　　　$\mathrm{J}_n(k_l r)$——n 阶贝塞尔函数;

　　　A_n、B_n——依赖于交界面处边界条件的未知系数。

　　舱壁位移可将式(6-13)代入式(6-10)中得到,同样将位移沿周向展开可得对应周向波数 n 下的位移:

$$\bar{u}_{p,n} = \frac{\partial \Phi_n}{\partial r} + \frac{\partial H_n}{r\partial \theta} = A_n k_l \mathrm{J}'_n(k_l r) + B_n \frac{in}{r} \mathrm{J}_n(k_l r) \tag{6-15}$$

$$\bar{v}_{p,n} = \frac{\partial \Phi_n}{r\partial \theta} + \frac{\partial H_n}{\partial r} = A_n \frac{in}{r} k_l \mathrm{J}_n(k_l r) - B_n k_t \mathrm{J}'_n(k_l r) \tag{6-16}$$

　　利用舱壁和壳体在交界处$(r = R)$的位移连续条件,导出舱壁的位移分量与壳体中面位移分量之间的关系:

$$\bar{u}_p = u_p,\ \bar{v}_p = v_p \tag{6-17}$$

式中　$\bar{u}_p, \bar{v}_p$——舱壁本身的径向位移、切向位移;

　　　u_p, v_p——交界面处壳体的径向位移、切向位移。

　　未知系数 A_n, B_n 可由壳体在交界面处的 n 阶周向模态位移 w_n, v_n 表示

$$A_n = g_5 u_{p,n} + g_6 v_{p,n} \tag{6-18}$$

$$B_n = g_7 u_{p,n} + g_8 v_{p,n} \qquad\qquad (6-19)$$

式中　$g_5 = \dfrac{-k_t J_n'(k_t R)}{X}$；

$g_6 = \dfrac{-in}{R}\dfrac{J_n(k_t R)}{X}$；

$g_7 = \dfrac{-in}{R}\dfrac{J_n(k_l R)}{X}$；

$g_8 = \dfrac{k_l J_n'(k_l R)}{X}$；

$X = \dfrac{n^2}{R^2}J_n(k_l R)J_n(k_t R) - k_l k_t J_n'(k_l R)J_n'(k_t R)$。

舱壁在交界面处的径向应力和切向剪应力可表示为

$$\sigma_r = \lambda\left(\frac{\partial \overline{u}_p}{\partial r} + \frac{\overline{u}_p}{r} + \frac{1}{r}\frac{\partial \overline{v}_p}{\partial \theta}\right) + 2G\frac{\partial \overline{u}_p}{\partial r} \qquad (6-20)$$

$$\tau_{r\theta} = 2G\left(\frac{1}{r}\frac{\partial \overline{u}_p}{\partial \theta} + \frac{\partial \overline{u}_p}{\partial r} - \frac{\overline{v}_p}{r}\right) \qquad (6-21)$$

舱壁在交界面处受到的径向作用力和切向作用力可表示为

$$\overline{V}_p^s = \sigma_r t_p \qquad\qquad (6-22)$$

$$\overline{S}_p^{s\theta} = \tau_{r\theta} t_p \qquad\qquad (6-23)$$

消除未知系数 A_n，B_n 可得壳体在交界面处受到的径向作用力和切向作用力。

$$V_{p,n}^s = -t_p(g_1 g_5 + g_2 g_7)u_{p,n} - t_p(g_1 g_6 + g_2 g_8)v_{p,n} \qquad (6-24)$$

$$S_{p,n}^{s\theta} = -t_p(g_3 g_5 + g_4 g_7)u_{p,n} - t_p(g_3 g_6 + g_4 g_8)v_{p,n} \qquad (6-25)$$

式中　t_p——舱壁厚度；

$V_{p,n}^s, S_{p,n}^{s\theta}$——对应给定周向波数 n 下的径向作用力、切向作用力；

$g_i(i=1\sim 4)$ 分别代表：

$$g_1 = (\lambda + 2G)k_l^2 J_n'(k_l R) + \frac{\lambda}{R}k_l J_n'(k_l R) - \frac{n^2\lambda}{R^2}J_n(k_l R) \qquad (6-26)$$

$$g_2 = 2G\frac{in}{R}k_t J_n'(k_t R) - 2G\frac{in}{R^2}J_n(k_t R) \qquad (6-27)$$

$$g_3 = 4G\frac{in}{R}k_l J_n'(k_l R) - 4G\frac{in}{R^2}J_n(k_l R) \qquad (6-28)$$

$$g_4 = -2G\frac{n^2}{R^2}J_n(k_t R) - 2Gk_t^2 J_n''(k_t R) + 2G\frac{k_t}{R}J_n'(k_t R) \qquad (6-29)$$

进而最终可得径向、切向反力与径向、周向位移之间的关系为

$$\begin{Bmatrix} V_{p,n}^s \\ S_{p,n}^{s\theta} \end{Bmatrix} \begin{bmatrix} A_{11}^n & A_{12}^n \\ A_{21}^n & A_{22}^n \end{bmatrix} \begin{Bmatrix} u_{p,n} \\ v_{p,n} \end{Bmatrix} \tag{6-30}$$

式中，$A_{ij}^n (i,j \in 1,2)$ 为中间系数矩阵，其中具体元素为

$$A_{11}^n = -t_P (g_1 g_5 + g_2 g_7),\ A_{12}^n = -t_P (g_1 g_6 + g_2 g_8) \tag{6-31}$$

$$A_{21}^n = -t_P (g_3 g_5 + g_4 g_7),\ A_{22}^n = -t_P (g_3 g_6 + g_4 g_8) \tag{6-32}$$

2. 舱壁的面外弯曲振动

当舱壁在面外做弯曲振动时，其弯曲振动方程可表示为

$$D_p \nabla^4 \overline{w}_p - \rho t_p \omega^2 \overline{w}_p = 0 \tag{6-33}$$

式中　D_p——带加强筋的舱壁组合截面弯曲刚度；

$\overline{w}_p$——舱壁的横向位移，定义位移沿轴向正向为正。

上式的解为

$$\overline{w}_p = \sum_{n=-\infty}^{\infty} [P_n \mathrm{J}_n(\lambda r) + Q_n \mathrm{I}_n(\lambda r)] \mathrm{e}^{\mathrm{i} n \theta} \tag{6-34}$$

式中　$\lambda = \sqrt[4]{\dfrac{\rho t_p \omega^2}{D_p}}$；

$D_p = \dfrac{Et_p^3}{12(1-\sigma^2)} + \dfrac{E}{b}\left[I_1 + \left(y + \dfrac{t_p}{2} \right)^2 \dfrac{A_1 bt_p}{A_1 + bt_p} \right]$；

I_n——n 阶修正的贝塞尔函数；

I_1、y、A_1、b——舱壁板架结构的惯性矩、截面面积、型心坐标及板架的带板
　　　　　　宽度；

P_n、Q_n——未知系数。

由 $\overline{\varphi}_p = \dfrac{\partial \overline{w}_p}{\partial r}$，可得对应 n 阶周向波数的转角：

$$\overline{\varphi}_{p,n} = P_n \lambda \mathrm{J}_n'(\lambda r) + Q_n \lambda \mathrm{I}_n'(\lambda r) \tag{6-35}$$

利用舱壁和壳体在交界处 $(r=R)$ 位移连续条件，导出舱壁的位移分量与壳
体中面位移分量之间的关系为

$$\overline{w}_p = w_p,\ \overline{\varphi}_p = -\varphi_p \tag{6-36}$$

根据式（6-34）和式（6-35），可得

$$P_n = h_1 w_{p,n} + h_2 \varphi_{p,n},\ Q_n = h_3 w_{p,n} + h_4 \varphi_{p,n} \tag{6-37}$$

式中，$h_1 = \dfrac{\lambda \mathrm{I}_n'(\lambda R)}{Y}$，$h_2 = -\dfrac{\mathrm{I}_n(\lambda R)}{Y}$，$h_3 = -\dfrac{\lambda \mathrm{J}_n'(\lambda R)}{Y}$，$h_4 = \dfrac{\mathrm{J}_n(\lambda R)}{Y}$，其中，$Y = \lambda \mathrm{J}_n$

$(\lambda R)\mathrm{I}'_n(\lambda R)-\lambda\mathrm{I}_n(\lambda R)\mathrm{J}'_n(\lambda R)$

舱壁受到的横向作用力和弯矩为

$$\overline{M}_p^s = -D_p\left[\frac{\partial^2\overline{w}_p}{\partial r^2}+\sigma\left(\frac{1}{r}\frac{\partial^2\overline{w}_p}{\partial r}+\frac{1}{r^2}\frac{\partial^2\overline{w}_p}{\partial\theta^2}\right)\right] \tag{6-38}$$

$$\overline{N}_p^s = -D_p\left[\frac{\partial}{\partial r}\nabla^2\overline{w}_p+\frac{1-\sigma}{r^2}\left(\frac{\partial^3\overline{w}_p}{\partial r\partial\theta^2}-\frac{1}{r}\frac{\partial^2\overline{w}_p}{\partial\theta^2}\right)\right] \tag{6-39}$$

消除 P_n、Q_n 系数,进而可得对应 n 阶周向波数的作用下,壳体受到的横向力和弯矩为

$$M_{p,n}^s = D_p(h_1h_5+h_3h_6)w_{p,n}-D_p(h_2h_5+h_4h_6)\varphi_{p,n} \tag{6-40}$$

$$N_{p,n}^s = D_p(h_1h_7+h_3h_8)w_{p,n}-D_p(h_2h_7+h_4h_8)\varphi_{p,n} \tag{6-41}$$

式中:$h_5 = \lambda^2\mathrm{J}''_n(\lambda R)+\dfrac{\sigma\lambda}{R}\mathrm{J}'_n(\lambda R)-\dfrac{\sigma n^2}{R^2}\mathrm{J}_n(\lambda R)$;

$h_6 = \lambda^2\mathrm{I}''_n(\lambda R)+\dfrac{\sigma\lambda}{R}\mathrm{I}'_n(\lambda R)-\dfrac{\sigma n^2}{R^2}\mathrm{I}_n(\lambda R)$;

$h_7 = \lambda^3\mathrm{J}'''_n(\lambda R)+\dfrac{\lambda^2}{R}\mathrm{J}''_n(\lambda R)-\dfrac{(2-\sigma)n^2\lambda+\lambda}{R^2}\mathrm{J}'_n(\lambda R)+\dfrac{(3-\sigma)n^2}{R^3}\mathrm{J}_n(\lambda R)$;

$h_8 = \lambda^3\mathrm{I}'''_n(\lambda R)+\dfrac{\lambda^2}{R}\mathrm{I}''_n(\lambda R)-\dfrac{(2-\sigma)n^2\lambda+\lambda}{R^2}\mathrm{I}'_n(\lambda R)+\dfrac{(3-\sigma)n^2}{R^3}\mathrm{I}_n(\lambda R)$。

进而可得在交界面处壳体受到的轴向力和弯矩与位移的关系为

$$\begin{Bmatrix}M_{p,n}^s\\N_{p,n}^{s\theta}\end{Bmatrix}\begin{bmatrix}B_{11}^n & B_{12}^n\\B_{21}^n & B_{22}^n\end{bmatrix}\begin{Bmatrix}w_{p,n}\\\varphi_{p,n}\end{Bmatrix} \tag{6-42}$$

式中　$B_{11}^n = D_p(h_1h_5+h_3h_6)$;

$B_{12}^n = -D_p(h_2h_5+h_4h_6)$;

$B_{21}^n = D_p(h_1h_7+h_3h_8)$;

$B_{22}^n = -D_p(h_2h_7+h_4h_8)$。

在某一舱壁位置 ξ_k 处,舱壁左端位置 ξ_k^L、舱壁右端位置 ξ_k^R 由于舱壁的存在导致两个面内力和两个面外力发生变化,满足 $\boldsymbol{Z}(\xi_k^R)=T_{\mathrm{plate}}\boldsymbol{Z}(\xi_k^L)$,其中 $\boldsymbol{Z}(\xi_k^L)$、$\boldsymbol{Z}(\xi_k^R)$ 分别代表环肋左、右端处的状态向量。点传递矩阵 $\boldsymbol{T}_{\mathrm{plate}}$ 由式(6-40)、式(6-41)和式(6-42)变换得到。

6.1.4　谐激励作用的处理

锥-柱组合壳结构受到的机械激励力设为集中力,力作用点为 (x_0,θ_0),故

机械激励力表达式为

$$f(x,\theta)=f_0\delta(x-x_0)\delta(\theta-\theta_0)/R \qquad (6-43)$$

将式(6 - 29)进行正交变换可得

$$f(x,\theta)=\delta(x_0)\sum_{n=-\infty}^{\infty}f_n\mathrm{e}^{\mathrm{i}n\theta} \qquad (6-44)$$

式中，$f_n=f_0\dfrac{\mathrm{e}^{-\mathrm{i}n\theta_0}}{2\pi}$。因此，作用在锥 - 柱组合壳结构上的激励载荷可以表示为

$$\{F(\xi)\}=RK^{-1}\begin{bmatrix}0&0&0&0&f_n^r&f_n^a\end{bmatrix}^{\mathrm{T}} \qquad (6-45)$$

其中，f_n^r，f_n^a 为给定周向波数 n 情况下的径向激励、纵向激励。

6.1.5　边界和连续条件

1. 锥 - 柱结合处无舱壁

当锥 - 柱交界处没有舱壁结构时，在锥壳与圆柱壳交界处应满足柱壳在交界面处的位移向量 u_{cly}、v_{cly}、w_{cly}、φ_{cly} 与锥壳在交界面处的位移向量 u_{con}、v_{con}、w_{con}、φ_{con} 在三个坐标系方向上保持相等；柱壳在交界面处的力向量 N_{cly}^s、$S_{\mathrm{cly}}^{s\varphi}$、$V_{\mathrm{cly}}^s$、$M_{\mathrm{cly}}^s$ 与锥壳在交界面处的力向量 N_{con}^s、$S_{\mathrm{con}}^{s\varphi}$、$V_{\mathrm{con}}^s$、$M_{\mathrm{con}}^s$，在三个坐标系方向上保持连续。

根据图 6 - 3 所示，根据交界处位移向量在坐标中的标定，确定锥 - 柱组合壳连接处的位移连续条件为

$$u_{\mathrm{cyl}}=u_{\mathrm{con}}\cos\alpha-w_{\mathrm{con}}\sin\alpha \qquad (6-46)$$

$$v_{\mathrm{cyl}}=v_{\mathrm{con}} \qquad (6-47)$$

$$w_{\mathrm{cyl}}=u_{\mathrm{con}}\sin\alpha+w_{\mathrm{con}}\cos\alpha \qquad (6-48)$$

$$\varphi_{\mathrm{cyl}}=\varphi_{\mathrm{con}} \qquad (6-49)$$

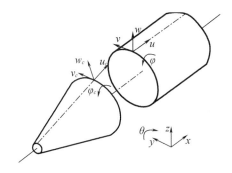

图 6 - 3　位移向量在整体坐标系中的符号标定

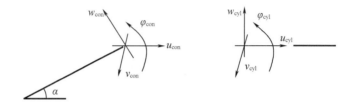

图 6-3(续)

如图 6-4 所示,根据交界处力向量在坐标中的标定,确定锥-柱组合壳连接处的力平衡条件为

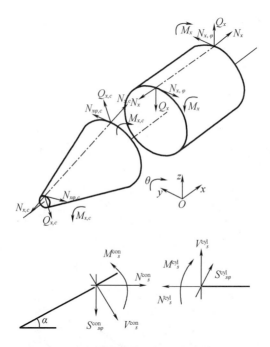

图 6-4　力向量在整体坐标系中的符号标定

$$N_{cyl}^s = N_{con}^s \cos\alpha + V_{con}^s \sin\alpha \qquad (6-50)$$

$$S_{cyl}^{s\varphi} = S_{con}^{s\varphi} \qquad (6-51)$$

$$V_{cyl}^s = -N_{con}^s \sin\alpha + V_{con}^s \cos\alpha \qquad (6-52)$$

$$M_{cyl}^s = M_{con}^s \qquad (6-53)$$

根据连接处的力平衡和位移连续条件,可得锥-柱组合壳连接处左右两端状态向量满足

$$z\left(s = L_{\text{cyl}}^{L}\right) = \boldsymbol{P}^{\text{con}\to\text{cj}} z\left(s = L_{\text{con}}^{R}\right) \tag{6-54}$$

式中，$z\left(s = L_{\text{cyl}}^{L}\right)$、$z\left(s = L_{\text{con}}^{R}\right)$ 分别为圆柱壳结构左端的状态向量、圆锥壳结构右端的状态向量。而点传递矩阵 $\boldsymbol{P}^{\text{con}\to\text{cj}}$ 根据式（6-46）～式（6-53）可以得到

$$\boldsymbol{P}^{\text{con}\to\text{cj}} = \begin{bmatrix} \cos\alpha & 0 & -\sin\alpha & 0 & 0 & 0 & 0 & 0 \\ 0 & 1 & 0 & 0 & 0 & 0 & 0 & 0 \\ \sin\alpha & 0 & \cos\alpha & 0 & 0 & 0 & 0 & 0 \\ 0 & 0 & 0 & 1 & 0 & 0 & 0 & 0 \\ 0 & 0 & 0 & 0 & 1 & 0 & 0 & 0 \\ 0 & 0 & 0 & 0 & 0 & \cos\alpha & 0 & -\sin\alpha \\ 0 & 0 & 0 & 0 & 0 & 0 & 1 & 0 \\ 0 & 0 & 0 & 0 & 0 & 0 & \sin\alpha & \cos\alpha \end{bmatrix} \tag{6-55}$$

2. 锥 - 柱结合处有舱壁

当锥 - 柱交界处没有舱壁结构时，在锥壳与圆柱壳交界处应满足柱壳在交界面处的位移向量 u_{cyl}、v_{cyl}、w_{cyl}、φ_{cyl} 锥壳在交界面处的位移向量 u_{con}、v_{con}、w_{con}、φ_{con} 及舱壁在交界面处的位移向量 u_p、v_p、w_p、φ_p 在三个坐标系方向上保持相等；柱壳在交界面处的力向量 N_{cyl}^S、$S_{\text{cyl}}^{S\varphi}$、$V_{\text{cyl}}^S$、$M_{\text{cyl}}^S$ 锥壳在交界面处的力向量 N_{con}^S、$S_{\text{con}}^{S\varphi}$、$N_{\text{con}}^S$、$M_{\text{con}}^S$ 及舱壁在交界面处的力向量 N_p^S、$S_p^{S\theta}$、V_p^S、M_p^S 在三个坐标系方向上保持连续。为了便于考虑圆锥壳与圆柱壳在曲率方面的差异，令

$$\widetilde{u}_c = u_{\text{con}}\cos\alpha - w_{\text{con}}\sin\alpha \tag{6-56}$$

$$\widetilde{v}_c = v_{\text{con}} \tag{6-57}$$

$$\widetilde{w}_c = u_{\text{con}}\sin\alpha + w_{\text{con}}\cos\alpha \tag{6-58}$$

$$\widetilde{\varphi}_c = \varphi_{\text{con}} \tag{6-59}$$

根据图 6-5 所示，锥 - 柱组合壳连接处的位移连续条件为

$$u = \widetilde{u}_c = w_p \tag{6-60}$$

$$w = \widetilde{w}_c = u_p \tag{6-61}$$

$$v = \widetilde{v}_c = v_p \tag{6-62}$$

$$\varphi = \widetilde{\varphi}_c = -\varphi_p \tag{6-63}$$

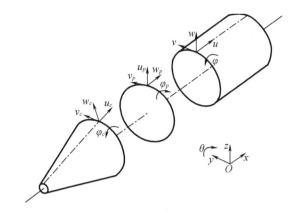

图 6 – 5　位移向量在考虑舱壁时整体坐标系中的符号标定

同理将圆锥壳的在交界面处的受力进行变换,令

$$\widetilde{N}_c^s = N_{\mathrm{con}}^s \cos \alpha + V_{\mathrm{con}}^s \sin \alpha \tag{6-64}$$

$$\widetilde{S}_c^{s\theta} = S_{\mathrm{con}}^{s\theta} \tag{6-65}$$

$$\widetilde{V}_c^s = -N_{\mathrm{con}}^s \sin \alpha + V_{\mathrm{con}}^s \cos \alpha \tag{6-66}$$

$$\widetilde{M}_c^s = M_{\mathrm{con}}^s \tag{6-67}$$

根据图 6 – 6 所示,锥 – 柱组合壳连接处的力平衡条件为

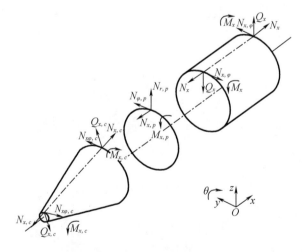

图 6 – 6　考虑舱壁时,力向量在整体坐标系中的符号标定

$$\widetilde{N}_c^s = -N^s - N_p^s \tag{6-68}$$

$$\widetilde{S}_c^{s\theta} + S_p^{s\theta} = S^{s\theta} \tag{6-69}$$

$$\widetilde{V}_c^{s} = V_p^{s} = -V^s \tag{6-70}$$

$$\widetilde{M}_c^{s} = -M_p^{s} - M^s \tag{6-71}$$

在锥－柱组合壳连接处存在舱壁的情况下，根据连接处的力平衡和位移连续条件，左右两端状态向量满足

$$z(s = L_{\text{cyl}}^{L}) = \boldsymbol{T}_{\text{plate}}\boldsymbol{P}_{\text{con}\to\text{cyl}}z(L_{\text{con}}) = \boldsymbol{TP}z(s = L_{\text{con}}^{R}) \tag{6-72}$$

式中，$z(s = L_{\text{cyl}}^{L})$、$z(s = L_{\text{con}}^{R})$ 分别为圆柱壳结构左端的状态向量和圆锥壳结构右端的状态向量。

$$\boldsymbol{T}_{\text{plae}} = \begin{bmatrix} 1 & 0 & 0 & 0 & 0 & 0 & 0 & 0 \\ 0 & 1 & 0 & 0 & 0 & 0 & 0 & 0 \\ 0 & 0 & 1 & 0 & 0 & 0 & 0 & 0 \\ 0 & 0 & 0 & 1 & 0 & 0 & 0 & 0 \\ 0 & 0 & \dfrac{Rh}{K}B_{11}^{n} & \dfrac{h}{K}B_{12}^{n} & 1 & 0 & 0 & 0 \\ \dfrac{R^2 h}{K}A_{11}^{n} & \dfrac{R^2 h}{K}A_{12}^{n} & 0 & 0 & 0 & 1 & 0 & 0 \\ \dfrac{R^2 h}{K}A_{21}^{n} & \dfrac{R^2 h}{K}A_{22}^{n} & 0 & 0 & 0 & 0 & 1 & 0 \\ 0 & 0 & \dfrac{R^2 h}{K}B_{21}^{n} & \dfrac{Rh}{K}B_{22}^{n} & 0 & 0 & 0 & 1 \end{bmatrix} \tag{6-73}$$

$$\boldsymbol{TP} = \begin{bmatrix} \cos\alpha & 0 & -\sin\alpha & 0 & 0 & 0 & 0 & 0 \\ 0 & 1 & 0 & 0 & 0 & 0 & 0 & 0 \\ \sin\alpha & 0 & \cos\alpha & 0 & 0 & 0 & 0 & 0 \\ 0 & 0 & 0 & 1 & 0 & 0 & 0 & 0 \\ \dfrac{Rh}{K}B_{11}^{n}\sin\alpha & 0 & \dfrac{Rh}{K}B_{11}^{n}\cos\alpha & \dfrac{h}{K}B_{12}^{n} & 1 & 0 & 0 & 0 \\ \dfrac{R^2 h}{K}A_{11}^{n}\cos\alpha & \dfrac{R^2 h}{K}A_{12}^{n} & -\dfrac{R^2 h}{K}A_{11}^{n}\sin\alpha & 0 & 0 & \cos\alpha & 0 & -\sin\alpha \\ \dfrac{R^2 h}{K}A_{21}^{n}\cos\alpha & \dfrac{R^2 h}{K}A_{22}^{n} & -\dfrac{R^2 h}{K}A_{21}^{n}\sin\alpha & 0 & 0 & 0 & 1 & 0 \\ \dfrac{R^2 h}{K}B_{21}^{n}\sin\alpha & 0 & \dfrac{R^2 h}{K}B_{21}^{n}\cos\alpha & \dfrac{Rh}{K}B_{22}^{n} & 0 & 0 & \sin\alpha & \cos\alpha \end{bmatrix}$$

$$\tag{6-74}$$

6.1.6 壳体参数变换连续条件

对于实际舰艇结构来说,壳体结构的参数(厚度、刚度等)沿着壳体轴向的分布并不相同。假设在 $s = s_0$ 处,截面两端的状态向量分别为 $z(s_0^L)$、$z(s_0^R)$。由于壳体参数均不相同,则左端截面

$$z(s_0^L) = \left[\frac{u^L}{h_L} \quad \frac{v^L}{h_L} \quad \frac{w^L}{h_L} \quad \frac{R^L}{h_L}\varphi^L \quad \frac{R^L}{K_L}M_s^L \quad \frac{R^{2L}}{K_L}V_s^L \quad \frac{R^{2L}}{K_L}S_{s\theta}^L \quad \frac{R^{2L}}{K_L}N_s^L \right]^{\mathrm{T}} \quad (6-75)$$

右端截面

$$z(s_0^R) = \left[\frac{u^R}{h_R} \quad \frac{v^R}{h_R} \quad \frac{w^R}{h_R} \quad \frac{R^R}{h_R}\varphi^L \quad \frac{R^R}{K_R}M_s^R \quad \frac{R^{2R}}{K_R}V_s^R \quad \frac{R^{2R}}{K_R}S_{s\theta}^R \quad \frac{R^{2R}}{K_R}N_s^R \right]^{\mathrm{T}}$$

$$(6-76)$$

在壳体参数变化处,其截面左右两端的状态向量之间满足转换关系

$$z(s_0^R) = T_{hk}z(s_0^L) \quad (6-77)$$

式中,T_{hk} 为转换矩阵,转换矩阵中的非零元素为:$T_{hk}(i,i) = \dfrac{h_L}{h_R}(i=1,2,3)$,$T_{hk}$

$(4,4) = \dfrac{h_L R_R}{R_L h_R}$,$T_{hk}(5,5) = \dfrac{K_L R_R}{R_L K_R}$,$T_{hk}(i,i) = \dfrac{K_L R_R^2}{R_L^2 K_R}(i=6,7,8)$。

6.1.7 水下组合壳的振动特性

对于锥-柱组合壳结构来说,当不考虑外界激励时,锥-柱组合壳结构的状态向量 $Z(\xi)$ 可以统一表示为

$$\frac{\mathrm{d}\{Z(\xi)\}}{\mathrm{d}\xi} = U(\xi)\{Z(\xi)\} \quad (6-78)$$

根据第 5 章可知方程的解为

$$Z(\xi) = \exp\left[\int_\xi^\xi U(\xi)\{Z(\xi)\}\right]Z(\xi_1) \quad (6-79)$$

由于系数矩阵 $U(\xi)$ 中的元素为无量纲化坐标 ξ 的函数,为此,借助第 5 章提出的精细传递矩阵法求解思路,本书将锥-柱组合壳结构沿母线方向人为离散为 n 分段,对应的离散点共 $n+1$ 个。对于第 i 分段来说,该分段两端的状态向量满足

$$Z(\xi_{i+1}) = \exp\left[\int_{\xi_i}^{\xi_{i+1}} U(\tau)\mathrm{d}\tau\right]Z(\xi_i) = T_i Z(\xi_i) \quad (6-80)$$

如果该分段在锥壳结构上,则可采用高斯积分方法求得

$$\exp\left[\int_{\xi}^{\xi_{i+1}} U(\tau)\,\mathrm{d}\tau\right] = \exp\left[\frac{\Delta\xi}{2}\sum_{j=1}^{n} w_j U\left(\xi_i + \frac{\Delta\xi}{2}\left(1 + x_j\right)\right)\right] \qquad (6-81)$$

其中,n 代表积分点的个数,x_j 代表积分点的位置,w_j 代表积分点的权重系数。

如果该分段在柱壳结构上,则可采用第 5 章采用的精细积分方法求得

$$\exp\left[\int_{\xi_i}^{\xi_{i+1}} U(\tau)\,\mathrm{d}\tau\right] = \exp\left[U\Delta\xi\right] \qquad (6-82)$$

考虑环肋存在的影响,仅需对式(6-82)进行简单修正即可,处理思路详见第 5 章圆锥壳的处理办法。最终,可以找到锥-柱组合壳结构上所有分段两端的转换关系。因此,根据精细传递矩阵方法的思想,对其锥-柱组合壳分段上的场传递矩阵 T_i 进行组装,可得

$$\begin{bmatrix} -\boldsymbol{T}_1 & \boldsymbol{I} & 0 & 0 & 0 & 0 \\ 0 & -\boldsymbol{T}_2 & \boldsymbol{I} & 0 & 0 & 0 \\ 0 & 0 & -\boldsymbol{T}_3 & \boldsymbol{I} & 0 & 0 \\ 0 & 0 & 0 & \cdots & \boldsymbol{I} & 0 \\ 0 & 0 & 0 & 0 & -\boldsymbol{T}_n & \boldsymbol{I} \end{bmatrix}_{(8n,8n+8)} \begin{Bmatrix} \boldsymbol{Z}(\xi_1) \\ \boldsymbol{Z}(\xi_2) \\ \boldsymbol{Z}(\xi_3) \\ \vdots \\ \boldsymbol{Z}(\xi_{n+1}) \end{Bmatrix} \begin{Bmatrix} 0 \\ 0 \\ 0 \\ 0 \\ 0 \\ 0 \end{Bmatrix} \qquad (6-83)$$

考虑锥-柱组合壳两端的边界条件

$$\text{简支}:M_s = M_s = v = w = 0, u = \varphi = S_{s\theta} = V_s \neq 0 \qquad (6-84)$$

$$\text{固支}:u = v = w = \varphi = 0, N_s = S_{s\theta} = V_s = M_s \neq 0 \qquad (6-85)$$

$$\text{自由}:u = v = w = \varphi \neq 0, N_s = S_{s\theta} = V_s = M_s = 0 \qquad (6-86)$$

利用边界条件,对方程组进行改造,删除系数矩阵中对应两端边界状态向量值为零的列,可得锥-柱组合壳的自由振动的特征方程为

$$\begin{vmatrix} -\hat{\boldsymbol{T}}_1 & \boldsymbol{I} & 0 & 0 & 0 & 0 \\ 0 & -\boldsymbol{T}_2 & \boldsymbol{I} & 0 & 0 & 0 \\ 0 & 0 & -\boldsymbol{T}_3 & \boldsymbol{I} & 0 & 0 \\ 0 & 0 & 0 & \cdots & \boldsymbol{I} & 0 \\ 0 & 0 & 0 & 0 & -\boldsymbol{T}_n & \hat{\boldsymbol{I}} \end{vmatrix} = 0 \qquad (6-87)$$

采用搜根方法(如二分法等),求出系数矩阵行列式为零,找到无量纲频率的根,即可得到该结构的固有频率,将结果代入到式(6-73)可得该结构对应阶次的振型。

6.2 水下组合壳的声辐射分析模型

6.2.1 改进波叠加法

为解决传统边界元法求解声辐射时存在的问题,科普曼(Koopmann)提出一种基于波叠加原理的虚拟边界积分方法。其求解思想是:任意弹性体在流体介质中的辐射声场均可由该弹性体内部的一系列人为假定的虚拟源产生的辐射声场叠加得到。虚拟源密度分布函数可由已知弹性体结构表面的耦合边界条件通过广义求逆或者最小二乘法求得,进而求得流体域内的辐射声场分布。在科普曼等研究的基础上,本章针对锥 – 柱组合壳的结构特征,结合虚拟边界积分方法求解流场中的辐射声。其求解思想为:采用傅里叶级数求和的形式代替对积分方程进行离散化求和的办法,将虚拟源与结构之间的距离进行复数化,避免特征频率的不唯一性,并应用快速傅里叶变换进行计算,给出了一种新的虚拟边界积分方法。

对于均匀的理想流体介质,微小扰动形成的声场里,声场中任一点声压 P 满足 Helmholtz 方程

$$\nabla^2 p = k_0^2 p = 0 \qquad (6-88)$$

式中　k_0——自由波数, $k_0 = \omega / c_0$;

　　　ω——频率;

　　　c_0——流场介质中的声速。

在无穷远处的辐射声压应满足 Sommerfeld 方程

$$\lim_{R \to \infty} R \left(\frac{\partial p}{\partial R} + i k_0 p \right) = 0 \qquad (6-89)$$

根据流 – 固耦合连续性条件,还需满足流 – 固耦合边界条件

$$\frac{\partial p}{\partial n} \bigg)_S = i \rho_0 \omega \frac{\partial w}{\partial t} \qquad (6-90)$$

对于如图 6 – 7 所示的结构外场声辐射问题,其中 S 是复杂振动弹性体的外辐射面, S_E 为外部声场区域, S_I 为内部区域,外部声场的声压可以通过 Helmholtz 积分方程求得

$$\varepsilon_E p(P) = \iint\limits_{S} \left[-G(P,Q)\frac{\partial p(Q)}{\partial n_q} + p(Q)\frac{\partial G(P,Q)}{\partial n_q} \right] \mathrm{d}S \qquad (6-91)$$

式中　$G(P,Q)$——格林函数;

　　　n_q——结构辐射面的外法向;

　　　$p(Q)$——结构辐射面处的声压。

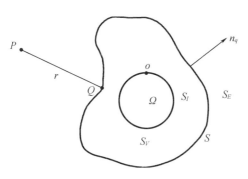

图 6 - 7　结构的虚拟边界示意图

对于弹性体振动的内场声辐射问题,假设在弹性体内部有一个连续分布的声源,应用质量守恒定律,可得修正的 Helmholtz 方程为

$$\nabla^2 p + k_0^2 p = i\omega\rho q(O) \qquad (6-92)$$

式中　$q(O)$——内场 O 点的源强函数;

　　　ω——弹性体的振动频率;

　　　ρ——弹性体内场的介质密度。

源强函数取值为

$$q(O) = \begin{cases} q_0(O), & O \in \Omega \\ 0, & O \in S_I \end{cases} \qquad (6-93)$$

根据修正的 Helmholtz 方程,结合 Sommerfeld 辐射条件可得修正的内场声压的 Helmholtz 积分方程[⑥]:

$$\varepsilon_I p(P) = \iiint\limits_{\Omega} i\rho\omega q(O)G(P,O)\mathrm{d}\Omega + \iint\limits_{S} \left[G(P,Q)\frac{\partial p(Q)}{\partial n_q} - p(Q)\frac{\partial G(P,Q)}{\partial n_q} \right] \mathrm{d}S$$

$$(6-94)$$

对于弹性体振动的内、外声场声辐射问题,均应满足在边界面 S 处上声压和振速连续。通常在数值计算时,往往将源布置虚拟面上,以虚拟面作为虚拟分布源,将式(6-93)、式(6-94)联合可得到辐射声压的单层势虚拟边界积分表达式为

$$p(P) = \iint\limits_{S_V} i\rho\omega q(O)G(P,O)\mathrm{d}S_V \qquad (6-95)$$

式中　P——弹性体表面和外场的任一点；

　　　S_V——虚拟面。

式（6-95）中采用的是单层势，即在虚拟源面上分布单极子；若采用偶极子代替分布在虚源面上的单极子，即可得双层势的分布表达式。通常为去除在特征频率处的非唯一性，采用双层势和单层势组合的 Burton - Miller 型积分形式。由此可得，弹性体结构辐射声压的一般表达式为

$$p(P) = \iint\limits_{S'} \sigma(O)K(P,O)\mathrm{d}S' \tag{6-96}$$

式中　$\sigma(O)$——未知的分布密度函数；

　　　$K(P,O)$——源强函数。

源强函数 $K(P,O)$ 可以采用以下三种形式：

（1）　　　　　　$K(P,O) = G(P,O)$（单层势积分形式）　　　　　　(6-97)

（2）　　　　　　$K(P,O) = \dfrac{\partial G(P,O)}{\partial n_0}$（双层势积分形式）　　　　　(6-98)

（3）$K(P,O) = G(P,O) + \alpha \dfrac{\partial G(P,O)}{\partial n_0}$（Burton - Miller 组合势积分形式）

$$\tag{6-99}$$

式中　$G(P,O)$——自由场的格林函数，$G(P,O) = \mathrm{e}^{ikd(P,O)}4\pi d(P,O)$；

　　　d——虚拟源面上任意点与场点的距离，$d = |r_P - r_O|$；

　　　S'——虚拟积分边界。

大量文献研究表明，当椭圆度小于 2.5 时，采用单层势积分形式可获得较好的计算精度；当椭圆度大于 2.5 时，宜采用多层势积分形式保证计算精度。本书的研究限于采用单层势积分形式讨论。

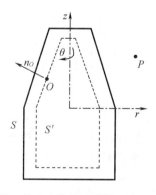

图 6-8　锥-柱组合结构计算模型虚拟边界示意图

由于本文计算模型为锥 – 柱组合壳模型,且组合层势积分与单层势积分相比增加了一倍的计算量,故本书采用单层势法进行计算求解,将 d 进行复数化同样能够很好地满足精度要求。以计算模型锥 – 柱组合壳结构为例,可在柱坐标系下对结构表面形状进行描述,实际模型振动表面 S 的形状在柱坐标系下的参数方程描述为

$$S = f(r, \theta, z) \tag{6-100}$$

式中　r——坐标原点到边界 S 上点的半径;

　　θ——沿周向的角度;

　　z——沿 Z 轴边界 S 上的点坐标,源强配置虚拟面 S' 的形状与原振动表面满足

$$S' = \alpha f(r, \theta, z) \tag{6-101}$$

其中,α 为收缩系数,其值为正实数,满足 $0 < \alpha < 1$。

源强配置虚拟面的面微元为

$$dS' = r_0 d\theta_0 dL_0 \tag{6-102}$$

式中　r_0——虚拟面微元所在的半径;

　　θ_0——虚拟面微元的周向角度值;

　　L_0——虚拟面微元的母线微弧长。

虚拟源面上任意一点 O 与外辐射声场中任一点 P 的距离在柱坐标系下可表示为

$$d(P, O) = \sqrt{r_P^2 + r_0^2 - 2 r_P r_0 \cos \beta + (z_P - z_0)^2} = d(\widetilde{P}, \widetilde{O}, \beta) \tag{6-103}$$

式中　β——相对周向角;

　　$\widetilde{P}, \widetilde{O}$——与周向角度无关的坐标。

为了便于分析,可对上式(6 – 103)进行简化,令

$$\beta = \theta_P - \theta_0 \tag{6-104}$$

$$\rho = \sqrt{(r_P + r_0)^2 + (z_P - z_0)^2} \tag{6-105}$$

$$\lambda = 2 \sqrt{r_P r_0} / \rho \tag{6-106}$$

式(6 – 103)可表示为

$$d(P, O) = \rho \sqrt{1 - \lambda^2 \cos^2 \frac{\beta}{2}} \tag{6-107}$$

当 α 为实数时,为避免在特征频率解的不唯一性,借鉴混合势的处理办法对 d 进行复数化处理,即令 $\overline{d} = (1 + i\gamma) d$,$(1 + i\gamma)$ 取为复数。α、γ 的取值根据数值

207

计算的经验 $\alpha \in (0.4 \sim 0.8)$, $\gamma \in (0.1 \sim 0.3)\alpha$。

自由场格林函数在柱坐标系下的分解表示为

$$G(P,O) = \mathrm{e}^{\mathrm{i}k\bar{d}(\widetilde{P},\widetilde{O},\beta)}/\bar{d}(\widetilde{P},\widetilde{O},\beta) \qquad (6-108)$$

将密度函数沿着周向进行傅里叶级数展开

$$\sigma(O) = \sigma(\widetilde{O},\theta_O) = \sum_{n=-\infty}^{+\infty} \sigma_n(\widetilde{O})\mathrm{e}^{\mathrm{i}n\theta_O} \qquad (6-109)$$

同理将源强函数 $K(P,O)$ 沿着周向进行傅里叶级数展开

$$K(P,O) = K(\widetilde{P},\widetilde{O},\theta) = \sum_{m=-\infty}^{+\infty} K_m(\widetilde{P},\widetilde{O})\mathrm{e}^{\mathrm{i}m\beta} \qquad (6-110)$$

其中, $K_m(\widetilde{P},\widetilde{O}) = \dfrac{1}{2\pi}\displaystyle\int_0^{2\pi} K(\widetilde{P},\widetilde{O},\theta)\mathrm{e}^{\mathrm{i}m\beta}\mathrm{d}\theta$。

将式(6-109)(6-110)联立代入式(6-108)中可得

$$p(P) = \sum_{n=-\infty}^{+\infty} (2\pi)\int_0^{L'} \sigma_n(\widetilde{O})K_n(\widetilde{P},\widetilde{O})r_{L_O}\mathrm{d}L_O \mathrm{e}^{\mathrm{i}n\theta_P} \qquad (6-111)$$

通过对上式(6-111)分析可以看出,辐射声压沿周向展开为傅里叶级数的形式

$$p(P) = \sum_{n=-\infty}^{+\infty} p_n(\widetilde{P})\mathrm{e}^{\mathrm{i}n\theta_P} \qquad (6-112)$$

式中, $p_n(\widetilde{P}) = 2\pi\displaystyle\int_0^{L'} \sigma_n(\widetilde{O})G_n(\widetilde{P},\widetilde{O})r_{L_O}\mathrm{d}L_O$, $(n \in -\infty \sim +\infty)$, 其中 L' 是配置曲面的母线长。

将 $\sigma_n(\widetilde{O})$ 沿着母线方向进行傅里叶级数展开:

$$\sigma_n(\widetilde{O}) = \sum_{m=-\infty}^{+\infty} c_{mn}\mathrm{e}^{\mathrm{i}m\frac{2\pi}{L'}L_O}, \quad n \in -\infty \sim +\infty \qquad (6-113)$$

将上式代入(6-112)中可知

$$p_n(\widetilde{P}) = \sum_{m=-\infty}^{+\infty} c_{mn}\int_0^{L'}\Big[\int_0^{2\pi} K(\widetilde{P},\widetilde{O},\beta)\mathrm{e}^{\mathrm{i}m\frac{2\pi}{L'}L_O}\mathrm{e}^{-\mathrm{i}n\beta}\mathrm{d}\beta\Big]r_{L_O}\mathrm{d}L_O, \quad n \in -\infty \sim +\infty$$

$$(6-114)$$

令

$$K_{mn}(\widetilde{P}) = \int_0^{L'}\Big[\int_0^{2\pi} K(\widetilde{P},\widetilde{O},\beta)\mathrm{e}^{\mathrm{i}m\frac{2\pi}{L'}L_O}\mathrm{e}^{-\mathrm{i}n\beta}\mathrm{d}\beta\Big]r_{L_O}\mathrm{d}L_O \qquad (6-115)$$

将母线积分区间 $0 \sim L'$ 进行 $M = 2^{me}$ 等分,则

$$\Delta\beta_Q = L'/M, L_O = \left(k_1 + \frac{1}{2}\right)\Delta L_O = \left(k_1 + \frac{1}{2}\right)\frac{L'}{M} \qquad (6-116)$$

将其代入式(6-115)中可得

$$K_{mn}(\widetilde{P}) = \frac{L'}{M}\sum_{k_1=0}^{M-1}\int_0^{2\pi}K\left[\widetilde{P},\left(k_1+\frac{1}{2}\right)\Delta L_O,\beta\right]e^{-in\beta}e^{im\left(k_1+\frac{1}{2}\right)\frac{2\pi}{M}}r_{L_O}d\beta$$

$$(6-117)$$

将周向积分区间$(0\sim2\pi)$也进行$N=2^{ne}$等分,则

$$\Delta\beta = 2\pi/N, \quad \beta = \left(k_2+\frac{1}{2}\right)\Delta\beta = \left(k_2+\frac{1}{2}\right)\frac{2\pi}{N} \quad (6-118)$$

将其代入式(6-117)中,可得

$$K_{mn}(\widetilde{P}) =$$

$$\frac{2\pi L'}{MN}e^{\frac{im\pi}{M}-\frac{in\pi}{N}}\sum_{k_1=0}^{M-1}\sum_{k_2=0}^{N-1}K\left[\widetilde{P},\left(k_1+\frac{1}{2}\right)\Delta L_O,\left(k_2+\frac{1}{2}\right)\Delta\beta\right]r_{L_O}e^{imk_1\frac{2\pi}{M}}e^{-ink_2\frac{2\pi}{N}} \quad (6-119)$$

式中,$K\left[\widetilde{P},\left(k_1+\frac{1}{2}\right)\Delta L_O,\left(k_2+\frac{1}{2}\right)\Delta\beta\right]$为源强函数,实际采用单层势积分形式数

值计算时可取$K(\widetilde{P},L_O,\beta) = G(\widetilde{P},L_O,\beta)$。

将式(6-118)代入式(6-119)中可得

$$p_n = (\widetilde{P}) = \sum_{m=-\infty}^{+\infty}c_{mn}K_{mn}(\widetilde{P}), \quad n\in-\infty\sim+\infty \quad (6-120)$$

将式(6-120)代入式(6-112)中,可得

$$p(P) = \sum_{n=-\infty}^{+\infty}\sum_{m=-\infty}^{+\infty}c_{mn}K_{mn}(\widetilde{P})e^{in\theta_P} \quad (6-121)$$

由上述分析可知,由于结构离散是采用2的幂级数进行的,因此在计算$K_{mn}(\widetilde{P})$时可采用快速傅里叶变换进行计算。其中快速傅里叶变换计算公式为

$$X(k) = \text{DFT}[x(n)]_N = \sum_{n=0}^{N-1}x(n)e^{-j\frac{2\pi}{N}kn}, \quad k=0,1,\cdots,N-1$$

$$(6-122)$$

$$x(n) = \text{IDFT}[X(k)]_N = \frac{1}{N}\sum_{n=0}^{N-1}X(n)e^{-j\frac{2\pi}{N}kn}, \quad n=0,1,\cdots,N-1$$

$$(6-123)$$

6.2.2 流固耦合问题的求解

对于锥-柱组合壳体上任意一点均满足流-固耦合边界条件和式(6-96),即

$$\frac{\partial p(P)}{\partial n_P} = \rho_0 \omega^2 w(P) \qquad (6-124)$$

$$\frac{\partial p(P)}{\partial n_P} = \int_S \sigma(O) \frac{K(P,O)}{\partial n_P} \mathrm{d}S' \qquad (6-125)$$

由于源强函数 $K(P,O)$ 采用的是单层势的核函数 $G(P,O)$，故代入式（6 - 125）后可得

$$\frac{\partial G(P,O)}{\partial n_P} = -(1 + ik_0 \bar{d}) \frac{e^{ik_0 \bar{d}}}{\bar{d}^2} \frac{\partial \bar{d}(P,O)}{\partial n_P} \qquad (6-126)$$

式中，$\bar{d} = (1 + \gamma) d(P,O)$。

根据建立的柱坐标系可得

$$\boldsymbol{r}_P = r_P \cos \theta_p \boldsymbol{i} + r_P \sin \theta_p \boldsymbol{j} + z_p \boldsymbol{k} \qquad (6-127)$$

$$\boldsymbol{r}_O = r_O \cos \theta_0 \boldsymbol{i} + r_O \sin \theta_0 \boldsymbol{j} + z_0 \boldsymbol{k} \qquad (6-128)$$

$$\boldsymbol{r}_{OP} = (r_P \cos \theta_p - r_O \cos \theta_Q) \boldsymbol{i} + (r_P \sin \theta_p - r_O \sin \theta_Q) \boldsymbol{j} + (z_p - z_O) \boldsymbol{k} \qquad (6-129)$$

P 点处的法向矢量在柱坐标下可表示为

$$\boldsymbol{n}_P = n_r \boldsymbol{e}_r + n_{\theta_p} \boldsymbol{e}_{\theta_p} + n_z \boldsymbol{e}_z \qquad (6-130)$$

如图 6 - 8 所示，根据图中几何关系可得

$$n_r = \sin \varphi_p, \quad n_z = \cos \varphi_p \qquad (6-131)$$

式中，φ_p 为法向 $\boldsymbol{n}_P$ 与对称轴的夹角。由分析可知：对于锥 - 柱壳体中间位置来说，其上任一点的 $\boldsymbol{n}_P$ 是确定的，对应的 φ_p 是固定的。仅需要注意的是锥 - 柱壳母线两端与障板交界处，锥壳段与柱壳段交界处的法向向量 $\boldsymbol{n}_P$，即形状发生突变处的法线矢量是不确定的，假设交界处的节点 i 是沿母线两边离散微段的公共节点，那么节点 i 的法线矢量可由两边离散微段的法线矢量取平均值计算得到。算术平均是最普通的方法，本书用一种加权的方法得到，具体求解过程如下所述。

这里以节点 i 周围的离散微段长度 l_j 的倒数为权值平均每个微段的法向向量求得节点 i 的实际法线矢量，写成公式的形式为

$$\boldsymbol{n}_i = \frac{\sum_{j=1}^{2} \boldsymbol{n}_j \frac{1}{l_j}}{\sum_{j=1}^{2} \frac{1}{l_j}} \qquad (6-132)$$

式中，在选择加权系数的时候，以 $1/l_j$ 为加权值，其原因为节点 i 周围的离散微段长度不一样，其对节点 i 的法线矢量的影响也不尽相同。由于长度小的微段更靠近 i 点，采用 $1/l_j$ 为加权系数比较能够体现不同微段的贡献大小。φ_p 值确定后，

根据柱坐标系与笛卡尔坐标系的转换关系可得

$$\boldsymbol{n}_P = \sin \varphi_p \cos \theta_p \boldsymbol{i} + \sin \varphi_p \sin \theta_p \boldsymbol{j} + \cos \varphi_p \boldsymbol{k} \qquad (6-133)$$

利用结构的轴对称性特征,对于锥 - 柱组合壳表面上一点的外法向导数可得

$$\frac{\partial}{\partial n_p} = \sin \varphi_p \frac{\partial}{\partial r_p} - \cos \varphi_p \frac{\partial}{\partial z_p} \qquad (6-134)$$

将式(6 - 133)代入式(6 - 134)中,式(6 - 126)可变换为

$$\frac{\partial G(P,O)}{\partial n_P} = -(1 + ik_0 \bar{d}) \frac{e^{ik_0 \bar{d}}}{\bar{d}^3} (1 + i\gamma) \left[\cos \varphi_p (z_p - z_o) + \sin \varphi_p (r_p - r_O \cos \beta) \right]$$

$$(6-135)$$

令 $K'(P,O) = \dfrac{\partial G(P,O)}{\partial n_P}$,可得

$$\int_{S'} \sigma(O) K'(P,O) \mathrm{d}S' = -i\rho_0 \omega v_0(P) \qquad (6-136)$$

同理将源强函数 $\sigma(O)$ 和未知度密度函数 $K'(P,O)$ 沿周向展开得

$$\sigma(O) = \sigma(\widetilde{O}, \theta_0) = \sum_{n=-\infty}^{+\infty} \sigma_n(\widetilde{O}) e^{in\theta_0} \qquad (6-137)$$

$$K'(P,O) = K'(\widetilde{P}, \widetilde{O}, \beta) = \sum_{m=-\infty}^{+\infty} K'_m(\widetilde{P}, \widetilde{O}) e^{im\beta} \qquad (6-138)$$

式中, $K'_m(\widetilde{P}, \widetilde{O}) = \dfrac{1}{2\pi} \int_0^{2\pi} K'(\widetilde{P}, \widetilde{O}, \beta) e^{-im\beta} \mathrm{d}\beta$。

将式 (6 - 137)和式(6 - 138)联立,可得

$$\frac{\partial p_n(\widetilde{P})}{\partial n_P} = \sum_{n=-\infty}^{+\infty} (2\pi) \int_0^{L'} \sigma_n(\widetilde{O}) K'_n(\widetilde{P}, \widetilde{O}) r_{L_0} \mathrm{d}L_O e^{in\theta_p} \qquad (6-139)$$

令 $\dfrac{\partial p_n(\widetilde{P})}{\partial n_p} = 2\pi \int_0^{L'} \sigma_n(\widetilde{O}) K'_n(\widetilde{P}, \widetilde{O}) r_{L_0} \mathrm{d}L_O$, 可得

$$\frac{\partial p(P)}{\partial n_p} = \sum_{n=-\infty}^{+\infty} \frac{\partial p_n(\widetilde{P})}{\partial n_p} e^{in\theta_p} \qquad (6-140)$$

式中, L' 是配置曲面的母线长。

$$\frac{\partial p_n(\widetilde{P})}{\partial n_p} = 2\pi \int_0^{L'} \sigma_n(\widetilde{O}) K'_n(\widetilde{P}, \widetilde{O}) r_{L_0} \mathrm{d}L_O, \quad n \in -\infty \sim +\infty \qquad (6-141)$$

将 $\sigma_n(\widetilde{O})$ 沿着母线方向进行 Fourier 级数展开,将式代入方程中可得

$$\frac{\partial p_n(\widetilde{P})}{\partial n_p} = \sum_{m=-\infty}^{+\infty} c_{mn} \int_0^{L'} \Big[\int_0^{2\pi} K'_n(\widetilde{P},\widetilde{O},\beta) e^{-in\beta} d\beta \Big] e^{im\frac{2\pi}{L'}L_O} r_{L_O} dL_O, \quad n \in -\infty \sim +\infty$$

$$(6-142)$$

假设 $K'_n(\widetilde{P},\widetilde{O}) = \int_0^{L'} \Big[\int_0^{2\pi} K'_n(\widetilde{P},\widetilde{O},\beta) e^{-in\beta} d\beta \Big] e^{im\frac{2\pi}{L'}L_O} r_{L_O} dL_O$,采用上面相同的数值离散办法进行划分。将母线积分区间 $0 \sim L'$ 进行 $M=2^{me}$ 等分,进而可得

$$K'_{mn}(\widetilde{P},\widetilde{O}) = \frac{L'}{M} \sum_{k_1=0}^{M-1} \int_0^{2\pi} K'\Big(\widetilde{P},\Big(k_1+\frac{1}{2}\Big)\Delta L_O,\beta\Big) r_{L_O} e^{im(k_1+\frac{1}{2})\frac{2\pi}{M}} e^{-in\beta} d\beta$$

$$(6-143)$$

同理,将周向积分区间 $(0 \sim \pi)$ 也进行 $N=2^{ne}$ 等分,进而可得

$$K'_{mn}(\widetilde{P},\widetilde{O}) = \frac{2\pi L'}{MN} e^{i\pi(\frac{m}{M}-\frac{n}{N})} \sum_{k_1=0}^{M-1} \sum_{k_2=0}^{N-1} K'\Big[\widetilde{P},\Big(k_1+\frac{1}{2}\Delta L_O\Big)\Delta L_O,\Big(k_2+\frac{1}{2}\Delta\beta\Big)\Big] \cdot$$

$$r_{L_O} e^{imk_1\frac{2\pi}{M}} e^{-ink_2\frac{2\pi}{N}}$$

$$(6-144)$$

同理,计算 $K'_{mn}(\widetilde{P})$ 时可采用基于 2 的幂级数快速傅里叶变换进行计算。将上式代入式(6-142)中可得

$$\frac{\partial p_n(\widetilde{P})}{\partial n_p} = \sum_{m=-\infty}^{+\infty} c_{mn} K'_{mn}(\widetilde{P},\widetilde{O}), \quad n \in -\infty \sim +\infty \qquad (6-145)$$

进而,将式(6-145)代入式(6-140)中可得

$$\frac{\partial p_n(\widetilde{P})}{\partial n_P} = \sum_{n=-\infty}^{+\infty} \sum_{m=-\infty}^{+\infty} c_{mn} K'_{mn}(\widetilde{P},\widetilde{O}) e^{in\theta_p} \qquad (6-146)$$

同理将结构表面法向位移沿周向展开可得

$$w(P) = \sum_{n=-\infty}^{+\infty} w_n(\widetilde{P}) e^{in\theta_p} \qquad (6-147)$$

式中,$w_n(\widetilde{P}) = \frac{1}{2\pi} \int_0^{2\pi} w(P) e^{-in\theta_p} d\theta_p$。

将式(6-146)和式(6-147)代入式(6-125)中可得

$$\sum_{n=-\infty}^{+\infty} \sum_{m=-\infty}^{+\infty} c_{mn} K'_{mn}(\widetilde{P}) e^{in\theta_p} = \rho_0 \omega^2 \sum_{n=-\infty}^{+\infty} w_n(\widetilde{P}) e^{in\theta_p} \qquad (6-148)$$

故,周向 n 下的壳体母线上任一点均满足

$$\sum_{m=-\infty}^{+\infty} c_{mn} K'_{mn}(\widetilde{P}) = \rho_0 \omega^2 w_n(\widetilde{P}), \quad n \in (-\infty \sim +\infty) \qquad (6-149)$$

6.2.3　水下锥 – 柱组合壳声辐射问题的求解

1. 外界激励作用下的振动响应

利用对壳体求解壳体动响应的精细传递矩阵方法,首先分别求出外激励力 $F_k = RK^{-1}\begin{bmatrix} 0 & 0 & 0 & 0 & 0 & f_n^r & f_n^s & f_n^{s\theta} \end{bmatrix}^{\mathrm{T}}$ 和声压激励力中单项广义声压 K_{mn} $(\widetilde{P})$ 下,对应各阶周向波数 n 下的状态向量 $Z_n^f(\xi)$ 和 $Z_{mn}^p(\xi)$。对于环肋或舱壁存在的情况,可参考第 5 章的分析思路。具体处理办法简写如下。

首先,对壳体沿母线方向进行离散,构造 N 分段。

其次,对 N 分段进行分析,如果第 j 分段之中没有环肋,则满足

$$T_{j+1} = \exp\Big[\int_{\xi_j}^{\xi_{j+1}} U(\tau)\,\mathrm{d}\tau\Big] \tag{6-150}$$

$$P_{j+1} = \int_{\xi_j}^{\xi_{j+1}} \exp\Big[\int_{\xi_j}^{\xi_{j+1}} U(s)\,\mathrm{d}s\Big] f(\tau)\,\mathrm{d}\tau, \quad j = 1, \cdots, n-1 \tag{6-151}$$

如果第 j 分段之中布设有环肋或者舱壁,则满足

$$T_{j+1} = -\exp\Big[\int_{\xi_i}^{\xi_{j+1}} U(\tau)\,\mathrm{d}\tau\Big] Tr_i \exp\Big[\int_{\xi_i}^{\xi_{j+1}} U(\tau)\,\mathrm{d}\tau\Big] \tag{6-152}$$

$$P_{j+1} = \exp\Big[\int_{\xi_i}^{\xi_{j+1}} U(\tau)\,\mathrm{d}\tau\Big] Tr_i \exp\Big[\int_{\tau}^{\xi_j} U(s)\,\mathrm{d}s\Big] f(\tau)\,\mathrm{d}\tau + \int_{\xi_i}^{\xi_{j,1}} \exp\Big[\int_{\tau}^{\xi_j} U(s)\,\mathrm{d}s\Big] f(\tau)\,\mathrm{d}\tau \tag{6-153}$$

式中　T_{j+1}——第 j 分段的场传递矩阵;

　　　　P_{j+1}——第 j 分段的非齐次项;

　　　　U——系数矩阵。

构造方程 $Z(\xi_{j+1}) = T_{j+1} Z(\xi_j) + P_{j+1}, j = 1, \cdots, n$,本书采用钟万勰院士的精细算法结合高斯精细积分方法对其进行求解:

$$\exp\Big[\int_{\xi_j}^{\xi_{j+1}} U(\tau)\,\mathrm{d}\tau\Big] \exp(H(\bar{\xi}))^{2^s} \tag{6-154}$$

式中

$$H(\bar{\xi}) = U(\bar{\xi})\frac{\xi_{j+1} - \xi_j}{2^s}, \quad \bar{\xi} = \frac{\xi_{j+1} + \xi_j}{2} \tag{6-155}$$

式中,对于锥壳部分,$U(\bar{\xi})$ 是变系数矩阵,其处理办法可参照第 5 章的方法,对于圆柱壳部分,$U(\bar{\xi})$ 为常系数矩阵,可直接采用精细积分方法进行求解。

将式 $\exp H$ 进行泰勒展开可得

$$\exp \boldsymbol{H} = \big[(\boldsymbol{I}_8 + \boldsymbol{T}_a)(\boldsymbol{I}_8 + \boldsymbol{T}_a) \big]^{2^{s-1}} = \big[\boldsymbol{I}_8 + 2\boldsymbol{T}_a + \boldsymbol{T}_a^2 \big]^{2^{s-1}} \qquad (6-156)$$

式中,$\boldsymbol{I}_8$ 为八阶单位矩阵,因为 $\boldsymbol{T}_a$ 与 $\boldsymbol{I}_8$ 相比为非常小的量,编程计算时 $\boldsymbol{T}_a$ 与 $\boldsymbol{I}_8$ 一般不直接相加而是直接求解 $\boldsymbol{T}_a$,避免数据存储过程中因为计算机的存储位数而影响其精度。所以可通过加法定理:

$$\boldsymbol{T}_a \Leftarrow 2\boldsymbol{T}_a + \boldsymbol{T}_a^2 \qquad (6-157)$$

进行 S 次循环,可得

$$\exp \Big[\int_{\xi_j}^{\xi_{j+1}} \boldsymbol{U}(\tau)\,\mathrm{d}\tau \Big] = \boldsymbol{I}_8 + \boldsymbol{T}_a \qquad (6-158)$$

应用高斯积分,可得式(6-158)中的积分项为

$$\int_{\xi_j}^{\xi_{j+1}} \exp \Big[\int_{\tau}^{\xi_{j+1}} \boldsymbol{U}(s)\,\mathrm{d}s \Big] \boldsymbol{f}(\tau)\,\mathrm{d}\tau = \frac{\Delta\xi}{2} \sum_{k=1}^{n} A_k \exp \Big[\boldsymbol{U}(\bar{\xi}) \frac{\Delta\xi}{2}(1-x_k) \Big] +$$
$$\boldsymbol{f}\Big[\xi_j + \frac{\Delta\xi}{2}(1+x_k) \Big] + O(\Delta\xi^{2n}) \qquad (6-159)$$

式中 n——积分点的个数;

　　x_k——积分点的坐标;

　　A_k——加权系数。

将式(6-156)代入构造的传递矩阵方程可得

$$Z(\xi_{j+1}) = \boldsymbol{T}_{j+1} Z(\xi_j) + \frac{\Delta\xi}{2} \sum_{k=1}^{n} A_k \exp \Big[\boldsymbol{U}(\bar{\xi}) \frac{\Delta\xi}{2}(1-x_k) \Big] +$$
$$\boldsymbol{f}\Big[\xi_j + \frac{\Delta\xi}{2}(1+x_k) \Big] + O(\Delta\xi^{2n}) \qquad (6-160)$$

根据第5章中精细传递矩阵法的构造求解方程的办法,对方程进行组装可得

$$\begin{bmatrix} -T_2 & I & 0 & 0 & 0 & 0 \\ 0 & -T_3 & I & 0 & 0 & 0 \\ 0 & 0 & -T_4 & I & 0 & 0 \\ 0 & 0 & 0 & \cdots & I & 0 \\ 0 & 0 & 0 & 0 & -T_n & I \end{bmatrix}_{(8n-8,8n)} \begin{bmatrix} Z(\xi_1) \\ Z(\xi_2) \\ Z(\xi_3) \\ \vdots \\ \vdots \\ Z(\xi_n) \end{bmatrix}_{(8n,1)} = \begin{bmatrix} P_2 \\ P_3 \\ P_4 \\ \vdots \\ P_n \end{bmatrix}_{(8n-8,1)}$$

$$(6-161)$$

利用边界条件,对方程组进行改造,删除系数矩阵中对应两端边界状态向量值为零的列,然后进行求解,即可得到对应于给定周向波数 n 的外界激励力的状态向量值。

2. 流场辐射声压的求解

根据叠加原理可知,锥 - 柱组合壳体表面各点对于给定周向波数 n 下的法向位移为

$$w_n(\widetilde{P}) = w_n^f(\widetilde{P}) + \sum_{m=-\infty}^{+\infty} c_{mn} w_{mn}^p(\widetilde{P}), \quad \widetilde{P} \in S_2 \qquad (6-162)$$

对于壳体两端人为假定的刚性障板(刚性障板 S_1 和 S_3 与锥 - 柱组合壳表面 S_2 一起组成封闭结构),满足

$$w_n(\widetilde{P}) \equiv 0, \quad \widetilde{P} \in S_1 \cup S_3 \qquad (6-163)$$

将式(6 - 154)、式(6 - 155)代入到式(6 - 140)中,可得

$$\sum_{m=-\infty}^{+\infty} c_{mn} K'_{mn}(\widetilde{P}) = \begin{cases} 0, & \widetilde{P} \in S_1 \cup S_3 \\ \rho_0 \omega^2 \left(w_n^f(\widetilde{P}) + \sum_{m=-\infty}^{+\infty} c_{mn} w_{mn}^p(\widetilde{P}) \right), & \widetilde{P} \in S_2, \end{cases}$$

$$(6-164)$$

由于封闭系统表面任意一点在给定周向波数 n 下均满足式(6 - 164)。故沿着封闭系统母线进行配点 $s_j(j=1,2,\cdots,q,$ 配点数要求 $q \geqslant 2m+1)$,可以构造线性方程组

$$[U]_n \{c\}_n = \{Q\}_n, \quad n \in (-\infty \sim +\infty) \qquad (6-165)$$

式中,$\{c\} = \begin{bmatrix} c_{-m,n} & c_{-m+1,n} & \cdots & c_{m-2,n} & c_{m-1,n} & c_{mn} \end{bmatrix}^T$。

展开系数构成的列向量可知

$$[U]_{q \times 2m+1} = \begin{cases} \left[K'_{mn}(\widetilde{P}_{s_j}) \right], & \widetilde{P} \in S_1 \cup S_3 \\ \left[K'_{mn}(\widetilde{P}_{s_j}) - \rho_0 \omega^2 w_{mn}^p(\widetilde{P}_{s_j}) \right], & \widetilde{P} \in S_2 \end{cases} \qquad (6-166)$$

$$\{Q\}_{q \times 1} = \begin{cases} 0, & \widetilde{P} \in S_1 \cup S_3 \\ \rho_0 \omega^2 w_n^f(\widetilde{P}_{s_j}), & \widetilde{P} \in S_2 \end{cases} \qquad (6-167)$$

由于该方程组为超静定方程组,故可用 Moore - Penrose 广义求逆法求解式(6 - 148)中的 $\{c\}$,将求得结果再代入式(6 - 125)中可求出流场辐射声压。

将结构表面声压和径向振速展开为

$$\begin{pmatrix} p(P) \\ \dot{w}(P) \end{pmatrix} = \sum_{n=-\infty}^{+\infty} e^{in\theta_P} \begin{pmatrix} p_n(\widetilde{P}) \\ -i\omega w_n(\widetilde{P}) \end{pmatrix} \qquad (6-168)$$

按照定义辐射声功率及表面的均方振速,有

$$P(\omega) = \frac{1}{2}\int_0^{2\pi} r_P \mathrm{d}\theta_P \int_0^{L'} \mathrm{Re}\{p(P)\dot{w}^*(P)\}\mathrm{d}L_P \qquad (6-169)$$

$$\langle \dot{w}(P)\dot{w}(P) \rangle = \frac{1}{2S}\int_0^{2\pi} r_P \mathrm{d}\theta_P \int_0^{L'} \dot{w}(P)\dot{w}^*(P)\mathrm{d}L_P \qquad (6-170)$$

式中　n——锥 – 柱组合壳结构的表面积;

　　r_P、θ_P、L_P——沿结构表面上任意一点的半径、周向角度及母线方向长度。

利用正交性

$$\int_0^{2\pi} \mathrm{e}^{\mathrm{i}(m-n)\theta_P}\mathrm{d}\theta_P = 2\pi\delta_{mn} \qquad (6-171)$$

得到辐射声功率和表面均方振速为

$$P(\omega) = \pi \sum_{n=-\infty}^{+\infty} \int_0^{L'} \mathrm{Re}\{\mathrm{i}\omega p_n(\widetilde{P})w_n^*(\widetilde{P})\}r_P\mathrm{d}L_P \qquad (6-172)$$

$$\langle \dot{w}(P)^2 \rangle = \frac{\omega^2\pi}{S} \sum_{n=-\infty}^{+\infty} \int_0^{L'} w_n(\widetilde{P})w_n^*(\widetilde{P})r_P\mathrm{d}L_P \qquad (6-173)$$

水下弹性结构的辐射效率根据定义可得

$$\sigma_c = \frac{P(\omega)}{\rho_0 c_0 S \langle \dot{w}(P)^2 \rangle} \qquad (6-174)$$

声功率级和均方振速级为

$$L_w = 10\log\frac{P(\omega)}{P_0}, \quad L_v = 10\log\frac{\langle \dot{w}^2 \rangle}{\dot{w}_0^2} \qquad (6-175)$$

式中,声功率和均方振速的参考值分别为

$$P_0 = 0.67 \times 10^{-18}(\mathrm{W}), \quad \dot{w}_0 = 5 \times 10^{-18}(\mathrm{m/s}) \qquad (6-176)$$

针对舰艇局部舱段计算模型,尤其在低频段,工程中关注的是舰艇整体结构的振动与声辐射,可将舰艇结构近似为圆锥壳 – 圆柱壳 – 球壳组合结构进行舰艇结构的声振特性分析。本章在对加筋圆柱壳、圆锥壳及圆锥壳 – 圆柱壳组合结构开展了相应的声振机理研究的基础上,开展舰艇整艇结构的振动与声辐射特性研究。利用前几章提出的精细传递矩阵法与波叠加相结合方法,进而分析圆锥壳 – 圆柱壳 – 球壳组合结构的振动与声辐射特性。

6.3　水下航行器结构的振动分析模型

对于水下航行器结构,其艏部舱段结构可简化为圆柱壳体进行力学分析,舰部结构可简化为锥壳体,首部舱段结构可简化为锥壳体或者球壳体。而不管是柱壳体还是锥壳体或球壳体计算模型,这些结构相似的地方在于,这些壳体结构为轴对称模型,均满足旋转壳的特征。

本书针对水下航行器结构特征,将其简化为圆锥壳 - 圆柱壳 - 球壳组合结构(图 6 - 9),采用浸没在流体介质中的该组合结构模拟作为分析模型,几何模型如图所示。其中 α_c 为锥壳的倾斜角,R 为锥壳大端和柱壳的半径,l_o 为柱壳的长度。该计算模型主要包括圆柱壳、球壳、环肋及舱壁等,假设圆锥壳小端处为封闭刚性障板。

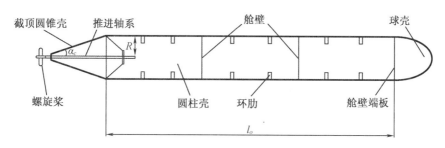

图 6 - 9　圆锥壳 - 圆柱壳 - 球壳组合结构

6.3.1　旋转壳的运动控制方程

考虑舰艇结构特别是潜艇结构的轴对称特征,本书对旋转壳微元进行受力分析,旋转壳微元的振动同样满足第 5 章圆柱壳进行微元受力分析时的基本假设。旋转壳的微元及几何坐标如图 6 - 10 所示,在空间直角坐标系中的旋转壳微元上建立曲线坐标,薄壳中面上任一点的位置可由向量 $\boldsymbol{r} = \boldsymbol{r}(s, \varphi)$ 表示。s、φ、n 分别表示曲线坐标,x、y 和 z 分别表示直角坐标系的坐标,主曲率半径为 R_s,R_φ 为沿 s、φ 方向曲率线的曲率半径。

定义曲面拉梅常数

$$A = \left| \frac{\partial \boldsymbol{r}}{\partial \varphi} \right|, \quad B = \left| \frac{\partial \boldsymbol{r}}{\partial s} \right| \tag{6-177}$$

如图 6 - 10 所示,微元上受到的作用力有:法向力 N_φ、N_s,剪力 N_φ、N_s,横向力 Q_s、Q_φ,及相应的弯矩和扭矩 $M_{s\varphi}$、$M_{\varphi s}$、M_φ、M_s,还有相应 3 个方向的惯性力项 $-\rho h \frac{\partial^2 u}{\partial t^2}$、$-\rho h \frac{\partial^2 v}{\partial t^2}$、$-\rho h \frac{\partial^2 w}{\partial t^2}$。其中,$u$、$v$、$w$ 分别代表 s、φ、n 3 个方向的位移变形,ρ 为材料的密度,h 为壳体的厚度,ω 为圆频率。

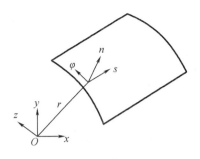

图 6 - 10 旋转壳的曲面坐标系

将图 6 - 10 所示的内力乘以对应边的弧长,并考虑惯性力项的影响,分别在 s、φ、n 三个方向建立力平衡方程,为

$$\frac{\partial(BN_s)}{\partial s} + \frac{\partial(AN_{\varphi s})}{\partial \varphi} - \frac{\partial B}{\partial s}N_\varphi + \frac{\partial A}{\partial \varphi}N_{s\varphi} +$$

$$\frac{1}{R_s}\left[\frac{\partial(BN_s)}{\partial s} + \frac{\partial(AM_{\varphi s})}{\partial \varphi} - \frac{\partial B}{\partial s}M_\varphi + \frac{\partial A}{\partial \varphi}M_{s\varphi}\right] + AB\rho h\omega^2 u = 0 \quad (6-178)$$

$$\frac{\partial(AN_\varphi)}{\partial \varphi} + \frac{\partial(BN_{s\varphi})}{\partial s} - \frac{\partial A}{\partial \varphi}N_s + \frac{\partial B}{\partial s}N_{\varphi s} +$$

$$\frac{1}{R_s}\left[\frac{\partial(AM_\varphi)}{\partial \varphi} + \frac{\partial(BM_{s\varphi})}{\partial s} - \frac{\partial A}{\partial \varphi}M_s + \frac{\partial B}{\partial s}M_{\varphi s}\right] + AB\rho h\omega^2 v = 0 \quad (6-179)$$

$$\frac{\partial}{\partial s}\left\{\frac{1}{A}\left[\frac{\partial(BN_s)}{\partial s} + \frac{\partial(AN_{\varphi s})}{\partial \varphi} - \frac{\partial B}{\partial s}M_\varphi + \frac{\partial A}{\partial \varphi}M_{s\varphi}\right]\right\} +$$

$$\frac{\partial}{\partial \varphi}\left\{\frac{1}{B}\left[\frac{\partial(AM_\varphi)}{\partial \varphi} + \frac{\partial(BM_{s\varphi})}{\partial s} - \frac{\partial A}{\partial \varphi}M_s + \frac{\partial B}{\partial s}M_{\varphi s}\right]\right\} -$$

$$AB\left(\frac{N_s}{R_s} + \frac{N_\varphi}{R_\varphi}\right) - AB\rho h\omega^2 w = 0 \quad (6-180)$$

横向剪力表达式为

$$Q_\varphi = \frac{1}{AB}\left[\frac{\partial(AM_\varphi)}{\partial \varphi} + \frac{\partial(BM_{s\varphi})}{\partial s} - \frac{\partial A}{\partial \varphi}M_\varphi + \frac{\partial B}{\partial s}M_{\varphi s}\right] \quad (6-181)$$

$$Q_s = \frac{1}{AB}\left[\frac{\partial(BM_s)}{\partial s} + \frac{\partial(AM_{s\varphi})}{\partial \varphi} - \frac{\partial B}{\partial s}M_\varphi + \frac{\partial A}{\partial \varphi}M_{s\varphi}\right] \quad (6-182)$$

壳微元的受力分析示意图如图 6 - 11 所示。

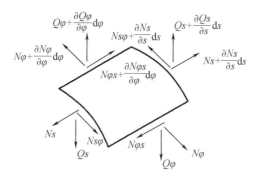

(a)壳在曲面坐标系下的受力分析

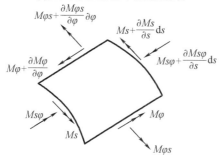

(b)壳在曲面坐标系下的受力矩分析

图 6-11　壳微元的受力分析示意图

对于旋转壳来说,Kevin - Kirchhoff 膜力、剪力

$$S_{s\varphi} = N_{s\varphi} - \frac{M_{s\varphi}}{s\tan\alpha}, \quad V_s = Q_s + \frac{1}{s\sin\alpha}\frac{\partial M_{s\varphi}}{\partial\varphi} \qquad (6-183)$$

对于旋转壳来说,其物理方程为

$$N_s = \frac{Eh}{1-\nu^2}[\varepsilon_s + \nu\varepsilon_\varphi] \qquad (6-184)$$

$$N_\varphi = \frac{Eh}{1-\nu^2}[\varepsilon_\varphi + \nu\varepsilon_s] \qquad (6-185)$$

$$N_{s\theta} = N_{\theta s} = \frac{Eh}{2(1+\nu)}\varepsilon_{s\varphi} \qquad (6-186)$$

$$M_s = \frac{Eh^3}{12(1-\nu^2)}[\chi_s + \nu\chi_\varphi] \qquad (6-187)$$

$$M_\theta = \frac{Eh^3}{12(1-\nu^2)}[\chi_\varphi + \nu\chi_s] \qquad (6-188)$$

$$M_{s\theta} = M_{\theta s} = \frac{Eh^3(1-\nu)}{24(1+\nu)}\chi_{s\varphi} \qquad (6-189)$$

其中,旋转壳的几何方程为

$$\varepsilon_s = \frac{1}{A}\frac{\partial u}{\partial s} + \frac{v}{AB}\frac{\partial A}{\partial \varphi} + \frac{w}{R_s} \qquad (6-190)$$

$$\varepsilon_\varphi = \frac{1}{B}\frac{\partial v}{\partial \varphi} + \frac{u}{AB}\frac{\partial B}{\partial s} + \frac{w}{R_\varphi} \qquad (6-191)$$

$$\varepsilon_{s\varphi} = \frac{A}{B}\frac{\partial}{\partial \varphi}\left(\frac{u}{A}\right) + \frac{B}{A}\frac{\partial}{\partial s}\left(\frac{v}{B}\right) \qquad (6-192)$$

$$\chi_s = \frac{1}{A}\frac{\partial}{\partial s}\left(\frac{u}{R_s} - \frac{1}{A}\frac{\partial w}{\partial s}\right) + \frac{1}{AB}\left(\frac{v}{R_\varphi} - \frac{1}{B}\frac{\partial w}{\partial \varphi}\right)\frac{\partial A}{\partial \varphi} \qquad (6-193)$$

$$\chi_\varphi = \frac{1}{B}\frac{\partial}{\partial \varphi}\left(\frac{v}{R_\varphi} - \frac{1}{B}\frac{\partial w}{\partial \varphi}\right) + \frac{1}{AB}\left(\frac{u}{R_s} - \frac{1}{A}\frac{\partial w}{\partial s}\right)\frac{\partial B}{\partial s} \qquad (6-194)$$

$$\chi_{s\varphi} = \frac{A}{B}\frac{\partial}{\partial \varphi}\left(\frac{u}{AR_s} - \frac{1}{A^2}\frac{\partial w}{\partial s}\right) + \frac{B}{A}\frac{\partial}{\partial s}\left(\frac{v}{BR_\varphi} - \frac{1}{B^2}\frac{\partial w}{\partial \varphi}\right) \qquad (6-195)$$

式中 ε_s、ε_φ、$\varepsilon_{s\varphi}$——旋转壳中面的法向应变、切向应变和轴向应变;

χ_s、χ_φ、$\chi_{s\varphi}$——旋转壳中面的各方向曲率。

旋转壳径向位移与转角的关系为

$$\varphi = \frac{\partial w}{\partial s} \qquad (6-196)$$

根据式(6-177)~式(6-196),借助数学软件 Mathematica,消去 8 个未知量 N_φ、$N_{\varphi s}$、$N_{s\varphi}$、$M_{s\varphi}$、$M_{\varphi s}$、M_φ、Q_s、Q_φ,保留 8 个状态向量 u、v、w、φ、N_s、M_s、V_s、$S_{s\varphi}$。

同时对所有状态向量进行无量纲化,并根据其轴对称特征沿周向展开成傅里叶级数形式为

$$(u,w) = H\sum_n (\tilde{u},\tilde{w})\mathrm{e}^{in\varphi}, v = H\sum_n \tilde{v}\mathrm{e}^{i(n\varphi+\frac{\pi}{2})}, \varphi = \frac{H}{R}\sum_n \tilde{\varphi}\mathrm{e}^{in\varphi} \qquad (6-197)$$

$$(M_{s\varphi},M_{\varphi s},M_\varphi,M_s) = \frac{K}{R}\sum_n (\tilde{M}_{s\varphi},\tilde{M}_{\varphi s},\tilde{M}_\varphi,\tilde{M}_s)\mathrm{e}^{in\varphi} \qquad (6-198)$$

$$(V_s,N_s,S_{s\varphi},Q_\varphi) = \frac{K}{R^2}\sum_n (\tilde{V}_s,\tilde{N}_s,\tilde{S}_{s\varphi},\tilde{Q}_\varphi)\mathrm{e}^{in\varphi} \qquad (6-199)$$

$$(N_{\varphi s},N_{\varphi s},N_{s\varphi},Q_s) = \frac{K}{R^2}\sum_n (\tilde{N}_\varphi,\tilde{N}_{\varphi s},\tilde{N}_{s\varphi},\tilde{Q}_s)\mathrm{e}^{in\varphi} \qquad (6-200)$$

式中 n——周向波数;

$K = \dfrac{Eh^3}{12(1-u^2)}$,其中,$E$,$H$,$u$——旋转壳的弹性模量、厚度、泊松比;

R——旋转壳 φ 方向的最大曲率半径。

为了简化分析过程,同样对下列参数进行无量纲化:

$$\xi = \frac{s}{R}, \quad h = \frac{H}{R}, \quad \lambda^2 = \frac{hR^2\omega^2}{D} \tag{6-201}$$

式中 s——旋转壳上沿母线 s 方向上任意一点位置；

ω——外激励频率；

D——抗拉刚度，$D = \dfrac{Eh}{1-\mu^2}$；

λ——无量纲的频率参数。

参考第 5 章的模型分析思路，根据壳体理论可得任意旋转壳的一阶控制微分方程为

$$\frac{\mathrm{d}\{Z(\xi)\}}{\mathrm{d}\xi} = \boldsymbol{U}(\xi)\{Z(\xi)\} + \{F(\xi)\} - \{p(\xi)\} \tag{6-202}$$

$$\{Z(\xi)\} = \{\tilde{u} \quad \tilde{v} \quad \tilde{w} \quad \tilde{\varphi} \quad \tilde{M}_s \quad \tilde{V}_s \quad \tilde{N}_s \quad \tilde{S}_{s\varphi}\}^{\mathrm{T}} \tag{6-203}$$

式中 $\tilde{u}、\tilde{v}、\tilde{w}、\tilde{\varphi}$——旋转壳母线 s 方向、周向 φ 方向、径向 n 方向无量纲位移值
及无量纲转角；

$\tilde{N}_s、\tilde{M}_s、\tilde{V}_s、\tilde{S}_{s\varphi}$——无量纲膜力、无量纲弯矩、Kelvin – Kirchhoff 剪力及薄膜
合剪力；

$F(\xi)$——壳体受到的外界激励力；

$p(\xi)$——壳体表面的声压。

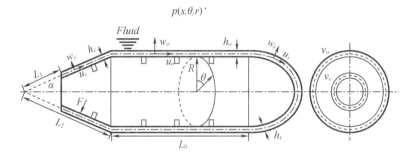

图 6 – 12 舰艇结构简化模型示意图

柱壳、锥壳均是典型的旋转壳，将舰艇结构简化为圆锥壳 – 圆柱壳 – 球壳组合结构，对于舰艇的中间舱段来说，该局部结构可以简化为圆柱壳，而艏部和艉部舱段则可以简化为锥壳和球壳结构。

对于圆柱壳来说

$$拉梅常数:A = 1, B = 1 \tag{6-204}$$

$$主曲率半径:R_s = \infty, R_\varphi = R \tag{6-205}$$

式中　R——对应圆柱壳的半径。

对于圆锥壳来说

$$拉梅常数:A = 1, B = s\sin\alpha \tag{6-206}$$

$$主曲率半径:R_s = \infty, R_\varphi = s\tan\alpha \tag{6-207}$$

式中　s——顶点起算到该点的母线长度；

　　　α——母线与轴线夹角。

对于球壳来说

$$拉梅常数:A = R, B = R \tag{6-208}$$

$$主曲率半径:R_s = R_\varphi = R \tag{6-209}$$

式中　s——顶点起算到该点的母线长度；

　　　α——母线与轴线夹角。

本书以舰艇结构的简化模型圆锥壳 – 圆柱壳 – 球壳组合结构为例,引入以下无量纲长度参数和频率因子:

$$\xi_1 = \frac{L_1}{R} \quad \xi_2 = \frac{L_2}{R} \quad \tilde{l} = \frac{L_o}{R} \tag{6-210}$$

式中　L_1——在锥壳1上从锥顶到锥壳小端的长度;

　　　L_2——在锥壳1上从锥顶到锥壳大端的长度;

　　　L_o——圆柱壳段的长度;

　　　R——圆柱壳段的半径。

6.3.2　简谐激励力的处理

舰艇作为一个复杂的噪声源分布结构,其辐射噪声源主要包括三个部分,即机械噪声、螺旋桨噪声、流噪声。机械噪声是舰艇低速航行时最主要的噪声源,是舰艇机械设备通过基座和非支撑件激励壳体,引起壳体振动并向壳体外流场辐射噪声。有效控制机械噪声是降低舰艇水下辐射噪声的首要环节。螺旋桨噪声一般是舰艇中高速航行时的主要噪声源,螺旋桨脉动力和主机振动激励的推进轴系振动,沿主推力轴承和支撑轴承传递到耐压壳体,引起壳体振动并产生辐射噪声。

对于实际舰艇结构来说,壳体结构受到的众多机械激励力多为集中力,假设壳体受到的 N 个集中力的作用点位置为 (s_{0i}, θ_{0i}), $i = 1, 2, \cdots, N_0$, 则机械激励力表达式为

$$f(x_i, \theta_i) = f_{0i} \delta(s - s_{0i}) \delta(\theta - \theta_{0i}) / R \qquad (6-211)$$

式中, f_{0i}、s_{0i}、θ_{0i} 分别为第 i 个集中力的幅值、位置的母线方向坐标及周向坐标。

将式(6-211)进行正交变换可得

$$f(s, \theta) = \delta(s_0) \sum_{n=-\infty}^{\infty} f_{ni} e^{in\theta} \qquad (6-212)$$

舰艇的尾部存在伴流场,且伴流场在周向是不均匀的,这样螺旋桨叶片在不均匀伴流场中工作就会产生非定常(随时间而发生变化的)推力和转矩,这种载荷通过螺旋桨叶、轴系传递,体现为轴向激励力,实际计算时,该方向激振力表现为一定的分布力状态,如果不考虑推进轴系偏心的情况,轴向力将均匀分布在圆锥壳一周上,使壳体产生完全纵向振动;如果考虑推进轴系偏心的情况,有偏心的轴向激励力将分解为无偏心的轴向力和附加弯矩,使壳体产生纵向振动和弯曲振动。

对于分布力及附加力矩来说,有

$$f(s, \theta) = f_0 \delta(s - s_0) \qquad (6-213)$$

$$m(s_i, \theta_i) = m_0 \delta(s - s_0) \delta(\theta - \theta_0) / R \qquad (6-214)$$

对于计算时施加的轴向分布力来说, $f_0 = D_0 / 2\pi R$, D_0 为螺旋桨传递在推进轴系上的作用力; m_0 为偏心激励导致产生的作用在锥壳上的附加弯矩; s_0、θ_0 分别为激励作用位置在母线方向、周向的坐标。

将式(6-213)沿轴向采用三角函数展开,可得

$$f(s, \theta) = \delta(s - s_0) \sum_{n=0}^{\infty} f_n e^{in\theta} \qquad (6-215)$$

式中,对于轴向分布力来说, $f_n = f_0 \kappa_n$, $\kappa_n = \begin{cases} 1, & n = 0 \\ 0, & n \neq 0 \end{cases}$; $m_n = m_0 = \dfrac{e^{-in\theta_0}}{2\pi}$。

因此,作用在舰艇结构上的激励载荷可以表示为

$$\{F(\xi)\} = RK^{-1} \begin{bmatrix} 0 & 0 & 0 & 0 & m_n & f_n^r & f_n^c & f_n^a \end{bmatrix}^{\mathrm{T}} \qquad (6-216)$$

式中, m_n、f_n^r、f_n^c、f_n^a 为给定周向波数 n 情况下的附加弯矩激励、径向激励、周向激励及纵向激励。

6.3.3　边界和连续条件

在给定周向波数 n 的情况下,舰艇结构的动响应满足式(6-178)。不管是

柱壳、锥壳及球壳均可采用精细传递矩阵方法求解得到其对应的状态向量。而不同的壳体结构可根据在交界处的位移转角连续和力和弯矩连续找到相互之间的耦合连接关系。这里以锥－柱交界面处的连续性问题为例进行分析,在锥壳与圆柱壳交界处应满足柱壳在交界面处的位移向量 u_{cyl}、v_{cyl}、w_{cyl}、φ_{cyl},锥壳在交界面处的位移向量 u_{con}、v_{con}、w_{con}、φ_{con},及舱壁在交界面处的位移向量 u_p、v_p、w_p、φ_p,在三个坐标系方向上保持相等;柱壳在交界面处的力向量 N_{cyl}^s、$N_{\mathrm{cyl}}^{s\varphi}$、$V_{\mathrm{cyl}}^s$、$M_{\mathrm{cyl}}^s$,锥壳在交界面处的力向量 N_{con}^s、$S_{\mathrm{con}}^{s\varphi}$、$N_{\mathrm{con}}^s$、$M_{\mathrm{con}}^s$,及舱壁在交界面处的力向量 N_p^s、$S_p^{s\theta}$、V_p^s、M_p^s,在三个坐标系方向上保持连续。

根据连接处的力平衡和位移连续条件,可得

$$z(s = L_{\mathrm{cyl}}^L) = P^{\mathrm{con}\to\mathrm{cyl}} z(s = L_{\mathrm{con}}^R) \text{(无舱壁)} \qquad (6-217)$$

$$z(s = L_{\mathrm{cyl}}^L) = T_{\mathrm{plate}} P^{\mathrm{con}\to\mathrm{cyl}} z(L_{\mathrm{con}}) = TP z(s = L_{\mathrm{con}}^R) \text{(有舱壁)} \qquad (6-218)$$

式中,$z(s = L_{\mathrm{cyl}}^L)$、$z(s = L_{\mathrm{con}}^R)$ 分别为圆柱壳结构左端的状态向量,圆锥壳结构右端的状态向量。点传递矩阵 $P^{\mathrm{con}\to\mathrm{cyl}}$、$T_{\mathrm{plate}}$ 的表达式详见第 5 章。

在实际简化计算模型时,舰艇结构舯部与艏部交接处并不总是平滑过渡,而会产生一个夹角,这里以艏部与舯部有 α 夹角时进行分析。对于圆柱壳—球壳组合段的边界条件和连续条件,可参照锥－柱组合结构的求解思路进行分析,同样亦不难得到对应的转换关系。

如图 6－13 所示,根据交界处位移向量在坐标中的标定,确定圆柱—球组合壳连接处的位移连续条件

$$u_{\mathrm{sph}} = u_{\mathrm{cyl}}\cos\alpha - w_{\mathrm{cyl}}\sin\alpha \qquad (6-219)$$

$$v_{\mathrm{sph}} = v_{\mathrm{cyl}} \qquad (6-220)$$

$$w_{\mathrm{sph}} = u_{\mathrm{cyl}}\sin\alpha + w_{\mathrm{cyl}}\cos\alpha \qquad (6-221)$$

$$\varphi_{\mathrm{sph}} = \varphi_{\mathrm{cyl}} \qquad (6-222)$$

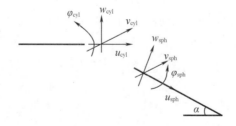

图 6－13　圆柱壳－球壳连接处的位移向量在整体坐标系中的符号标定

如图 6－14 所示,根据交界处力向量在坐标中的标定,确定锥－柱组合壳连

接处的力平衡条件为：

$$N_{\text{sph}}^{s} = N_{\text{cyl}}^{s}\cos\alpha - V_{\text{cyl}}^{s}\sin\alpha \tag{6-223}$$

$$S_{\text{sph}}^{s\varphi} = S_{\text{cyl}}^{s\varphi} \tag{6-224}$$

$$V_{\text{sph}}^{s} = N_{\text{cyl}}^{s}\sin\alpha + V_{\text{cyl}}^{s}\cos\alpha \tag{6-225}$$

$$M_{\text{sph}}^{s} = M_{\text{cyl}}^{s} \tag{6-226}$$

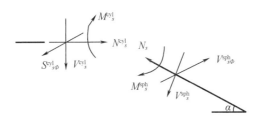

图 6 – 14   圆柱壳—球壳连接处的力向量在整体坐标系中的符号标定

根据连接处的力平衡和位移连续条件,可得在锥 – 柱组合壳连接处左右两端状态向量满足

$$z(s = L_{\text{sph}}^{L}) = P^{\text{cyl}\to\text{sph}}z(s = L_{\text{cyl}}^{R}) \quad \text{无舱壁} \tag{6-227}$$

$$z(s = L_{\text{sph}}^{L}) = P^{\text{cyl}\to\text{sph}}T_{\text{plate}}z(L_{\text{cyl}}) = PTz(s = L_{\text{cyl}}^{R}) \quad \text{有舱壁} \tag{6-228}$$

式中,$z(s = L_{\text{sph}}^{L})$、$z(s = L_{\text{cyl}}^{R})$ 分别为圆锥壳结构左端的状态向量、圆柱壳结构右端的状态向量。点传递矩阵 T_{plate} 的表达式详见第 5 章。点传递矩阵 $P^{\text{cyl}\to\text{con}}$ 为

$$P^{\text{cyl}\to\text{con}} = \begin{bmatrix} \cos\alpha & 0 & -\sin\alpha & 0 & 0 & 0 & 0 & 0 \\ 0 & 1 & 0 & 0 & 0 & 0 & 0 & 0 \\ \sin\alpha & 0 & \cos\alpha & 0 & 0 & 0 & 0 & 0 \\ 0 & 0 & 0 & 1 & 0 & 0 & 0 & 0 \\ 0 & 0 & 0 & 0 & 1 & 0 & 0 & 0 \\ 0 & 0 & 0 & 0 & 0 & \cos\alpha & 0 & -\sin\alpha \\ 0 & 0 & 0 & 0 & 0 & 0 & 1 & 0 \\ 0 & 0 & 0 & 0 & 0 & \sin\alpha & 0 & \cos\alpha \end{bmatrix} \tag{6-229}$$

因此,根据组合结构间的边界条件和连续条件可以建立整个舰艇结构简化模型(圆锥壳 – 圆柱壳 – 球壳组合结构)上状态向量的转换关系。

6.3.4   舱底压载的处理

由于舱底压载的作用,考虑舱底液体压载的影响,可以认为在舱底增加了舱

底的附加质量。为了考虑舱底液体压载的影响,对舱底附加质量处的传递矩阵进行推导分析。

首先以舱底压载处的径向力受力分析为例,推导由于舱底液体压载的存在导致的截面两端状态向量变化,进而得到液体压载等附加质量产生的点传递矩阵。假设在壳体附加质量的作用位置在 (s_{0i}, θ_{0i}), $i = 1, 2, \cdots, N_0$, 附加质量的质量为 m_i, 故第 i 个舱底压载引起附加质量沿壳体分布表达式可以写为

$$m(x_i, \theta_i) = m_i \delta(s - s_{0i}) \delta(\theta - \theta_{0i}) \qquad (6-230)$$

如图 6-15 所示,对附加质量表达式(6-230)进行正交化处理,可得

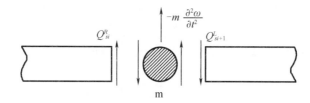

图 6-15 集中质量处的剪力平衡

$$m(x_i, \theta_i) = \delta(s - s_{0i}) \sum_{n=-\infty}^{\infty} m_{ni} \mathrm{e}^{in\theta} \qquad (6-231)$$

对于给定周向波数 n 情况下,则 s_{0i} 截面两端的径向剪力关系式为

$$Q_{s_i}^R = Q_{s_i}^L + m_{ni} \frac{\partial^2 w}{\partial t^2} \qquad (6-232)$$

同理可推出切向力、轴向力及弯矩在截面处的力平衡关系为

$$N_{s_i}^L = N_{s_i}^R - m_{ni} \frac{\partial^2 v}{\partial t^2} \qquad (6-233)$$

$$S_{s_i}^L = S_{s_i}^R - m_{ni} \frac{\partial^2 v}{\partial t^2} \qquad (6-234)$$

$$M_{s_i}^L = M_{s_i}^R - J_{ni} \frac{\partial^2 \varphi}{\partial t^2} \qquad (6-235)$$

式中 J_{ni}——给定周向波数下的附加质量的转动惯量, $J_{ni} = m_{ni} R^2$。

简谐振动时,设位移响应为 $\delta = \delta_0 \exp(-i\omega t)$, 则其对时间的二阶偏导数为 $\frac{\partial^2 \delta}{\partial t^2} = -\omega^2 \delta$。由截面处的位移连续和力平衡条件,可对状态向量进行无量纲化,可得

$$\widetilde{Q}_{s_i}^L = \widetilde{Q}_{s_i}^R - RK^{-1} m_{ni} \frac{\partial^2 w}{\partial t^2} \tag{6-236}$$

$$\widetilde{N}_{s_i}^L = \widetilde{N}_{s_i}^R - RK^{-1} m_{ni} \frac{\partial^2 u}{\partial t^2} \tag{6-237}$$

$$\widetilde{S}_{s_i}^L = \widetilde{S}_{s_i}^R - RK^{-1} m_{ni} \frac{\partial^2 v}{\partial t^2} \tag{6-238}$$

$$\widetilde{M}_{s_i}^L = \widetilde{M}_{s_i}^R - K^{-1} J_{ni} \frac{\partial^2 \varphi}{\partial t^2} \tag{6-239}$$

进而可得附加质量处的点传递矩阵为

$$P_{ni} = \begin{bmatrix} I & 0 \\ RK^{-1} G_{ni} & I \end{bmatrix}_{8 \times 8} \tag{6-240}$$

式中，I 为 4×4 阶的单位矩阵；G_{ni} 的表达式如下：

$$G_{ni} = \begin{bmatrix} -J_m \omega^2 R^{-1} & 0 & 0 & 0 \\ 0 & -m_{ni} \omega^2 & 0 & 0 \\ 0 & 0 & -m_{ni} \omega^2 & 0 \\ 0 & 0 & 0 & -m_{ni} \omega^2 \end{bmatrix}_{4 \times 4} \tag{6-241}$$

由截面处的状态向量满足转换关系，可知式（6-178）满足 $z\binom{R}{s_i} = P_{ni} z(s_{s_i}^L)$。

6.3.5 舰艇结构的振动特性

对于圆锥壳－圆柱壳－球壳组合结构来说，当不考虑外界激励时，圆锥壳－圆柱壳－球壳组合结构的状态向量 $Z(\xi)$ 可以统一表示为

$$\frac{\mathrm{d}\{Z(\xi)\}}{\mathrm{d}\xi} = U(\xi)\{Z(\xi)\} \tag{6-242}$$

方程的解为

$$Z(\xi) = \exp\left[\int_{\xi_1}^{\xi} U(\tau)\,\mathrm{d}\tau\right] Z(\xi_1) \tag{6-243}$$

考虑环肋和舱壁存在的影响，采用圆锥壳的处理思路，对式（6-192）进行修正。本书将锥－柱组合壳结构沿母线方向人为离散为 n 分段，对应的离散点共 $n+1$ 个。对于第 i 个分段来说，该分段两端的状态向量满足：

$$Z(\xi_{i+1}) = \exp\left[\int_{\xi_i}^{\xi_{i+1}} U(\tau)\,\mathrm{d}\tau\right] Z(\xi_i) = T_i Z(\xi_i) \tag{6-244}$$

式中,T_i 的求解方法可详见第 5 章的处理办法。根据式(6-244)可以找到圆锥壳-圆柱壳-球壳组合结构上所有分段两端的转换关系。利用精细传递矩阵方法,对圆锥壳-圆柱壳-球壳组合结构分段上的场传递矩阵 T_i 进行组装,可得

$$
\begin{bmatrix}
-T_1 & I & 0 & 0 & 0 & 0 \\
0 & -T_2 & I & 0 & 0 & 0 \\
0 & 0 & -T_3 & I & 0 & 0 \\
0 & 0 & 0 & \cdots & I & 0 \\
0 & 0 & 0 & 0 & -T_n & I
\end{bmatrix}_{(8n,8n+8)}
\begin{Bmatrix}
Z(\xi_1) \\
Z(\xi_2) \\
Z(\xi_3) \\
\vdots \\
\vdots \\
Z(\xi_{n+1})
\end{Bmatrix}_{(8n+8,1)}
=
\begin{Bmatrix}
0 \\
0 \\
0 \\
0 \\
0 \\
0
\end{Bmatrix}
$$

$$(6-245)$$

考虑圆锥壳—圆柱壳—球壳组合结构两端的边界条件:

$$\text{简支}: N_s = M_s = v = w = 0, u = \varphi = S_{s\theta} = V_s \neq 0 \qquad (6-246)$$

$$\text{固支}: u = v = w = \varphi = 0, N_s = S_{s\theta} = V_s = M_s \neq 0 \qquad (6-247)$$

$$\text{自由}: u = v = w = \varphi \neq 0, N_s = S_{s\theta} = V_s = M_s = 0 \qquad (6-248)$$

利用边界条件,对方程组进行改造,删除系数矩阵中对应两端边界状态向量值为零的列,可得组合壳体的自由振动的特征方程为

$$
\begin{vmatrix}
-\hat{T}_1 & I & 0 & 0 & 0 & 0 \\
0 & -T_2 & I & 0 & 0 & 0 \\
0 & 0 & -T_3 & I & 0 & 0 \\
0 & 0 & 0 & \cdots & I & 0 \\
0 & 0 & 0 & 0 & -T_n & \hat{I}
\end{vmatrix}
= 0 \qquad (6-249)
$$

采用搜根法(如二分法等),求出系数矩阵行列式为零,找到无量纲频率的根,即可得到该结构的固有频率,将结果代入到式(6-242)可得该结构对应固有频率的振型。

6.4 水下航行器结构的声辐射分析模型

6.4.1 流体中声压载荷

流场中任一点声压 P 均满足 Helmholtz 方程

$$\nabla^2 p + k_0^2 p = 0 \qquad (6-250)$$

式中 k_0——自由波数，$k_0 = \omega / c_0$；

ω——频率；

c_0——流场介质中的声速。

在无穷远处的辐射声压应满足 Sommerfeld 方程

$$\lim_{R \to \infty} R\left(\frac{\partial p}{\partial R} + ik_0 p \right) = 0 \qquad (6-251)$$

根据流固耦合连续性条件，还需满足流固耦合边界条件：

$$\left. \frac{\partial p}{\partial n} \right|_S = -i\rho_0 \omega \frac{\partial w}{\partial t} \qquad (6-252)$$

给出了旋转壳结构的外流场任意一点 P 声压表达式：

$$p(P) = \sum_{n=-\infty}^{+\infty} \sum_{m=-\infty}^{+\infty} c_{mn} K_{mn}(\widetilde{P}) \mathrm{e}^{in\theta_P} \qquad (6-253)$$

$$K_{mn}(\widetilde{P}) = \frac{2\pi L'}{MN} \sum_{k_1=0}^{M-1} \sum_{k_2=0}^{N-1} K(\widetilde{P}, k_1 \Delta L_O, k_2 \Delta\beta) r_{k_1\beta_Q} \mathrm{e}^{imk_1\frac{2\pi}{M}} \mathrm{e}^{-imk_2\frac{2\pi}{N}} \qquad (6-254)$$

式中 $K(\widetilde{P}, k_1\Delta L_O, k_2\Delta\beta)$——源强函数，可通过快速傅里叶变换求得；

m、n——圆锥壳 – 圆柱壳 – 球壳组合结构的母线方向和周向的傅里叶级数项，一般通过判断收敛性，采用有限项进行截断。

6.4.2 组合壳体结构声辐射问题的求解

如图 6 – 16 所示，假设组合壳体两端为封闭刚性障板，进而与组合壳体形成封闭结构，根据描述组合壳体表面的流 – 固耦合边界条件方程(6 – 249)，可知对于圆锥壳 – 圆柱壳 – 球壳组合壳体上任意一点来说，均满足

$$\frac{\partial p(P)}{\partial n_P} = \rho_0 \omega^2 w(P) \qquad (6-255)$$

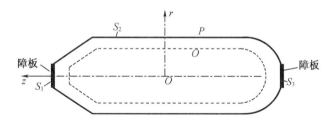

图 6 – 16　组合壳弹性体表面及虚拟源表面示意图

利用给出的旋转壳结构的外流场任意一点 P 声压沿法向的梯度表达式,可得圆锥壳—圆柱壳—球壳组合结构的表达式为

$$\frac{\partial p(P)}{\partial n_P} = \sum_{n=-\infty}^{+\infty} \sum_{m=-\infty}^{+\infty} c_{mn} K'_{mn}(\widetilde{P}, \widetilde{O}) \mathrm{e}^{in\theta_P} \qquad (6-256)$$

式中,$K'_{mn}(\widetilde{P}, \widetilde{O})$ 满足式子

$$K'_{mn}(\widetilde{P}, \widetilde{O}) = \frac{2\pi L'}{MN} \sum_{k_1=0}^{M-1} \sum_{k_2=0}^{N-1} K'(\widetilde{P}, k_1 \Delta L_O, k_2 \Delta \beta) r_{k_1 \Delta L_O} \mathrm{e}^{imk_1 \frac{2\pi}{M}} \mathrm{e}^{-imk_2 \frac{2\pi}{N}}$$

$$(6-257)$$

故,对于给定周向 n 下的壳体母线上任一点均满足

$$\sum_{m=-\infty}^{+\infty} c_{mn} K'_{mn}(\widetilde{P}) = \rho_0 \omega^2 w_n(\widetilde{P}), \quad n \in (-\infty \sim +\infty) \qquad (6-258)$$

1. 外界激励作用下的振动响应

首先根据方程求出作用在航行器结构上的外界激励力 $F(\xi)$ 和广义声压作用 K_{mn},参考第 5 章的分析思路,求解给定各阶周向波数 n 下的状态向量 $Z_n^f(\xi)$ 和 $Z_{mn}^p(\xi)$。考虑环肋或舱壁存在的情况,利用第 5 章对壳体求解壳体动响应的精细传递矩阵方法,对锥 – 柱 – 球组合壳体结构沿母线方向进行分段离散,构造 N 分段。则对应于第 j 分段的场传递矩阵和外力向量可表示为

$$T_{j+1} = -\exp\left[\int_{\xi_i}^{\xi_{j+1}} \boldsymbol{U}(\tau)\mathrm{d}\tau\right] Tr_i \exp\left[\int_{\xi_j}^{\xi_i} \boldsymbol{U}(\tau)\mathrm{d}\tau\right] \qquad (6-259)$$

$$P_{j+1} = \exp\left[\int_{\xi_i}^{\xi_{j+1}} \boldsymbol{U}(\tau)\mathrm{d}\tau\right] Tr_i \int_{\xi_j}^{\xi_i} \exp\left[\int_{\tau}^{\xi_i} \boldsymbol{U}(s)\mathrm{d}s\right] \boldsymbol{f}(\tau)\mathrm{d}\tau +$$

$$\int_{\xi_i}^{\xi_{j+1}} \exp\left[\int_{\tau}^{\xi_{j+1}} \boldsymbol{U}(s)\mathrm{d}s\right] \boldsymbol{f}(\tau)\mathrm{d}\tau \qquad (6-260)$$

式中　T_{j+1}——第 j 分段的场传递矩阵；

　　　P_{j+1}——第 j 分段的非齐次项；

　　　Tr_i——环肋或者舱壁存在时的点传递矩阵；

　　　$f(\tau)$——对应的外界激励力或者广义声压作用。

由式（6 – 260）可得，组合壳体上任意分段均满足方程 $Z(\xi_{j+1}) = T_{j+1}Z(\xi_j) + P_{j+1}, j = 1, \cdots, n$，对方程进行组装可得

$$\begin{bmatrix} -T_2 & I & 0 & 0 & 0 & 0 \\ 0 & -T_3 & I & 0 & 0 & 0 \\ 0 & 0 & -T_4 & I & 0 & 0 \\ 0 & 0 & 0 & \cdots & I & 0 \\ 0 & 0 & 0 & 0 & -T_n & I \end{bmatrix}_{(8n-8, 8n)} \begin{bmatrix} Z(\xi_1) \\ Z(\xi_2) \\ Z(\xi_3) \\ \vdots \\ Z(\xi_n) \end{bmatrix} = \begin{bmatrix} P_2 \\ P_3 \\ P_4 \\ \vdots \\ P_n \end{bmatrix}_{(8n-8, 1)}$$

$$(6 – 261)$$

利用边界条件，对方程组进行改造，删除系数矩阵中对应两端边界状态向量值为零的列，然后进行求解，即可得到对应于给定周向波数 n 的外界激励作用下的状态向量值。

2. 流场辐射声压的求解

根据叠加原理可知，锥 – 柱组合壳体表面各点对于给定周向波数 n 下的法向位移为

$$w_n(\widetilde{P}) = w_n^f(\widetilde{P}) + \sum_{m=-\infty}^{+\infty} c_{mn} w_{mn}^p(\widetilde{P}), \quad \widetilde{P} \in S_2 \qquad (6 – 262)$$

$$w_n(\widetilde{P}) \equiv 0, \quad \widetilde{P} S_1 \cup S_3 \qquad (6 – 263)$$

将式（6 – 262）和式（6 – 263）代入式（6 – 256）中，可得

$$\sum_{m=-\infty}^{+\infty} c_{mn} (K'_{mn}(\widetilde{P}) - \rho_0 \omega^w w_{mn}^p(\widetilde{P})) = \rho_0 \omega^2 w_n^f(\widetilde{P}), \quad n \in (-\infty \sim +\infty)$$

$$(6 – 264)$$

沿着组合壳体结构构成的封闭系统母线进行配点 $S_j(j = 1, 2, \cdots, q)$，配点数要求 $q \geqslant 2m + 1, m$ 为傅里叶级数的截断项数，将配点代入到方程中可以构造线性方程组

$$[U]_n \{c\}_n = \{Q\}_n, \quad n \in (-\infty \sim +\infty) \qquad (6 – 265)$$

式中，$\{c\} = [c_{-m,n} \quad c_{-m+1,n} \quad \cdots \quad c_{m-2,n} \quad c_{m-1,n} \quad c_{mn}]^T$ 为待求的系数向量。

$[U]_n$、$\{Q\}_n$ 分别为

$$[U]_{q \times 2m+1} = \begin{cases} [K'_{mn}(\widetilde{P}_{s_j})], & \widetilde{P} \in S_1 \cup S_3 \\ [K'_{mn}(\widetilde{P}_{s_j}) - \rho_0 \omega^2 w_{mn}^p(\widetilde{P}_{s_j})], & \widetilde{P} \in S_2 \end{cases} \quad (6-266)$$

$$\{Q\}_{q \times 1} = \begin{cases} 0, & \widetilde{P} \in S_1 \cup S_3 \\ \rho_0 \omega^2 w_n^f(\widetilde{P}_{s_j})], & \widetilde{P} \in S_2 \end{cases} \quad (6-267)$$

该方程组可采用 Moore – Penrose 广义求逆法进行求解,将求得的结果$\{c\}$再代入式(6 – 254)中可求出流场辐射声压。

6.5 水下航行器结构的振动噪声特性

6.5.1 锥 – 柱组合壳的振动特性有效性验证

为了验证本章方法的正确性,本书以文献中的几何结构为计算模型。该结构为锥 – 柱组合壳结构,交界处无舱壁,结构没有加筋。几何参数为:$L = 0.2$ m,$L/R = 1$,$h = 2 \times 10^{-3}$ m,$L_{start} \sin \alpha / R = 0.084\ 53$,$\alpha = 30°$,弹性模量 $E = 2.1 \times 10^{11}$ Pa,泊松比 $v = 0.3$,密度 $\rho = 7\ 800$ kg/m^3,结构阻尼系数为 0.02。首先采用精细传递矩阵法对该计算模型进行振动特性分析,并与文献实验值进行对比,验证计算结果的可行性。计算模型设置锥 – 柱组合结构两端边界条件为自由边界条件。表 6 – 1 为计算模型固有频率数值计算结果与试验值的对比。由对比结果分析可知,数值计算结果与实验值吻合较好,最大误差保持在 2% 以内。

表 6 – 1 计算模型固有频率

模态阶数(n ,m)	计算值	实验值	相对误差/%
(1,1)	0.720 1	0.717 72	0.32
(2,1)	0.010 2	0.009 911	1.15
(2,2)	0.031 0	0.030 769	0.93
(3,1)	0.025 6	0.025 468	0.9

表 6 - 1(续)

模态阶数(n, m)	计算值	实验值	相对误差/%
(3,2)	0.081 5	0.083 204	1.98
(4,1)	0.046 4	0.046 096	0.75
(4,2)	0.144 1	0.146 817	1.84
(4,3)	0.358 1	0.353 329	1.35
(4,4)	0.464 6	0.463 729	0.2
(5,1)	0.072 7	0.072 371	0.48
(5,2)	0.199 8	0.201 441	0.81
(5,3)	0.352 8	0.353 098	0.07
(5,4)	0.388 5	0.393 663	1.3

6.5.2　改进波叠加法的有效性验证

为了验证虚拟边界积分方法的有效性,采用虚拟边界积分法计算脉动球声源,并将计算结果与解析解的值进行对比,验证方法的有效性和正确性。

以脉动球为例,取脉动球的半径为 $r_0 = 1$ m,法向表面振速为 1 m/s,做呼吸态脉动。外界介质阻抗为 ρc,计算时分别取波数为 $0 \sim 10$,步长为 0.5。其中收缩系数 α 取 0.65,复数因子 γ 取 0.1。周向、母线方向展开 Fourier 级数分别取 2、8。则空间中任一点 r 处的声压为

$$p(r) = \rho c v_0 \frac{r_0}{r} \frac{ikr_0}{1 + ikr_0} e^{-ik(r - r_0)} \tag{6 - 268}$$

以摆动球为例,取摆动球的半径为 $r_0 = 1$ m,摆动球振动速度的幅值为 $v_0 = 1$ m/s,方向为 z 轴,即 $\varphi_p = 0$。摆动球表面法向振速为 $v_0 \cos \varphi_p$。同样按照求解脉动球的思路对摆动球进行求解,并与解析解结果进行对比。坐标系原点建立在球心处,则空间中任一点 r 处的声压为

$$p(r) = \rho c v_0 \left(\frac{r_0}{r} \right)^2 \frac{ikr_0(1 + ikr) \cos \varphi_p}{2(1 + ikr_0) - (kr_0)^2} e^{-ik(r - r_0)} \tag{6 - 269}$$

通过对脉动球、摆动球等情况的声压结果进行对比,可知采用传统边界积分法进行求解计算时存在特征频率处解的不唯一性问题,特征频率可以根据求解 $j_n(ka) = 0$ 获取,则特征频率对应的特征波数 $k_0 r_0' = \alpha \times k_0 r_0$。以 $n = 0$ 为例,

233

$0.65 \times k_0 r_0 = \pi, 2\pi$ 时采用传统边界积分法计算误差会增加。而本书方法由于对 d 进行复数化处理,避免了该种情况。脉动球的声压分布如图 6 – 17 所示。摆动球的声压分布如图 6 – 18 所示。

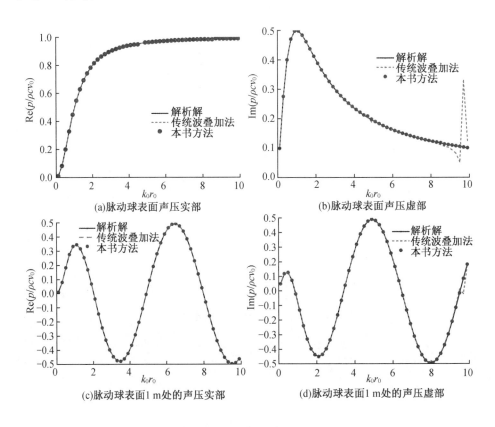

图 6 – 17　脉动球的声压分布

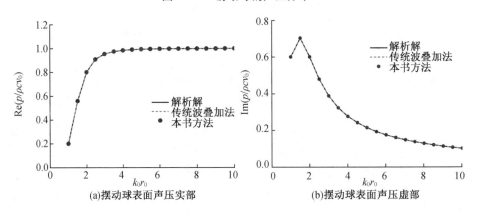

图 6 – 18　摆动球的声压分布

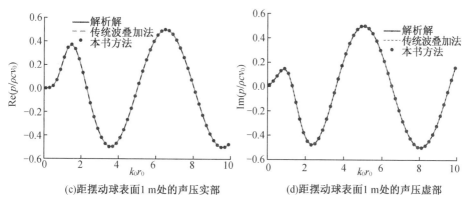

(c)距摆动球表面1 m处的声压实部　　　　　(d)距摆动球表面1 m处的声压虚部

图 6 – 18(续)

6.5.3　水下加筋圆锥壳 – 圆柱壳组合结构声辐射的影响因素

本书采用圆锥壳 – 圆柱壳组合结构来模拟潜艇艉部结构,由于潜艇艉部舱段一般还包含环肋、舱壁等加强结构,故本书计算模型在 6.5.1 节中模型基础上,延长柱壳的长度($L = 0.4$ m),并在柱壳段、锥壳段添加环肋和舱壁。环肋和舱壁的材料与壳体材料相同。其中环肋的结构参数为:$h \times b = 4$ mm × 8 mm。其中锥壳段布置 2 根环肋,所在的位置为 $s = 0.1$ m,0.2 m。柱壳段布置 2 根环肋,所在位置为 $x = 0.1$ m,0.2 m。舱壁参数为:舱壁厚度 $t = 2$ mm。激励点的位置为:$s = 0.380\ 2$ m,$\theta = 0°$作用在锥壳段内部。辐射声压监测点取距激励点位置正下方 50 m 处。

本文主要考虑舱壁布置、激振力方向、流体载荷、结构刚度及阻尼等对水下加筋锥 – 柱组合壳声辐射的影响。

1. 收敛性验证

由图 6 – 19 中可以看出,(a)(b)(c)(d)四个图的趋势比较相似。以辐射声压曲线为例,0 ~ 300 Hz 范围内五条曲线基本吻合在一起,因此可以认为低频时较少的模态就已经收敛。随着频率的升高,m、n 小的曲线逐渐分离出来,所需要的模态越来越多,才能保证计算的精度和收敛性,但计算的工作量也会随之增加。因此,在实际计算时合理地选取 m,n 是很有必要的。从图 6 – 19 中可以看出,周向波数 $n = 0 ~ 7$,轴向波数 $m = 1 ~ 45$ 就可以保证数值计算的计算精度。为了保险起见,本书对 m、n 的取值分别为 $m = 1 ~ 50$,$n = 0 ~ 7$。

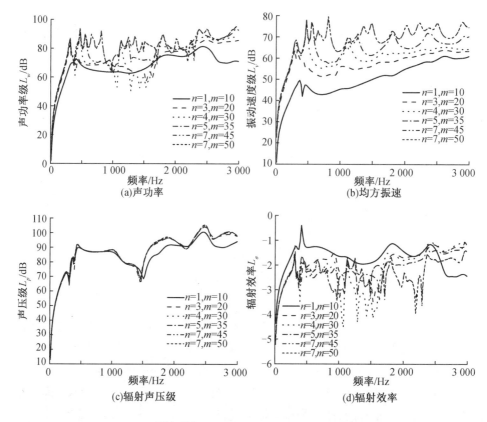

图 6 – 19　模态截断对加筋锥 – 柱组合壳声振特性的影响

2. 舱壁布置

图 6 – 20 为舱壁布置对锥 – 柱壳组合结构的振动声辐射情况的影响。对图中分析可知,相对未布置舱壁,布置舱壁对锥 – 柱组合壳结构的声辐射影响主要集中在 900 Hz 以下,对整个频带的影响不明显。在 900 Hz 以下频段,舱壁在一定程度上能够降低组合壳结构的振动和声辐射。同时从图 6 – 20 (a) 中可以看出,锥 – 柱组合壳的声功率曲线均在 1 000 Hz 以下峰值比较密集,这是因为锥壳段和柱壳段的低阶周向模态作用的结果。从图 6 – 20 (b) 中的均方振速曲线可以看出,整体来说,布置舱壁后结构的刚度有所增加,故有舱壁的壳体结构均方振速比未布置舱壁的情况要略小。而在 1 500 Hz 左右时,有舱壁的均方振速要大于无舱壁的情况,这是舱壁板振动与锥 – 柱壳体振动共同参与的结果。

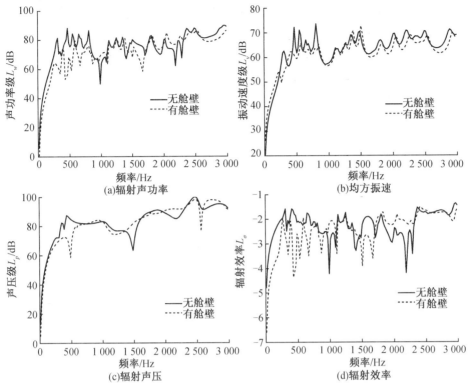

图 6-20　舱壁布置对加筋锥－柱组合壳声振特性的影响

3. 激振力方向

图 6-21 为不同激励力方向（径向、周向及轴向）对加筋锥－柱组合壳结构的振动和声辐射的影响。从图 6-21（a）和（b）中声功率及均方振速曲线可以看出，其变化规律与第 5 章锥壳的规律基本一致。受到径向激励力作用下的锥－柱组合壳结构的振动和声辐射最大。与锥壳不同的是：轴向力的辐射声功率要大于周向力的情况；对于均方振速，周向激励下的情况略大于轴向力的情况，甚至在 800 Hz 以下时两种激励方向下的均方振速基本相当。对于远场辐射声压周向激励的情况要远远小于其他两种情况。

4. 流体载荷

图 6-22 给出了不同流体介质情况下的加筋锥柱组合壳结构的振动和声辐射情况。从图 6-22（a）和 6-22（b）中的声功率和均方振速曲线可以看出，由于流体介质在辐射阻抗中起的抗性成分的作用，即考虑组合壳结构的附加共振质量的存在，结构的振动的共振频率将发生改变。水中时壳体结构的辐射声功

率要明显大于在空气中的情况。在流体介质由空气变为水时,共振频率降低,峰值将向左偏移。同时从均方振速曲线可以看出,在低频段,由于流固耦合的影响,结构更多的周向模态被激发出来,导致水中壳体的均方振速要大于空气中壳体的均方振速。随着频率的增加,水介质阻抗的抗性成分作用体现出来,相当于结构体的附加质量,进而导致其振动与空气为介质时相比较小。

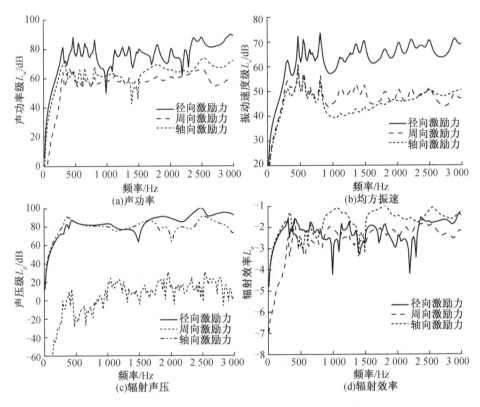

图 6-21　激励力方向对加筋锥-柱组合壳声振特性的影响

5. 壳板刚度及阻尼

图 6-23 给出了壳体刚度及结构阻尼对加筋锥-柱组合结构壳体的振动和声辐射的影响。通过对 6-23(a)和 6-23(b)对比可以发现,增加锥壳段的刚度至 2K(即锥壳段的弹性模量 $E = 4.2 \times 10^{11}$ Pa)仅仅对壳体结构的均方振速有明显的抑制作用,并不会对该组合壳体的辐射声功率有太大的改善。增加刚度后可以明显看出,共振峰值有明显的偏移,但是峰值的大小并没有明显的改变。改变结构的阻尼(由 $\eta = 0.02 \sim 0.2$)可以发现,壳体结构的振动均方速度有明显

的降低,并且频响曲线波动缓慢。结构阻尼增加后,壳体的辐射噪声有一定的衰减,主要体现在峰值处,这说明增加结构阻尼对衰减辐射声峰值有明显的效果。

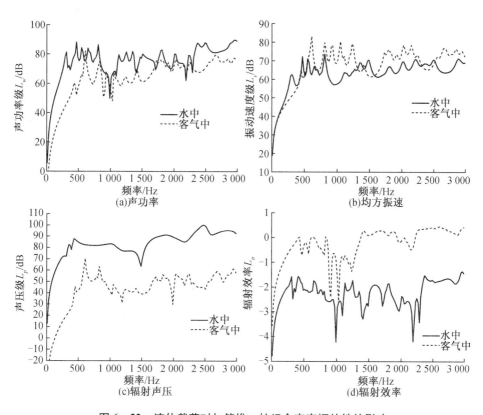

图 6 - 22　流体载荷对加筋锥 - 柱组合壳声振特性的影响

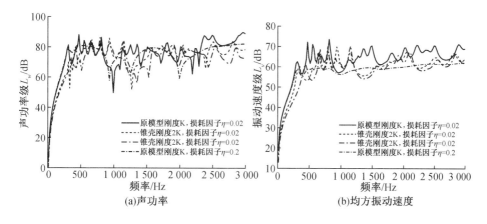

图 6 - 23　壳体刚度及阻尼对加筋锥 - 柱组合壳声振特性的影响

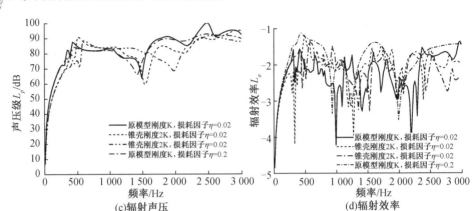

图 6 – 23(续)

6.6 本章小结

　　本章在第 5 章精细传递矩阵法的基础上,结合虚拟边界积分法,给出了一种能够求解复杂结构特别是组合壳结构的振动和声辐射的方法。该方法针对旋转壳的特征,利用精细传递矩阵法求解结构的振动响应,通过虚拟边界积分方法求解结构的声辐射。本章以流场中加筋锥 – 柱组合壳为研究对象,对壳体的振动和声辐射规律进行了研究,得到的主要结论有:

　　(1)布置舱壁对锥 – 柱组合壳结构的振动和声辐射影响主要集中在 900 Hz 以下。锥壳段和柱壳段的低阶周向模态的共同作用导致在低频段声功率曲线的峰值比较密集。同时布置舱壁后的壳体均方速度要略小于未布置情况。

　　(2)从不同方向激励力来看,受到径向激励力作用下的锥 – 柱组合壳结构的振动和声辐射最大,受轴向力时的辐射声功率要大于周向力;周向激励下的均方振速略大于轴向力,在低频段,两种激励方向下的均方振速基本相当。对于远场辐射声压,周向激励的情况要远远小于其他两种情况。

　　(3)水中时壳体结构的辐射声功率要明显大于在空气中时,而振速规律与声功率相反。同时水中的辐射效率要远小于在空气中的情况。

　　(4)增加锥壳段的刚度仅对壳体结构的均方振速有明显的抑制作用,对壳体的辐射声功率影响不明显。增加刚度后共振峰值向右偏移。增加结构的阻尼对降低壳体结构的振动均方速度有明显的效果,并使频响曲线趋于平缓。增加结构阻尼对衰减辐射声峰值有明显的效果。

参考文献

[1] 向宇, 黄玉盈. 基于复数矢径的波叠加法解声辐射问题[J]. 固体力学学报, 2004, 25(1): 35-41.

[2] XIANG Y, LU J, HUANG Y Y. A fast wave superposition spectral method with complex radius vector combined with two-dimensional fast Fourier transform algorithm for acoustic radiation of axisymmetric bodies [J]. Journal of Sound and Vibration, 2012, 331(1): 1441-1454.

[3] 陆静, 向宇, 倪樵, 等. 分析部分环状覆盖 PCLD 圆锥壳自由振动与阻尼特性的半解析法[J]. 振动工程学报, 2010, 23(2): 213-219.

[4] 曾革委, 黄玉盈, 谢官模. 外壳板采用纵骨加强的双层加肋圆柱壳水下声辐射分析[J]. 中国造船, 2003, 44(2): 45-52.

[5] KOOPMANN G H, SONG L, FAHNLINE J B. A method for computing acoustic fields based on the principle of wave superposition [J]. Journal of the Acoustical Society of America, 1989, 86(6): 2433-2438.

[6] 肖静. 敷设自由阻尼层的水下非圆柱壳的振动声辐射特性研究[D]. 长安大学, 2011.

[7] 向宇, 黄玉盈, 马小强. 求解二维结构 – 声耦合问题的一种直接方法[J]. 振动与冲击, 2003, 22(4): 41-44.

[8] LEISSA A W. Vibration of Shells, NASA SP-288 [R]. Washington: U. S. Government Printing Office, 1973.

[9] 计方. 船体结构声波动特性及阻波技术应用研究[D]. 哈尔滨: 哈尔滨工程大学, 2011.

[10] CARESTA M, KESSISSOGLOU N J. Free vibrational characteristics of isotropic coupled cylindrical-conical shells [J]. Journal of Sound and Vibration, 2010, 329(6): 733-751.

第7章
水下航行器结构的振动噪声控制技术

在当代舰艇的设计中,主要集中于提高舰艇"两力六性"方面。其中,隐身性是舰艇避免被敌方各种探测器材发现的一种特性。潜艇自噪声及其水下目标特性是影响潜艇水下隐蔽性最主要的因素。因此,提高其隐身性能,一是降低自身的噪声水平,二是减少潜艇对雷达波和声呐探测的反射率以及降低潜艇的红外和磁性特征。隐身性的优劣将直接影响到舰艇的生存能力和作战能力,它具有隐蔽自己和先敌发现的双重战术意义。

潜艇噪声源分为机械噪声、螺旋桨噪声和水动力噪声三大噪声源,在潜艇不同航速下三大噪声源对其总辐射噪声级产生不同的影响。试验表明,潜艇在电力推进工况下,低速航行时的噪声主要来自机械噪声,约占总辐射噪声级的70%左右,主要来源于潜艇内部的主、辅机和轴系的运转,通过浮筏、基座传递并激励壳体,引起壳体振动并向周围水介质中辐射噪声。因此,控制和降低潜艇机械噪声是潜艇实现安静化的首要环节和基本保证。

发挥水下航行器的最大作战效能,其隐身能力显得尤为重要。为了最大限度地实现潜艇隐身能力,应尽量减少其传播到水中的噪声。水下航行器的大部分噪声来自振动源,为了保证潜艇的隐身能力,其振动的幅度必须控制。噪声和振动控制的另一个目的是降低艇体内的辐射噪声,提供一个舒适的工作环境从而减少人员的疲劳、机械零件的损耗,改善水下航行器可靠性和降低维修费用。此外,它还要尽可能地避免被主动声呐所探测到。主动声呐的主要原理是声呐发出声探测信号到舰艇上,并能接受反射的信号从而确定目标舰艇的位置。水下航行器的振动噪声控制技术目前是世界各国的研究热点,在国防领域有广阔的应用前景。

目前主要从两方面降低潜艇的辐射噪声:一是降低噪声源的振动,如通过总体设计、线型优化、精心设计潜艇附体、研制低噪声螺旋桨等手段降低水动力噪声,通过改善各动力机械设备性能、采取各种减振措施降低机械噪声;二是阻隔振动噪声的传递,如通过改变舱间连接结构形式阻隔声振动在艇体结构中的传递,通过在动力机械设备与艇体之间设置浮筏、布设刚性阻振质量或敷设声学覆盖层等手段阻抑设备振动向艇外传递。其中,阻隔舰艇结构中振动噪声传递最有效的方法是在主传递途径上对其进行吸收或使其反射,其中最常用的是在结构表面敷设阻尼材料,该方法虽然起到了一定的减振降噪作用,但同时也带来了诸如材料易老化、易发生火灾、不易更换、经济性差等一系列问题。因此,必须深入研究振动噪声在舰艇结构中的传递规律及衰减措施,充分利用舰艇结构本身的不连续性来阻隔声振动在艇体结构中的传递,达到减振降噪的目的。

7.1 基于阻振质量的水下航行器振动控制技术

7.1.1 振动控制的阻振质量问题

水下航行器整体结构由大量的纵横骨架、板架和舱室组成,振动波沿艇体结构传递的途中会遇到具有隔离作用的自然障碍,如板或杆的铰支承、结构的接头(线形连接、角形连接、T形连接和十字形连接等)和加强筋等,这些障碍对振动波的传递起到隔离作用。定常结构发生突变(质量、刚度等),会引起结构的阻抗失配,对声波起到很好的反射作用。因此,艇体板结构声传递途径上人为敷设阻振质量的振动噪声控制方法吸引了国内外学者的广泛关注。

阻振质量与传统减振器的减振机理有很大不同,它属于刚性减振器,也有学者将阻振质量称为阻断块、阻波质量和集中质量块等。刚性阻振质量是沿着声振动传播途径配置在板结合处的一个矩形、正方形或圆形截面的大而重的条体。当激励引起的板平面弯曲波以某一角度入射刚性阻振质量,阻振质量相对板而言具有大的阻抗,从而反射一部分抵达阻振质量的弯曲波。通过改变结构连续性,使振动波在传导、反射和辐射过程中发生能量阻隔、衰减和波形转换,从而达到控制振动辐射的目的。

单个阻振质量衰减虽小,但用集成统计思维会发现在复杂系统中的衰减是一个很大的量。一些场合无法应用隔振器这类"软措施",需要在结构性"硬措施"中融入声学设计。在某型军舰上动力机械设备的隔振中,除采用常规隔振措施外还在隔振基座和船体板之间设置了刚性阻振质量来阻抑结构声振动的传递。通过对实船上刚性阻振质量的减振降噪效果的测试表明:刚性阻振质量不仅能有效地阻抑结构声振动的传递,而且能保证设备或结构不会发生大的变形。

现有文献虽然对阻振质量的隔振特性开展了大量研究,但是阻振质量的隔振机理仍然阐述不足,难以实现振动波衰减和隔振性能的人工主动调节和优化。

7.1.2　阻振质量结构子系统互易原理

1. 确定子系统

对于确定子系统来说,子系统的位移响应可以用有限元法来表示,频率为 ω 的结构子系统的稳态谐振响应 u 可以用式 $\mathrm{Re}[u\exp(iwt)]$ 来表示。子系统的边界位移可以用下式表示:

$$u(x \in \Gamma) = \sum_i \Phi_i(x)q_i(t) \tag{7-1}$$

式中　i——边界上的位移响应;

　　　Φ_i——定义在子系统的第 i 阶固有模态;

　　　$q_i(t)$——子系统的第 i 阶模态坐标。

对于确定性子系统来说,非耦合运动方程可以写成

$$D_d q = f_d \tag{7-2}$$

$$D_d = -\omega^2 M + i\omega C + K \tag{7-3}$$

式中　f_d——外界激振力;

　　　D_d——确定性子系统的动刚度矩阵;

　　　M、C、K——结构的质量矩阵、阻尼矩阵、刚度矩阵。

2. 统计子系统

对于统计子系统来说,可以通过边界积分方程求得其响应。根据其自由场格林函数,广义力和广义位移可以列出如下方程:

$$Hq = Gf \tag{7-4}$$

式中　q——代表边界广义位移的矢量;

　　　f——作用在边界上的广义力(包括作用在边界上的外力和相邻子系统的耦合力);

　　　H 和 G——可以通过边界元法求得。

对式(7-4)两端乘与矩阵 G 的逆,可以简化写成

$$D_{\mathrm{dir}}q = f_d + f_{\mathrm{new}} \tag{7-5}$$

式中　D_{dir}——直接场动刚度矩阵,其物理意义为边界谐振产生的弹性波通过子系统传到边界上时,动刚度矩阵 D_d 中没有反射时的部分;

　　　f_{new}——实际边界力 f_d 与边界力的 $D_{\mathrm{dir}}q$ 差值。

由扩散声场的散射理论可知

$$\langle f_d \rangle = 0 \qquad\qquad (7-6)$$

$$\langle f_{\text{new}} f_{\text{new}}^{\text{T}} \rangle = \frac{4E}{\omega \pi n} \text{Im}\{ D_{\text{dir}} \} \qquad\qquad (7-7)$$

式中　$\langle \cdot \rangle$——一个整体平均;

　　　E——子系统振动能量;

　　　n——模态密度;

　　　$4E/\omega\pi n$——结构的 f_{new} 的互谱函数与结构的直接场刚度矩阵 D_{dir} 的比例
系数。

本节就是借助于扩散声场多自由度互易原理,将低频计算方法(有限元法,FEM)与高频计算方法(统计能量法,SEA)结合起来,建立用于中频计算的混合模型,进而计算分析混合模型的声振特性。

3. 混合有限元/统计能量分析计算方法耦合方程

复杂结构中的确定子系统采用有限元法等确定性方法计算其自由度 q,统计子系统的响应则采取直接场和混响声场叠加的形式,扩散场强度用子系统的振动能量表示。确定性子系统和统计性子系统通过式(7-6)和式(7-7)耦合在一起。这样就可以得到确定性子系统的位移响应的互谱函数

$$D_{\text{rar}} q = f + \sum_i f_{\text{new}}^{(i)} \qquad\qquad (7-8)$$

$$D_{\text{rar}} = D_d + \sum_i D_{\text{dir}}^{(i)} \qquad\qquad (7-9)$$

由此可得

$$S = D_{\text{rar}}^{-1} S_{ff} D_{\text{rar}}^{-IT} \qquad\qquad (7-10)$$

式中　D_d——有限元模型的动刚度矩阵;

　　　S_{ff}——作用在确定性子系统上的力的互谱函数;

　　　$D_{\text{dir}}^{(i)}$——对 k 子系统的直接场的动刚度矩阵。

混合有限元/统计能量分析耦合系统的功率平衡方程可以表示

$$\omega(\eta_j + \eta_{dj}) E_j + \sum_i \omega \eta_{ji} \eta_j \left(\frac{E_j}{\eta_j} - \frac{E_i}{\eta_i} \right) = P_j + P_{in,j}^{wi} \qquad (7-11)$$

式中　η_j——子系统 j 的损耗因子;

　　　P_j——直接施加在子系统 j 的输入功率;

　　　$P_{in,j}^{wi}$——施加在确定子系统上的力载荷通过连接(包括点、线、面连接)传
　　　　　　递给子系统 j 的功率;

　　　η_{ji}——结构的耦合损耗因子;

η_{dj}——子系统 j 与相邻确定子系统的耦合损耗因子；

E_i 和 η_i——k 子系统的振动能量和模态密度。

式(7-9)的左侧所有项(除了子系统振动能量 E_i)均可以根据 k 子系统的物理属性计算得到，E_i 可以根据子系统之间的能量平衡方程(7-11)计算得到。

模型结构外部为流场，数值计算测点取在壳体中部正下方，据非耐压壳 20 m 处。可以认为该点为流体的远场声压值，即根据瑞利积分可以得到

$$p(x) = \frac{-\omega^2 \rho}{2\pi} \sum_a \int \frac{\Phi_n(x')\exp(-ikr)}{r}dx' \qquad (7-12)$$

式中　$r = |x - x'|$；

　　　x'——壳体振源的坐标；

　　　x——考察点的坐标。

7.1.3　阻振质量隔振特性数值计算研究

1. 含阻振质量基座圆柱壳模型

本节计算模型为双层圆柱壳舱段结构，内壳为水密结构，其几何尺寸：长度约为 5 m，外壳直径约为 2.4 m 厚度 $t_1 = 0.006$ m；内壳直径为 2 m，厚度 $t_2 = 0.035$ m，实肋板、托板厚 $t_3 = 0.008$ m，肋距 $l = 0.650$ m。壳内对称布置了两列基座，基座面板 $a = 0.04$ m，厚度 $t_3 = 0.002$ m；腹板 $b = 0.15$ m，厚度 $t_4 = 0.001\ 2$ m；肘板 $c = 0.008$ m，厚度 $t_5 = 0.001\ 2$ m；阻振质量布设在基座腹板上，距离内壳 $e = 0.02$ m，截面尺寸为 72 mm × 72 mm，含刚性阻振质量基座模型如图 7-1 所示。

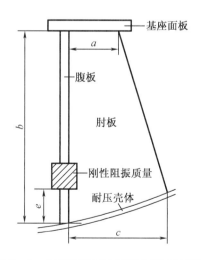

图 7-1　含刚性阻振质量基座模型示意图

采用混合计算方法计算依据传递途径、模态相似原则进行划分子系统。如果某子系统的结构尺寸远大于结构中的波长,即该子系统模态密度 $n(f)$ 远大于1,只需考虑整个子系统的响应级,则该子系统划分为统计能量子系统,例如本节中的双层内外壳及舱间结构。相反如果该子系统结构尺寸与结构中的波长相当,需要考虑结构形式的细节,则该子系统可划分为确定性子系统,例如本节中的基座部分。

2. 混合计算方法有效性验证

为了验证该混合计算方法的有效性,利用混合计算方法和统计能量分析法计算未布置阻振质量基座时的圆柱壳的声振响应,单位激励力作用于右舷基座时辐射声压对比结果如图 7 − 2 所示。通过对比混合计算方法和统计能量分析法的计算结果可知,在中频段(1 000 ~ 3 000 Hz),混合计算方法与统计能量分析法的计算结果误差在 3 dB 以内,通过与统计能量分析法比较验证了混合计算方法的可行性和有效性。

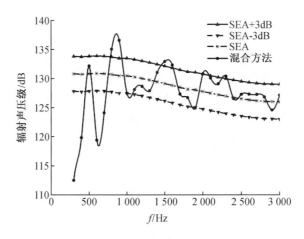

图 7 − 2　混合计算方法和统计能量分析法的辐射声压对比曲线

7.1.4　阻振质量隔振性能试验研究

1. 试验模型及结果

试验模型采用为双层壳舱段缩尺模型,模型结构双层圆柱壳尺寸及含阻振质量基座尺寸见 7.1.3 节中所述,但与 7.1.3 节计算模型不同的是试验模型为了考虑在水中的压载,故在左右舷基座下方均放置一个压载水舱。试验过程中只

是模型基座的结构形式发生了变化,模型及内部结构如图7-3所示。试验工况分为两种:

(1)激振器在左舷基座面板中心处施加激振力;

(2)激振器施加在右舷含阻振质量基座面板中心处。左右舷各布置4个测点,并对称布置。图7-3(a)中:1号测点为基座支撑结构顶板,2号测点为基座支撑结构纵壁板,3号测点为支撑结构与内壳角点,4号测点为内壳实肋板。

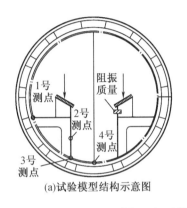 

(a)试验模型结构示意图   (b)试验模型内部结构

图7-3 试验模型结构图

本节将混合计算方法应用于该含阻振质量基座的双层壳模型,单位激励力作用于右舷含阻振质量基座时,内壳3号测点处振动加速度值对比结果如图7-4所示。通过对比数值结果与试验结果可以发现,混合计算方法在中低频段会漏掉一些振动峰值,但整体数值计算结果与试验值吻合较好。

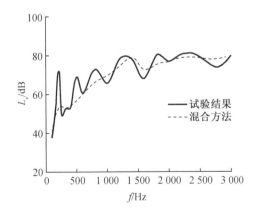

图7-4 混合计算方法和试验测试振动加速度对比曲线

2. 阻振质量基座隔振效果分析

模型试验在空气中进行,激励力为 0 ~ 2 000 Hz 白噪声,图 7 - 5 为典型测点处振动加速度值随频率变化的曲线。从图 7 - 5 中可以看出,当基座形式由原基座改为含阻振质量基座后,模型结构不同测点处的振动响应在全频段内有明显降低,曲线变化趋势和缓,且峰值降低显著,这与上一小节的数值计算结果规律相符;在低频段时,不同基座形式在对称位置测点处的振动加速度级测试结果基本吻合在一起,含阻振质量基座的减振效果并不明显;频率在 500 Hz 以上时,阻振质量的隔振特性开始体现,特别是在 1 250 Hz 处作用,阻振质量有效地削弱了振动响应的峰值,隔振效果达到 10 dB 以上;频率在 1 000 Hz 以上时,含阻振质量基座的隔振作用效果明显,测点处振动加速度级曲线明显降低。这说明阻振质量基座显著地阻抑了振动波在结构中的传递,具有明显的隔振效果。

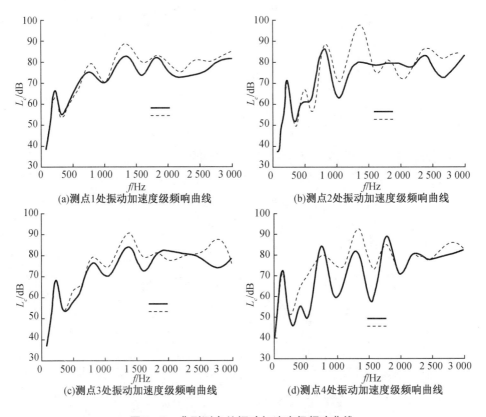

(a)测点1处振动加速度级频响曲线

(b)测点2处振动加速度级频响曲线

(c)测点3处振动加速度级频响曲线

(d)测点4处振动加速度级频响曲线

图 7 - 5　典型测点处振动加速度级频响曲线

7.2　基于声学覆盖层的水下航行器辐射噪声控制技术

7.2.1　噪声控制的声学覆盖层问题

潜艇吸声覆盖层的主要作用是减小潜艇对敌主动声呐信号的反射、降低目标强度。为了产生较小的反射,水声吸声材料或结构均需具备两个条件:(1)吸声覆盖层表面单位面积的声阻抗要与水介质的波阻抗匹配,使声波容易进入到材料内;(2)从能量角度来考虑,如果吸声材料对声能没有损耗的话,那么进到材料里的声在层的末端发生反射后,还是要往回传播并重新透射回水中,因此吸声材料内必须具有一定的阻尼,以消耗进入其中的声能。

随着声学覆盖层技术的不断发展和该项技术在实践中的广泛应用,人们对其功效产生了越来越大的兴趣,改变了最初认为它仅能吸收对方声呐波的片面观念。目前,经初步证实,声学覆盖层的功用包括:(1)能够吸收对方主动雷达发出的声呐波,即利用声学覆盖层材料的阻尼作用和瓦内空腔或填充物的作用,使对方发射出的声波波形发生变化,将声能转换为热能消耗掉,从而使折射回去的声波能量大为降低,达到急剧减少主动声呐探测的目的;(2)能够隔离潜艇内部噪声向艇外辐射。噪声是潜艇水下行动的一个大忌,尤其核潜艇的吨位大、块头大、噪声大,更容易被对方在极远的距离探测发现。声学覆盖层能部分缓解这方面的矛盾。潜艇包上一层层的声学覆盖层,使艇内的噪声向外辐射受到很大的抑制;(3)抑制艇体的振动。潜艇在活动和作战使用时,其动力装置和机械设备产生的振动是不可避免的,也是始终存在的。因此,如何最大限度地减少振动,便成为了潜艇设计师追求的目标和攻克的难关。目前很多潜艇都将艇上的动力装置及其机械设备安装在筏形基座上,而且该基座与潜艇体保持柔性连接。采取这些措施后,仍有相当大的振动波要传到潜艇的内壁,而紧贴艇体的声学覆盖层自然起到了吸收振动的作用,使振动得到最大限度的减弱和缓解。

就声学结构体而言,其材料和结构对其吸声性能起主要作用。水下吸声材料各有特点,但是一般都采用橡胶类和聚胺醋类等高阻尼材料,有时还用到硅类材料,在结构形式上主要采用空腔过渡型、多层渐变型、多种材料复合型等。对于良好水声吸声材料有两项最基本的技术要求:材料的声阻抗与传播介质的声阻抗要匹配,使声波在介质中无反射地进入吸声结构;材料本身内耗要大,使声波在吸声结构中很快衰减。橡胶类的高分子材料无疑是一种很好的水声吸声材料,这是因为橡胶的声阻抗和水的特性阻抗非常接近,声波很容易从水中进入到橡胶中。橡胶的弹性模量只是金属的几十万分之一,它的某些力学性质与稠密的黏滞性液体类似,橡胶的黏滞系数甚至要比稠密的黏滞性液体大许多,因此也存在着声波的黏滞吸收。此外,橡胶材料的吸声还可通过分子的驰豫吸收来完成。橡胶类的高分子材料由于本身的特性,能够将声波的能量转化为热能,从而达到衰减声波的目的。为达到良好的降噪效果,通常采用材料改进和声学结构相结合的方式,即利用材料本身的声学特性,再配合合理的声学结构设计,通过声学结构造成声波在结构中的波形转换、散射和反射达到衰减声波的目的。

经过半个多世纪的发展,水声吸声材料的研究取得了丰硕的成果,以橡胶类和聚氨酯类材料为基体的吸声材料研究日益成熟,内耗大、阻尼性能好的高分子材料发展为吸声覆盖层提供了更加广阔的选材空间,如丁基橡胶、聚氨酯橡胶、互穿聚合物网络等。当声波通过高分子覆盖层时,会将能量传递给大分子链段,引起大分子链段的相互运动,分子链间产生内摩擦,将入射声能转化为热能。随着潜艇巡航深度的增大和声呐探测技术的不断发展,对潜艇的影身技术提出了新的挑战,水下吸声覆盖层正朝着耐压,低频和宽频段吸收的方向发展。

在对水声吸声结构的研究中,主要从两个方面入手:一方面是吸声结构的材料属性和结构形式已知情况下,研究声波在吸声结构中的传播、衰减、吸收问题,研究其性能与各因素间的关系,在此基础之上来确定吸声结构的声学效果;另一方面是结构在水下的振动和声辐射特征,可以归结为水下结构振动与声辐射的计算问题。

7.2.2　声学覆盖层基本理论

1.声学覆盖层抑振降噪机理

声学覆盖层是由多孔黏弹材料构成的一种特殊声学材料,其一般由吸声层、隔声去耦层、阻尼层组成(图7-6)。阻尼层与艇体结构直接相连,耗散结构的振动能量,使艇体结构的振动有所降低。隔声层内部设有空腔结构,当艇体振动噪声进入隔声去耦层时,一方面隔声层阻抗与艇体结构阻抗存在较大差异,将导致艇体振动噪声的传入量相对较小;另一方面,当艇体振动噪声频率与空腔谐振频率相近时,将引起空腔的谐振,从而使艇体的辐射声能进一步下降。吸声层由吸声材料构成,主要用于吸收透出隔声层的艇体振动噪声。通常情况下,结构噪声通过声学覆盖层后会有一定的衰减,且随着声波频率的升高,声学覆盖层的抑振降噪效果也逐渐加强。

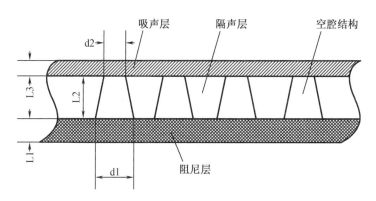

图 7 – 6　声学覆盖层结构示意图

2.声学覆盖层的结构有限元方程

结构振动的有限元公式形式为

$$M^s\ddot{\delta} + K^s\delta = F^m + F^p \tag{7-13}$$

式中　δ——声学覆盖层结构节点位移;

　　　M^s、K^s——结构刚度、质量矩阵;

　　　F^m——结构节点所受的机械激励;

　　　F^p——流体对结构作用的等效节点载荷。

3.流体介质内部声场有限元方程为

基于流体介质中的声波波动方程

$$\frac{1}{c^2}\frac{\partial^2 p}{\partial t^2} - \nabla^2 p = 0 \tag{7-14}$$

用有限元法将声场离散化后,得到内部声场的有限元方程为

$$M^p p'' + K^p p + \rho_0 R\delta'' = \Phi \tag{7-15}$$

4.声振耦合有限元方程

由流体介质中声波动方程及结构有限元方程联立可得结构与声场耦合的有限元方程为

$$\begin{bmatrix} K^s - \omega^2 M^s & -R^{\mathrm{T}} \\ -\rho_0\omega^2 R & K^p - \omega^2 M^p \end{bmatrix}\begin{Bmatrix} \delta \\ P \end{Bmatrix} = \begin{Bmatrix} F^m \\ \Phi \end{Bmatrix} \tag{7-16}$$

式中　P——流体节点声压;

K^p、M^p——流体刚度、质量矩阵；

R——结构与声场耦合矩阵，反映了流固界面上结构与声场的相互作用；

Φ——人为划分的流体外边界面上，声压梯度的等效结点载荷。

声学覆盖层的背衬条件对于其声特性有着重要的影响，因此，分析声学覆盖层的性能，必须考虑覆盖层与其背衬条件共同组成的系统。本节考虑具有周期性结构的声学覆盖层敷设在外壳表面上时，由于壳体的曲率远大于声波的波长，故研究时将声学覆盖层及其背衬等效为无限大平面结构来近似圆柱壳体。由于只能对有限大的区域划分有限单元，所以首先将半无限水空间划分出一个有限厚度层。假设声学材料内的声吸收足够大，忽略从边缘的反射波，就可把结构看成无限大，根据周期介质理论，取结构的一个周期，对两侧的有限厚水层也取相应的一个周期，这样就得到有限大的结构和声场区域，进行有限单元划分，得到结构与声场耦合的有限元方程即式(7-16)。

5. 有限元方程计算

如图7-7所示，流体声场的外边界由 S^+ 和 S^- 两部分平面组成，先分别求得 S^+、S^- 面上的声压梯度节点载荷矩阵 Φ^-、Φ^+，然后按照节点号对应关系集成得 Φ 矩阵。人为定义的平面 S^- 将半无限水域分为与结构相邻的一小薄层水域和半无限水域。由于仅对 Z 方向有限的流体区域划分了有限单元，而实际上流体域在方向 Z 是无限的，建模时没有包含进去的这部分无限流体的影响就通过 Φ 这一项反映出来。Φ 矩阵的具体内容就是在有限与无限流体的界面上作用的声压梯度，由于有限元方程是离散化的方程，单元内的值都用节点值表示，将声压梯度也等效地作用到各节点上。

图 7-7   计算单元区域

入射端和透射端声压梯度的等效节点载荷分别记为 Φ^-、Φ^+。在入射端，

Φ^- 可以分解为入射波场和反射波场两部分的贡献,即

$$\boldsymbol{\Phi}^- = \boldsymbol{\Phi}_i + \boldsymbol{\Phi}_r = \sum_e \boldsymbol{\Phi}_i^e + \sum_e \boldsymbol{\Phi}_r \qquad (7-17)$$

设声压为单位幅值的简谐平面波,入射波矢量的极角(与 Z 轴夹角)为 θ,方位角(在 xoy 平面内与 x 轴夹角)为 φ。略去时间因子 $e^{j\omega t}$,入射波声压可以写成下面的形式:

$$p_i(x,y,z) = e^{-jk(x\sin\theta\cos\varphi + y\sin\theta\sin\varphi + z\cos\theta)} \qquad (7-18)$$

反射波可表示为 x、y 方向波数分量分别为 k_{nx}、k_{my} 的各阶平面波的迭加,因此反射波声压可以写成下面的级数和形式:

$$p_r(x,y,z) = \sum_{m,n=-\infty}^{+\infty} R_{nm}^p e^{jk_{mm}z} e^{-j(k_{nx}x + k_{my}y)} \qquad (7-19)$$

对 S^- 面上入射波产生的单元结点载荷向量为

$$\boldsymbol{\Phi}_i^e = jk\cos\theta e^{-jkz\_\cos\theta} \times \int_{S_-^e} N_p e^{-jk(x\sin\theta\cos\varphi + y\sin\theta\sin\varphi)} \mathrm{d}S \qquad (7-20)$$

式中　N_p——声压形函数对于 S^- 上的点,取面有限元插值函数。

由于被积函数构造复杂,采用高斯积分法计算积分矩阵。对于二维 4 节点线性元,通常最好的高斯积分阶数为 2 阶。二维的高斯积分转化公式为

$$\int_{-1}^{1}\int_{-1}^{1} f(x,y)\mathrm{d}x\mathrm{d}y = \sum_{i=1}^{n}\sum_{j=1}^{n} H_i H_j f(x_i,y_j) \qquad (7-21)$$

本节选取 $n=2$,求积系数 $H_i = H_j = 1$,样点值取:$x_i = \dfrac{\sqrt{3}}{3}$,$y_j = -\dfrac{\sqrt{3}}{3}$。

6. 周期边界条件

$$\zeta_{S_3} = \zeta_{S_1} e^{j\sigma_x} \qquad (7-22)$$

$$\zeta_{S_4} = \zeta_{S_2} e^{j(\sigma_{dx} + \sigma_y)} \qquad (7-23)$$

$$\zeta_{C_4} = \zeta_{C_1} e^{j(\sigma_x + \sigma_{dx} + \sigma_y)} \qquad (7-24)$$

$$\zeta_{C_3} = \zeta_{C_1} e^{j(\sigma_{dx} + \sigma_y)} \qquad (7-25)$$

$$\zeta_{C_2} = \zeta_{C_1} e^{j\sigma_x} \qquad (7-26)$$

由于结构的周期性,在单元的 S_1 与 S_3(或 S_2 与 S_4)面上,如果结点位置分布相同,则两个面上对应流体结点的声压 P 相同,仅差一个相位,两个面上对应的结构结点位移 δ 之间同样满足上述关系式。其中,ζ 代表流体结点的声压 P 或者结构结点位移 δ,相位差 $\sigma_x = -2d_1 k\sin\theta\cos\varphi$,$\sigma_y = -2d_2 k\sin\theta\sin\varphi$,$\sigma_{dx} = -\Delta dk\sin\theta\cos\varphi$。

7. 平面波的反射系数和透射系数

求解有限元方程,可得周期单元内部及边界 S_1、S_2、C_1 上流体结点的声压及

结构结点的位移。入射一侧的流体结点反射波声压可由总声压减去入射波声压得到。取流体外边界 S^- 上 $N = (2M_X + 1) \times (2M_Y + 1)$ 个结点,建立结点坐标与反射波声压关系的 N 个方程,求解方程即得到各阶平面波的反射系数 R_{nm}。

在 S^- 上反射波与入射波声压分别写成有限阶级数和的矩阵形式:

$$p_r(x_i, y_i) = \sum_{n=-M_x}^{M_x} \sum_{m=-M_Y}^{M_Y} R_{nm}^p e^{-j(k_{k_i}x_i + k_{m_i}y_i - k_{mz-})} = E_r^{(i)}{}'_{1 \times N} \boldsymbol{R}_{nmN \times 1}^p \quad (i = 1, 2, \cdots, N)$$

$$(7-27)$$

在各阶反射波或透射波中,Z 方向波数 k_{nm} 为虚数的各阶波在 Z 方向指数衰减的非均匀波,对远场反射或透射系数没有贡献,远场反射或透射系数仅由满足 $k^2 > k_{nx}^2 + k_{my}^2$ 条件的各阶传播波决定,从能量的角度,可以由各阶波反射系数 R_{nm} 或透射系数 T_{nm} 均方根求得远场反射系数,即

$$R = \frac{\sqrt{\sum_n \sum_m R_{nm}^2}}{N}$$

$$(7-28)$$

对于背衬为水的情况,存在透射波,同理可得声学覆盖层的透射系数为

$$T = \frac{\sqrt{\sum_n \sum_m T_{nm}^2}}{N}$$

$$(7-29)$$

相应的声学覆盖层的吸声系数为

$$\alpha = \sqrt{1 - R^2 - T^2}$$

$$(7-30)$$

7.2.3 声学覆盖层数值计算研究

为了验证有限元法的有效性,本节采用的声学覆盖层周期单元的数值计算模型取声学覆盖层厚 4 cm;圆柱腔高 2 cm、直径 2 cm、间距 3 cm;圆柱空腔两底面分别距离吸声材料表面 1 cm。建立除腔型个数不同,其他参数完全相同的两种计算模型,其中单一腔型结构形式如图 7-8(a)所示,组合腔型吸声覆盖层几何参数如图 7-8(b)所示。另外,其有限元模型如图 7-9 所示。如果两种结构计算结果相同,同时还能与解析解吻合,则说明组合腔型的有限元计算方法是有效的。

有限单元的尺度取决于介质中声速最低波型的波长确定,单元尺度等于该种声波波长的 1/4 时网格密度已经足够。对于含空腔的吸声覆盖层,当结构中不存在薄层时,切变波的波长决定有限单元尺寸;但当空腔靠近吸声材料表面,

使得吸声材料表面的无孔层变得很薄时,会激起薄层中弯曲波的传播,弯曲波波速与频率有关,这时就应取弯曲波和切变波的速度较小者的波长决定有限单元尺寸。数值计算时取用如图 7 - 9 所示的周期有限元模型,算例均采用六面体网格,网格最大尺寸为 2.5 mm。采用的吸声材料(橡胶)参数:弹性模量 $E = 1.4 \times 10^8$ Pa,泊松比 $\lambda = 0.49$,密度 $\rho = 1\,100$ kg/m³,损耗因子 $\eta_r = 0.23$。水的参数:声速 $c = 1\,500$ m/s,密度 $\rho = 1\,000$ kg/m³。

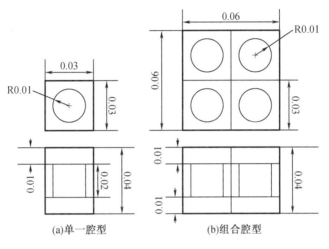

(a)单一腔型   (b)组合腔型

图 7 - 8   模型结构图

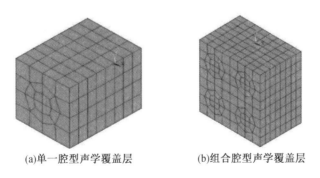

(a)单一腔型声学覆盖层   (b)组合腔型声学覆盖层

图 7 - 9   声学覆盖层的有限元模型

根据分层介质中的波动理论,可以得到求出单空腔覆盖层解析解的反射系数和透射系数,图 7 - 10 为水背衬时平面波垂直入射时单一腔型和组合腔型声学覆盖层计算结果和解析解的对比曲线,从图中可以看出,两种方法计算的结果从低频到高频均有较好的一致性,误差不超过 4%。本节所采取的计算方法具有

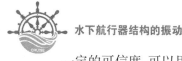
一定的可信度,可以用于计算组合式空腔声学覆盖层。

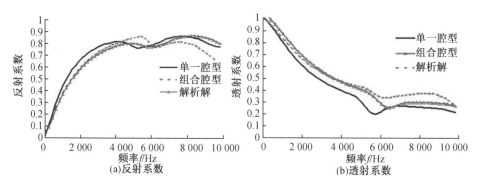

图 7-10　两种腔型覆盖层的计算结果的对比曲线

7.3　基于声学设计的水下航行器振动噪声控制技术

7.3.1　振动噪声控制的声学设计问题

注重声学设计已成为安静型水下航行器发展的一个重要标志,水下航行器声学设计依据规定的潜艇总噪声指标,确定了各系统和部件声学指标的定量联系,将噪声控制指标分配到每个系统和部件,明确了每个系统和部件的声学设计目标。

作为水下航行器主要噪声源的动力装置及其他机械设备在工作过程中产生的振动不可避免的会经由隔振器、基座、托板、实肋板、舱壁等传递至艇体,并最终以辐射噪声的形式向外界传递能量。对远场声压而言,水下航行器壳体是振动源;对壳体振动而言,动力设备、轴系等是振动源,隔振装置、基座、舷间连接结构、舱壁等是传递途径,壳体振动是直接结果。传统隔振措施是在艇体与设备之间安装昂贵的隔振装置,这样不仅增加了潜艇的建造费用,而且增大了设备的质量与尺度,同时实艇环境的复杂性使得实际减振降噪效果大打折扣。

定常结构的质量、刚度等发生突变时,会引起结构的阻抗失配,对入射弯曲波能起到很好的反射作用。结构中材料物理性质的突变、截面的突变,转角、加强肋条的存在等都会使弯曲波在传递过程中不连续,反射或抑制一部分弯曲波,从而起到隔离弯曲波或结构声波的作用,这是阻抗失配隔振技术的基本原理。

　　水下航行器的结构－声辐射优化就是在确定的设计约束条件下通过优化结构的设计参数,以实现减少流场介质中场点处声压的目的。因此,进行结构－声辐射优化对于改善水下航行器水下声学特性具有重要意义。在以声学设计为主导的安静型潜艇设计中,机械系统噪声定量预报和机械噪声控制措施及优化是潜艇机械噪声研究急需突破的两大问题。

　　本节从振动噪声在设备—基座—艇体—水中的传递途径入手,找到振动噪声在水下航行器典型基座、舱壁和舱间连接结构中的主导传递通道、主导传递分量等,并以此为切入点,基于阻抗失配原理对水下航行器典型基座、舱壁和舱间连接结构进行声学优化设计,在不过度增加水下航行器舱段总质量和尺度、不破坏舱段结构强度等的前提下使基座、舱壁和舱间连接结构具备优良的阻隔振动噪声向外壳传递的能力,这对改善水下航行器声隐身性能、减轻水下航行器质量、提高水下航行器作战能力无疑具有十分重要的意义。

7.3.2　声学设计结构动力学优化基本理论

　　结构动力学优化设计是结构有限元法、结构动力学、数学规划方法和数值计算方法等诸多学科相互交叉、有机结合的产物,目前,结构动力学优化设计已逐步从航空航天扩展到船舶、汽车、桥梁、机械、建筑等更广泛的工程应用领域,其实质是在满足应力、位移、频率等各种约束条件的前提下,寻找使得目标函数(如质量、造价等)最小的设计方案。

　　工程结构优化设计的首要工作是根据实际问题对结构的要求构建相应的优化数学模型,一般由设计变量、状态变量和目标函数 3 个要素构成。

　　1. 设计变量

　　在结构设计过程中,通常采用一组取值不同的参数来区别不同的设计方案,这些参数可以是构件质量、速度、加速度、力和力矩等物理量,也可以是构件尺寸、形状和位置等几何量。在构成一项设计方案的全部参数中,一部分参数根据实际情况预先确定了数值,在优化过程中始终保持不变,如构件主尺度、载荷、材料的泊松比和弹性模量等,这样的参数称为给定参数。另一部分参数则是需要优化的参数,它们的数值在优化过程中是可变的,这样的参数称为设计变量,相当于数学上的独立自变量。

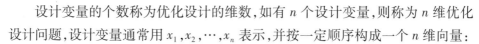

设计变量的个数称为优化设计的维数,如有 n 个设计变量,则称为 n 维优化设计问题,设计变量通常用 $x_1, x_2, \cdots, x_n$ 表示,并按一定顺序构成一个 n 维向量:

$$X = \begin{bmatrix} x_1 & x_2 & \cdots & x_n \end{bmatrix}^{\mathrm{T}} \qquad (7-31)$$

以 n 个独立变量为坐标轴组成的实空间称为 n 维空间,用 R^n 表示。如此,包含 n 个分量的一个设计变量对应着 n 维设计空间中的一个设计点,仍然用 X 表示,它代表具有 n 个设计变量的一个可行的设计方案。

工程结构优化设计就是要寻找设计变量的最佳组合,使得结构的某种性能指标达到最优。设计变量可以是构件的截面参数,如厚度、宽度、半径、截面积、惯性矩等,也可以是构件的形状布置参数,如高度、跨度、距离等,还可以是结构材料的力学或物理学性能参数,如质量、密度等。设计变量的合理选择是结构优化设计中十分重要的问题,设计变量越多,则设计越灵活,但难度也越大,因此,在满足设计要求的前提下,应尽量减少设计变量的个数,只将那些对目标函数影响较大的参数选为设计变量,使结构优化数学模型得到简化。

2. 状态变量

任何工程结构设计都要在相应规范和设计要求下进行,这些规范或要求往往会缩小设计变量的选取范围,限制设计方案的选取,这些限定条件称为状态变量或约束条件。典型的工程约束有:相关规范的规定、设计规程的要求、施工和建造要求等。

约束条件通常分为常量约束和约束方程两类。

(1)常量约束

常量约束也称为界限约束,一般是设计规范或公约等的有关规定,或建造要求的数值,如最小板厚要求、圆形开口的最小直径要求等,它给出了设计变量的允许取值范围,这类约束条件比较简单。

(2)约束方程

约束方程是以设计变量为自变量,以需要加以限制的设计参数为因变量,按照一定的关系(如应力应变关系,几何关系等)建立起来的函数方程式。其中,有明确表达式(显函数)的约束方程称为显式约束,而大型复杂结构的应力、位移、固有频率或临界载荷等约束条件,必须通过精确推导才能得到,这些关系是隐含的表达式(隐函数),称为隐式约束。

表征几何关系的表达式称为几何约束,几何约束多为显式约束。应力约束、稳定性约束和频率约束等的表达式称为性态约束,性态约束多为隐式约束。

其次,约束条件还分为等式约束和不等式约束两类,其数学形式分别为

①等式约束

$$h_i(X) \leq 0, \quad i = 1, 2, \cdots, m \qquad (7-32)$$

②不等式约束

$$g_j(X) \leq 0, \quad j = 1, 2, \cdots, n \qquad (7-33)$$

其中,$h_i(X)$ 和 $g_j(X)$ 都是设计变量的函数,m 为等式约束的个数,n 为不等式约束的个数。

建立优化数学模型过程中,状态变量与目标函数并不是绝对的。对于同一工程结构的优化设计问题,不同的设计要求反映在数学模型上就是选择不同的状态变量和目标函数以及设定不同的约束边界值。换言之,状态变量和目标函数都是优化设计问题的性能函数,只是在优化数学模型中充当不同的角色。因此,往往将状态变量和目标函数视为问题函数,建立通用优化数学模型,求解时,再根据具体设计要求指定状态变量和目标函数。

3. 目标函数

用来衡量工程结构优化数学模型中某一设计方案优劣的函数称为目标函数或评价函数,通常用 $f(X)$ 表示,其表达式为

$$f(X) = f(x_1, x_2, \cdots, x_n) \qquad (7-34)$$

目标函数是各设计变量的函数,它代表优化设计中结构的某项最重要的特征或指标,如构件体积、质量、刚度、承载力、造价、自振特性等,最常见的情况是以构件质量作为目标函数。

工程结构优化设计就是从诸多可行设计方案中,以目标函数为评判标准,通过求解目标函数的极大值或极小值,从而确定最优设计方案,换言之,目标函数给出了优化设计预期要达到的目标。

目标函数分为单目标函数和多目标函数,在工程结构优化设计问题中,若目标函数只包含一项设计指标,则称为单目标优化设计问题;若目标函数包含多项设计指标,则称为多目标优化设计问题。由于单目标函数评判指标单一,易于收敛,因此求解过程简单明了。多目标优化问题则比较复杂,各个评判指标往往构成矛盾,很难甚至不可能同时达到极值。

通常采用线性加权将多目标优化设计问题转化为单目标问题进行求解,或将一些目标函数转化为状态变量,但这样处理后的优化数学模型往往不能真实反映多目标优化设计问题的实质,得到的最优解也不能满足设计要求。

确定目标函数是决定整个优化设计过程成败的关键性步骤,因为它不仅代表了优化循环的方向和目标,而且对整个优化过程的繁简难易具有直接的影响。因此,选择目标函数时必须全面考虑结构的使用目的、功能和具体条件,抓住主

要矛盾。另外,需要指出的是,工程结构优化设计中所谓的最优方案是针对所选目标函数和约束条件而言的。

7.3.3 水下航行器典型结构声学优化数值计算研究

1.水下航行器典型舱间连接结构声学优化设计

本章采用的潜艇舱段模型为内外壳同心的双层圆柱壳体,如图 7 - 11 所示为潜艇舱段尺寸示意图,其具体几何尺寸为:舱段总长 $L = 20l$,非耐压壳体直径 $D = 17.1l$,厚度 t_1;耐压壳体直径 $d = 14.2l$,厚度 $t_2 = 3.9t_1$,内外壳间以托板和实肋板连接;托板夹角和托板间夹角均为 $\alpha = 10°$,厚度 $t_3 = 0.9t_1$,实肋板厚度 $t_4 = 0.8t_1$,肋距 l,壳内对称布置了两列基座,如图 7 - 12 所示。

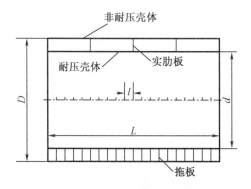

图 7 - 11 潜艇舱段尺寸示意图

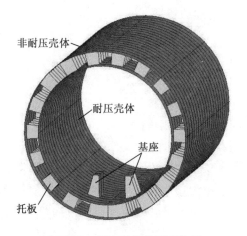

图 7 - 12 潜艇舱段模型示意图

托板和实肋板是双层圆柱壳体舷间振动的主传递途径,刚性阻振质量复合托板就是在托板结构中引入刚性阻振质量来阻隔振动波向非耐压壳体传递,从而达到减振降噪的目的。如图 7 - 13 所示,阻振质量截面中心与舱段耐压壳体的距离为 e,截面尺寸为 $a \times b$,其中 a 为径向尺寸,b 为轴向尺寸。整个潜艇舱段模型的材料参数为:弹性模量 $E = 2.05 \times 10^5$ MPa,泊松比 $\mu = 0.3$,密度 $\rho = 7\ 800$ kg/m^3。

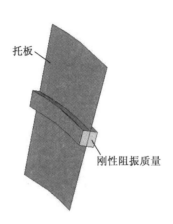

托板

刚性阻振质量

图 7 - 13　刚性阻振质量复合托板模型示意图

优化设计以复合托板中刚性阻振质量的截面尺寸为设计变量,采用参数化定义、参数化建模、求解、结果提取、优化变量(设计变量、状态变量、目标函数)赋值。其目的是在满足潜艇舱段总质量和尺度限制约束条件下,使非耐压壳体平均振动加速度级最小,具体优化分析过程如图 7 - 14 所示。

对舷间采用刚性阻振质量复合托板连接的潜艇典型舱段进行基于频率响应的动力学优化分析,计算时将舱段前后各沿轴向向外延伸三档,肋位沿周向施加全约束。基座上设备重 75 t,为了简化计算,将设备质量以质量点的形式均布于基座面板,然后在两边基座面板上分别选取 6 个点作为设备隔振器的安装点,设备激励力(垂直于基座面板)通过这 12 个隔振器安装点传递到基座上并激励壳体振动,激励力幅值为 176 N,激励频率按 1/3 倍频在 0 ~ 1 000 Hz 频段选取。

优化过程中保持复合托板中刚性阻振质量布设位置一定,$e = (D - d)/4$,即阻振质量截面中心与托板半径方向中心重合,以振动加速度作为复合托板减振效果的评定参数,通过计算舱段非耐压壳体平均振动加速度级来对复合托板隔振性能进行评估,以期得到最佳的刚性阻振质量截面尺寸。

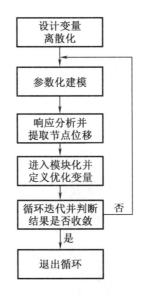

图 7 - 14　优化分析流程图

设计变量:复合托板中刚性阻振质量截面参数 $a = 0.060 \sim 0.100$ m,间隔 0.001 m;$b = 0.060 \sim 0.100$ m,间隔 0.001 m。

状态变量:潜艇舱段总质量。

目标函数:非耐压壳体平均振动加速度级。

为综合考察对复合托板中刚性阻振质量截面尺寸,进行优化分析时,舱段非耐压壳体在 $0 \sim 1\,000$ Hz 频段总的振动情况,在非耐压壳体上选取 12 个典型结构测点,如图 7 - 15 所示,对这 12 个结构测点的响应值按下式取平均声振动级为

$$\overline{L}_a = 10\log\left[\frac{1}{N} \sum_{i=1}^{N} 10^{L_{a_i}/10} \right] \tag{7-35}$$

式中　L_{a_i}——按 1/3 倍频程由各频谱分量的加速度响应值转化的振动加速度级,$L_{a_i} = 20\log(a_i/a_0)$;

　　　a_i——按 1/3 倍频程测得的各频谱分量的加速度响应值;

　　　a_0——振动加速度基准值,取 $a_0 = 1 \times 10^{-6}$ m/s^2。

优化采用零阶方法,设置最大迭代次数为 50,连续 15 次不收敛即退出循环。优化结果见表 7 - 1 及表 7 - 2,既有可行解,也有不可行解。图 7 - 16 和图 7 - 17 分别给出了优化计算中舱段总质量和非耐压壳体平均振动加速度级的迭代收敛曲线,可以看出迭代到第 15 次,结果已经收敛,即复合托板结构中阻振质量截面尺寸 $a/b = 0.60$ 时,其隔振效果最佳。在托板结构中引入刚性阻振质量后,舱段

总质量由 155.94 t 增加为 173.05 t,增重 11% 。

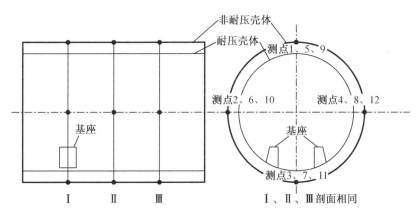

图 7 – 15 结构测点布置示意图

表 7 – 1 刚性阻振质量截面尺寸优化结果

参数	SET 8	SET 9	SET 10	SET 11	SET 12	SET 13
	可行解	可行解	可行解	可行解	可行解	可行解
$a(DV)/m$	0.093	0.064	0.065	0.094	0.094	0.070
$b(DV)/m$	0.097	0.086	0.092	0.089	0.085	0.070
WEIGHT(SV) /t	181.76	171.80	173.01	179.80	178.62	169.92
$L_a(OBJ)/dB$	101.98	98.78	99.65	101.16	98.75	101.12

表 7 – 2 刚性阻振质量截面尺寸优化结果

参数	SET 14	∗ SET 15 ∗	SET 16	SET 17	SET 18	SET 19
	可行解	可行解	可行解	可行解	可行解	可行解
$a(DV)/m$	0.064	0.060	0.076	0.076	0.064	0.064
$b(DV)/m$	0.089	0.100	0.088	0.088	0.090	0.097
WEIGHT(SV) /t	172.21	173.05	174.82	174.82	172.38	173.78
$L_a(OBJ)/dB$	98.66	94.71	96.95	96.95	96.77	96.24

注:带 ∗ 的序列为得到的最优序列。

　　由表 7 – 1、表 7 – 2 中的数据及图 7 – 16、图 7 – 17 中迭代曲线的变化趋势可以看出,刚性阻振质量复合托板中阻振质量轴向尺寸 b 越大,舱段非耐压壳体平均振动加速度级越小,即在横截面积相等的情况下,增大阻振质量截面高度,能更有效地阻隔振动沿托板结构的传递。刚性阻振质量截面高度对其隔振性能有很大影响,对于某一激励频率,对应某一高度的阻振质量无隔振作用,大于这一高度时,随着高度的增大,阻振质量对振动波的隔离效果越来越好。这与上述优化结果基本一致,说明动力学优化分析的结果是正确可信的。

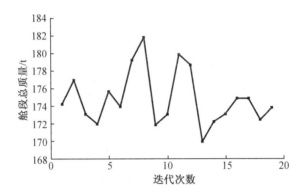

图 7 – 16　舱段总质量 – 迭代次数曲线

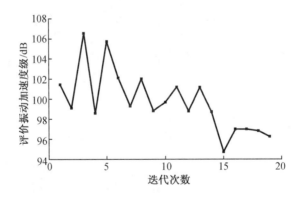

图 7 – 17　非耐压壳体平均振动加速度级变化曲线

2. 水下航行器典型基座结构声学优化设计

本章采用的潜艇舱段模型为有沿轴向均布环肋加强的耐压壳体,如图 7 – 18 所示为潜艇舱段尺寸示意图,其具体几何尺寸为:舱段圆柱部分长度 $l_1 = 2.5l$,圆台部分长度 $l_2 = 8l$,圆台大径 $D = 5.8l$,小径 $d = 4.4l$,采用外肋 $\perp \dfrac{14 \times 230}{26 \times 80}$ 加强,肋距 l,壳板厚度 t,壳内对称布置了两列基座,如图 7 – 19 所示。

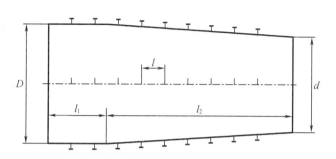

图 7 - 18　潜艇舱段尺寸示意图

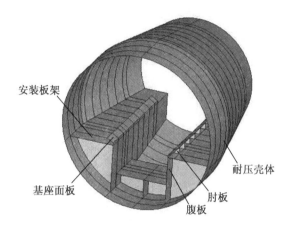

安装板架

基座面板

耐压壳体

肘板

腹板

图 7 - 19　潜艇舱段模型示意图

　　刚性阻振质量基座由基座面板、腹板、肘板、横向安装板架、垂向安装板架、支撑肘板及布设在基座腹板上的刚性阻振质量组成,如图 7 - 20 所示。本章所研究刚性阻振质量基座结构模型具体尺寸如图 7 - 21 所示,基座面板 $c = 1.2k$,厚度 $t_1 = 1.6t$,腹板 $f = 0.4k$,厚度 $t_2 = 0.7t$,肘板 $g = k$,厚度 $t_3 = 0.7t$,横向安装板架 k,厚度 $t_4 = 0.7t$,刚性阻振质量布设在基座腹板上靠近安装板架,距离横向安装板架 e,截面尺寸 $a \times b$。整个基座舱段模型的材料参数为:弹性模量 $E = 2.05 \times 10^5$ MPa,泊松比 $\mu = 0.3$,密度 $\rho = 7\ 800$ kg/m³。

　　对含刚性阻振质量基座的潜艇典型舱段进行基于频率响应的动力学优化分析,计算时将基座舱段前后各沿轴向向外延伸三档肋位沿周向施加全约束。基座上设备重 75 t,为了简化计算,将设备质量以质量点的形式均布于基座面板,然后在两边基座面板上分别选取 12 个点作为设备隔振器的安装点,设备激励力

（垂直于基座面板）通过这 24 个隔振器安装点传递到基座上并激励壳体振动,激励力幅值为 176 N,激励频率按 1/3 倍频在 0 ~ 1 000 Hz 频段选取。

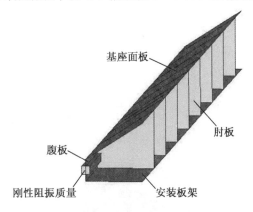

图 7 - 20　刚性阻振质量基座模型示意图

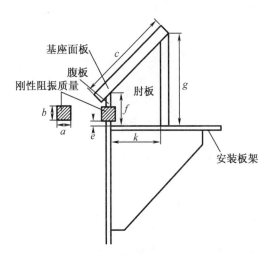

图 7 - 21　刚性阻振质量基座尺寸示意图

优化中保持隔振基座中刚性阻振质量布设位置一定 $e = (f - b)/2$,即阻振质量截面中心与基座腹板高度方向中心重合,以振动加速度作为隔振基座减振效果的评定参数,通过计算舱段耐压壳体平均振动加速度级来对隔振基座隔振性能进行评估,以期得到最佳的刚性阻振质量截面尺寸。

设计变量:隔振基座中刚性阻振质量截面参数 $a = 0.040 ~ 0.080$ m,间隔 0.001 m;$b = 0.040 ~ 0.080$ m,间隔 0.001 m。

状态变量:基座舱段总质量。

目标函数:耐压壳体平均振动加速度级。

为综合考察对隔振基座中刚性阻振质量截面尺寸进行优化分析时,舱段耐压壳体在 0 ~ 1 000 Hz 频段总的振动情况,在耐压壳体上选取 15 个典型结构测点,如图 7 - 22 所示,对这 15 个结构测点的响应值按下式取平均声振动级:

$$\bar{L}_a = 10\log\left[\frac{1}{N}\sum_{i=1}^{N}10^{L_{a_i}/10}\right] \qquad (7-36)$$

式中　L_{a_i}——按 1/3 倍频程由各频谱分量的加速度响应值转化的振动加速度级,$L_{a_i} = 20\log(a_i/a_0)$;

　　　a_i——按 1/3 倍频程测得的各频谱分量的加速度响应值;

　　　a_0——振动加速度基准值,取 $a_0 = 1 \times 10^{-6}$ m/s²。

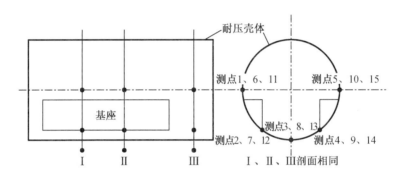

图 7 - 22　结构测点布置示意图

优化采用零阶方法,设置最大迭代次数为 50,连续 15 次不收敛即退出循环。优化结果见表 7 - 3 及表 7 - 4,既有可行解,也有不可行解。图 7 - 23 和图 7 - 24 分别给出了优化计算中基座舱段总质量和舱段耐压壳体平均振动加速度级的迭代收敛曲线,可以看出减振效果最佳的隔振基座中刚性阻振质量截面尺寸为 $a/b = 1.71$。在潜艇基座中引入阻振质量后,基座舱段总质量由 47.08 t 增加为 47.33 t,仅增重 0.53%。

表 7 - 3　刚性阻振质量截面尺寸优化结果

参数	SET 1	SET 2	SET 3	SET 4	SET 5	SET 6
	可行解	可行解	可行解	可行解	可行解	可行解
$a(DV)/$m	0.060	0.074	0.056	0.062	0.078	0.080

表 7 – 3(续)

参数	SET 1	SET 2	SET 3	SET 4	SET 5	SET 6
	可行解	可行解	可行解	可行解	可行解	可行解
$b(DV)/m$	0.060	0.058	0.068	0.065	0.044	0.041
WEIGHT(SV)/t	47.37	47.43	47.38	47.40	47.36	47.34
$L_a(OBJ)/dB$	131.10	130.67	136.22	132.01	127.03	127.52

表 7 – 4 刚性阻振质量截面尺寸优化结果

参数	SET 7	SET 8	* SET 9 *	SET 10	SET 11	SET 12
	可行解	可行解	可行解	可行解	可行解	可行解
$a(DV)/m$	0.070	0.074	0.072	0.073	0.073	0.072
$b(DV)/m$	0.041	0.040	0.042	0.042	0.040	0.045
WEIGHT(SV)/t	47.31	47.32	47.33	47.33	47.32	47.34
La(OBJ)/dB	126.88	127.99	126.23	127.16	126.65	127.02

注:带 * 的序列为得到的最优序列。

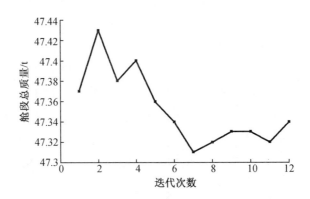

图 7 – 23 舱段总质量 – 迭代次数曲线

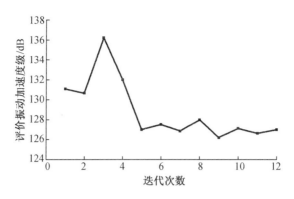

图 7 – 24　耐压壳体平均振动加速度级变化曲线

由表 7 – 3、表 7 – 4 中的数据及图 7 – 23、图 7 – 24 中迭代曲线的变化趋势可以看出,隔振基座中刚性阻振质量截面高度 a 越大,舱段耐压壳体平均振动加速度级越小,即隔振基座的减振效果越显著。文献研究了刚性阻振质量结构参数对板结构振动与声辐射特性的影响规律,结果表明:对于矩形截面刚性阻振质量,适当增大截面高度并相应减小截面宽度可有效提高阻振质量的隔振效果,但必须满足一定条件,振动阻尼物质横截面尺寸的要求。

为了获得明显的隔振效果,刚性阻振质量横截面的最大尺寸必须比弹性波(在阻振质量横截面内传播的弯曲波)的波长小得多。

$$2l_1/l_2 \leqslant 10^5/M \qquad (7-37)$$

式中,$M = \{[(2 \times 10^5 f_B l_2)^2 + (f_B l_2)^4]^{0.25} + 1.67(f_B l_2)^2\}^{0.5}$。

这与上述优化结果基本吻合,验证了优化分析的正确性及优化方法的有效性。

3. 水下航行器典型舱壁结构声学优化设计

本章采用的潜艇舱段模型为内外壳同心的双层圆柱壳体,如图 7 – 25 所示为潜艇舱段尺寸示意图,其具体几何尺寸为:舱段总长 $L = 20l$,非耐压壳体直径 $D = 18.3l$,厚度 t_1,耐压壳体直径 $d = 15l$,厚度 $t_2 = 3.9t_1$,内外壳间以托板和实肋板连接,肋距 l,舱段两端有由横向和纵向加强筋加固的舱壁结构,其上半部分布置有水平桁材,下半部分布置有铺板结构,舱壁半径为 $r_0 = 7.5l$,厚度 $t_3 = 1.8t_1$,如图 7 – 26 所示。

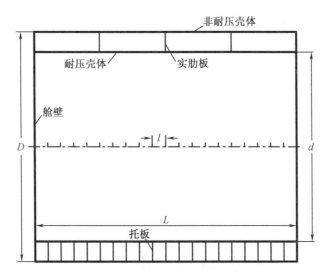

图 7 – 25　潜艇舱段尺寸示意图

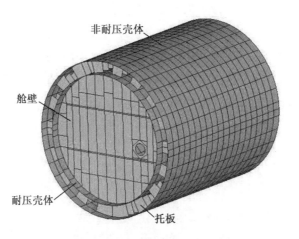

图 7 – 26　潜艇舱段模型示意图

　　将刚性阻振质量环引入潜艇典型舱壁结构的刚性隔振设计中,如图 7 – 27 所示。舱壁结构中刚性阻振质量环外径为 R,内径为 r,横截面宽度为 $a = R - r$,高度为 h,如图 7 – 28 所示。整个潜艇舱段模型的材料参数为:弹性模量 $E = 2.05 \times 10^5$ MPa,泊松比 $\mu = 0.3$,密度 $\rho = 7\ 800$ kg/m³。

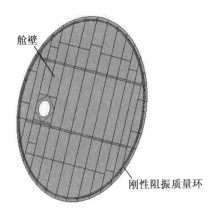

图 7-27　含刚性阻振质量环舱壁模型示意图

对舱壁含刚性阻振质量环的潜艇典型舱段进行基于频率响应的动力学优化分析,计算时将基座舱段前后各沿轴向向外延伸三档肋位沿周向施加全约束。基座上设备重 75 t,为了简化计算,将设备质量以质量点的形式均布于基座面板,然后在两边基座面板上分别选取 12 个点作为设备隔振器的安装点,设备激励力(垂直于基座面板)通过这 24 个隔振器安装点传递到基座上并激励壳体振动,激励力幅值为 100 N,激励频率按 1/3 倍频在 0~1 000 Hz 频段选取。

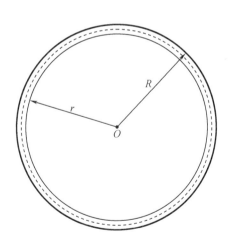

图 7-28　刚性阻振质量环尺寸示意图

优化过程保持舱壁中刚性阻振质量环布设位置一定 $e = R + r/2 = 5.9l$,以振动加速度作为舱壁减振效果的评定参数,通过计算舱段非耐压壳体平均振动加速度级来对含阻振质量环舱壁结构的隔振性能进行评估,以期得到最佳的阻振质量环横截面尺寸。

设计变量:舱壁中刚性阻振质量环横截面宽度 $a = 0.020 \sim 0.060$ m,间隔 0.001 m;横截面高度 $h = 0.020 \sim 0.060$ m,间隔 0.001 m。

状态变量:潜艇舱段总质量。

目标函数:非耐压壳体平均振动加速度级。

仍采用(1)中处理方法,将舱段非耐压壳体上 15 个典型结构测点的平均声振动级作为优化目标函数来综合考察非耐压壳体在 0 ~ 1 000 Hz 频段总的振动情况。

优化采用零阶方法,设置最大迭代次数为 50,连续 15 次不收敛即退出循环。优化结果见表 7 - 5 及表 7 - 6,既有可行解,也有不可行解。图 7 - 29 和图 7 - 30 分别给出了优化计算中舱段总质量和舱段非耐压壳体平均振动加速度级的迭代收敛曲线,可以看出迭代到第 21 次,结果已经收敛,即刚性阻振质量环横截面尺寸满足 $a/h = 0.70$ 时,舱壁隔振效果最佳。在潜艇舱壁中引入刚性阻振质量环后,舱段总质量仅增重 0.255 t。

表 7 - 5 刚性阻振质量环横截面尺寸优化结果

参数	SET 10	SET 11	SET 12	SET 13	* SET 14 *	SET 15
	可行解	可行解	可行解	可行解	可行解	可行解
a(DV)/m	0.023	0.059	0.059	0.042	0.032	0.023
h(DV)/m	0.053	0.034	0.056	0.043	0.046	0.050
WEIGHT(SV)/t	181.39	181.69	181.92	181.57	181.47	181.38
L_a(OBJ)/dB	100.92	103.64	106.51	103.53	100.80	106.00

表 7 - 6 刚性阻振质量环横截面尺寸优化结果

参数	SET 16	SET 17	SET 18	SET 19	SET 20	SET 21
	可行解	可行解	可行解	可行解	可行解	可行解
a(DV)/m	0.023	0.026	0.057	0.057	0.043	0.023
h(DV)/m	0.056	0.024	0.024	0.024	0.024	0.055
WEIGHT(SV)/t	181.40	181.30	181.56	181.57	181.44	181.40
L_a(OBJ)/dB	101.24	104.41	102.20	101.92	101.90	101.02

注:带 * 的序列为得到的最优序列。

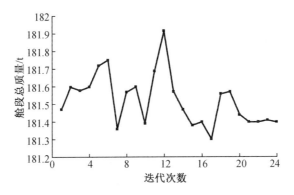

图 7 - 29　舱段总质量 - 迭代次数曲线

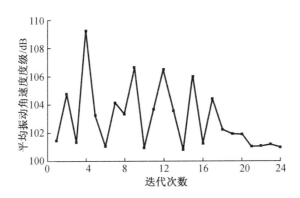

图 7 - 30　非耐压壳体平均振动加速度级变化曲线

由表 7 - 5、表 7 - 6 中的数据及图 7 - 29、图 7 - 30 中迭代曲线的变化趋势可以看出,舱壁中刚性阻振质量环横截面高度 h 越大,舱段非耐压壳体平均振动加速度级越小,即舱壁的隔振性能越优良。采用有限元/边界元法分析了刚性阻振质量环 - 板结构的声振特性,结果表明:在保持质量不变的条件下,适当增大刚性阻振质量环横截面高度并相应减小其横截面宽度可提高阻振质量环的隔振效果,另外,当阻振质量环外径接近板宽时,可防止发生耦合共振。这与上述优化结果完全吻合,说明动力学优化分析的结果是正确可信的。

7.4　本章小结

本章研究了三种水下航行器的振动噪声控制技术。首先,阐述了阻振质量的理论基础及原理,并通过数值计算、实验方法验证了阻振质量法的振动噪声控制效果;其次,阐述了敷设声学材料的理论基础,并通过对单一式空腔声学覆盖层与组合式空腔声学覆盖层数值对比研究,证明了所采取的计算方法具有一定的可信度,可以用于计算组合式空腔声学覆盖层;最后,基于声学设计原理,对水下航行器典型基座、舱壁和舱间连接结构进行声学优化设计,并采用有限元联合边界元法的数值模拟对该方法的有效性进行验证,结果表明动力学优化分析的结果是正确可信的。

参考文献

[1]　RAYLEIGH J. The theory of Sound [M]. New York：Dover Publication, 1945.

[2]　LAMB H. On waves in elastic plate [J]. Proceedings of the Royal Society A：Mathematical, Physical and Engineering Sciences, 1917(93)：114-128.

[3]　UBERALL H, BJEME L Circumferential – wave phase velocities for empty, fluid – immersed spherical metal shells [J]. Journal of the Acoustical Society of America, 2002, 112(6)：2713-2720.

[4]　HENNION A C, BOSSUT R, DECARPIGNY J N. Analysis of the scattering of a plane acoustic wave by a periodic elastic structure using the finite element method：Application to compliant tube gratings [J]. Journal of Acoustical Society of America, 1990,87(5)：1861-1870.

[5]　NELISSE H, BESLIN O, NICOLAS J. A generalized approach for the acoustic radiation from a baffled or unbaffled plate with arbitrary boundary conditions immersed in a light or heavy fluid [J]. Journal of Sound and Vibration, 1998, 211(2)：207-225.

［6］　刘见华，金咸定. 阻振质量阻抑结构声的传递［J］. 上海交通大学学报，
2003，37(8):1201-1204.

［7］　姚熊亮，王强勇，孙明. 刚性阻振质量在舰船基座设计中的应用研究［J］.
中国舰船研究，2010，5(3):8-12.

［8］　谭红波，赵洪，徐海亭. 有限元法分析空腔周期分布粘弹性层的声特性
［J］. 声学学报，2003(5):277-282.

［9］　王曼. 水下吸声覆盖层理论与实验研究［D］. 哈尔滨:哈尔滨工程大
学，2004.

［10］　何祚镛，王曼. 水下非均匀材料复合层吸声特性研究［J］. 应用声学，
15(5):12-19.

［11］　布列霍夫斯基赫. 分层介质中的波［M］. 北京:科学出版社，1980.

［12］　阿·斯·尼基福罗夫. 艇体结构声学设计［M］. 谢信，王轲译. 北京:国防
工业出版社，1998.